Ymir

Urriese und Zwilling
Erdling und erster Mensch

Band 33 der Reihe "Die Götter der Germanen"

Bücher von Harry Eilenstein:

- Astrologie (496 S.)
- Photo-Astrologie (64 S.)
- Tarot (104 S.)
- Handbuch für Zauberlehrlinge (408 S.)
- Physik und Magie (184 S.)
- Der Lebenskraftkörper (230 S.)
- Die Chakren (100 S.)
- Meditation (140 S.)
- Drachenfeuer (124 S.)
- Krafttiere – Tiergöttinnen – Tiertänze (112 S.)
- Schwitzhütten (524 S.)
- Totempfähle (440 S.)
- Muttergöttin und Schamanen (168 S.)
- Göbekli Tepe (472 S.)
- Hathor und Re:
    - Band 1: Götter und Mythen im Alten Ägypten (432 S.)
    - Band 2: Die altägyptische Religion – Ursprünge, Kult und Magie (396 S.)
- Isis (508 S.)
- Die Entwicklung der indogermanischen Religionen (700 S.)
- Wurzeln und Zweige der indogermanischen Religion (224 S.)
- Der Kessel von Gundestrup (220 S.)
- Cernunnos (690 S.)
- Christus (60 S.)
- Odin (300 S.)
- Die Götter der Germanen (Band 1 – 80)
- Dakini (80 S.)
- Kursus der praktischen Kabbala (150 S.)
- Eltern der Erde (450 S.)
- Blüten des Lebensbaumes:
    - Band 1: Die Struktur des kabbalistischen Lebensbaumes (370 S.)
    - Band 2: Der kabbalistische Lebensbaum als Forschungshilfsmittel (580 S.)
    - Band 3: Der kabbalistische Lebensbaum als spirituelle Landkarte (520 S.)
- Über die Freude (100 S.)
- Das Geheimnis des inneren Friedens (252 S.)
- Von innerer Fülle zu äußerem Gedeihen (52 S.)
- Das Beziehungsmandala (52 S.)
- Die Symbolik der Krankheiten (76 S.)

Kontakt: www.HarryEilenstein.de / Harry.Eilenstein@web.de
Impressum: Copyright: 2011 by Harry Eilenstein – Alle Rechte, insbesondere auch das der Übersetzung, vorbehalten. Kein Teil des Buches darf ohne schriftliche Genehmigung des Autors und des Verlages (nicht als Fotokopie, Mikrofilm, auf elektronischen Datenträgern oder im Internet) reproduziert, übersetzt, gespeichert oder verbreitet werden.
Herstellung und Verlag: BoD - Books on Demand, Norderstedt
ISBN: 9783741272707

Die Themen der einzelnen Bände der Reihe „Die Götter der Germanen"

1. Die Entwicklung der germanischen Religion
2. Lexikon der germanischen Religion
3. Der ursprüngliche Göttervater Tyr
4. Tyr in der Unterwelt: der Schmied Wieland
5. Tyr in der Unterwelt: der Riesenkönig Teil 1
6. Tyr in der Unterwelt: der Riesenkönig Teil 2
7. Tyr in der Unterwelt: der Zwergenkönig
8. Der Himmelswächter Heimdall
9. Der Sommergott: Baldur, Phol und Meili
10. Der Meeresgott: Ägir, Hler und Njörd
11. Der Eibengott Ullr
12. Die Zwillingsgötter Alcis
13. Der neue Göttervater Odin Teil 1
14. Der neue Göttervater Odin Teil 2
15. Der Fruchtbarkeitsgott Freyr
16. Der Chaos-Gott Loki
17. Der Donnergott Thor
18. Der Priestergott Hönir
19. Die Göttersöhne
20. Die unbekannteren Götter
21. Die Göttermutter Frigg
22. Die Liebesgöttin: Freya und Menglöd
23. Die Erdgöttinnen
24. Die Korngöttin Sif
25. Die Apfel-Göttin Idun
26. Die Hügelgrab-Jenseitsgöttin Hel
27. Die Meeres-Jenseitsgöttin Ran
28. Die unbekannteren Jenseitsgöttinnen
29. Die unbekannteren Göttinnen
30. Die Nornen
31. Die Walküren
32. Die Zwerge
33. Der Urriese Ymir
34. Die Riesen
35. Die Riesinnen
36. Mythologische Wesen
37. Mythologische Priester und Priesterinnen
38. Sigurd/Siegfried
39. Helden und Göttersöhne
40. Die Symbolik der Vögel und Insekten
41. Die Symbolik der Schlangen, Drachen und Ungeheuer
42. Die Symbolik der Herdentiere
43. Die Symbolik der Raubtiere
44. Die Symbolik der Wassertiere und sonstigen Tiere
45. Die Symbolik der Pflanzen
46. Die Symbolik der Farben
47. Die Symbolik der Zahlen
48. Die Symbolik von Sonne, Mond und Sternen
49. Das Jenseits
50. Seelenvogel, Utiseta und Einweihung
51. Wiederzeugung und Wiedergeburt
52. Elemente der Kosmologie
53. Der Weltenbaum
54. Die Symbolik der Himmelsrichtungen und der Jahreszeiten
55. Mythologische Motive

56. Der Tempel
57. Die Einrichtung des Tempels
58. Priesterin – Seherin – Zauberin – Hexe
59. Priester – Seher – Zauberer
60. Rituelle Kleidung und Schmuck
61. Skalden und Skaldinnen
62. Kriegerinnen und Ekstase-Krieger
63. Die Symbolik der Körperteile
64. Magie und Ritual
65. Gestaltwandlungen
66. Magische Waffen
67. Magische Werkzeuge und Gegenstände
68. Zaubersprüche
69. Göttermet
70. Zaubertränke
71. Träume, Omen und Orakel
72. Runen
73. Sozial-religiöse Rituale
74. Weisheiten und Sprichworte
75. Kenningar
76. Rätsel
77. Die vollständige Edda des Snorri Sturluson
78. Frühe Skaldenlieder
79. Mythologische Sagas
80. Hymnen an die germanischen Götter

Inhaltsverzeichnis

Ymir

I	**Ymir in den Texten der Edda**	**8**
1.	Die Vision der Seherin	8
2.	Grimnir-Lied	10
3.	Wafthrudnir-Lied	11
4.	Hyndla-Lied	13
5.	Gylfis Vision	14
6.	Skaldskaparmal (1)	18
7.	Fiölswin-Lied (1)	19
8.	Fiölswin-Lied (2)	20
9.	Skaldskaparmal (2)	21
10.	Sigdrifa-Lied	23
11.	Gyma in der germanischen Überlieferung	24
12.	Hymir-Lied	25
13.	Edda-Prolog	25
II	**Ymir in den Isländersagas und frühen Skaldenliedern**	**28**
1.	Hervor-Saga	28
2.	Thorsdrapa (1)	29
3.	Thorsdrapa (2)	29
4.	Sonatorrek	33
5.	Der Riese Vid-Gymir in der germanischen Überlieferung	34
III	**Jakob Grimm: Deutsche Mythologie**	**35**
IV	**Zusammenfassung: Ymir in der germanischen Überlieferung**	**44**
V	**Der Name „Ymir"**	**53**
VI	**Ymirs Brüder**	**57**
1.	Der Urriese bei den Indogermanen	57
	a) Germanen	58
	b) Hethiter	58
	c) Inder	58
	d) Perser	73
	e) Finnen	82
	f) Jakob Grimm: Deutsche Mythologie	89
	g) Indogermanen allgemein	92
	h) Die Gleichsetzung von Ymir und Tyr bei den Indogermanen	92
	i) Die indogermanische Ymir-Mythe	93

2.	Der Urriese bei den nostratischen Völkern		95
	a)	Ägypter	97
	b)	Sumerer	99
	c)	Babylonier	99
	d)	Juden	103
	e)	Elam	103
	f)	Harappa	103
	g)	Kreta	104
	h)	Jakob Grimm: Deutsche Mythologie	104
	i)	Die nostratische Ymir-Mythe	104
3.	Der Urriese bei den borealischen Völkern		106
	a)	China	108
	b)	Indianer	110
	c)	Jakob Grimm: Deutsche Mythologie	119
	d)	Zusammenfassung	121
		α) Die borealische Ymir-Mythe	121
		β) Vergleich der Urriesen-Zwillinge	124
		γ) Die Tierhelfer des Urriesen	126

VII Archäologische Funde — **129**

1.	Göbekli Tepe		129
2.	Nevali Cori		141
3.	Die Zahlensymbolik der Steinzeit		144
	a)	Dakota (Indianer)	147
	b)	China	148
	c)	Yoruba (Afrika)	149
	d)	Vergleich	151
4.	Das Mittelpfeiler-Mandala		153
5.	Der Mensch als Erde – die Erde als Mensch		158
	a)	Die Erde als Große Mutter	158
	b)	Die Erde als Wassertier	158
	c)	Die Entstehung der Erde aus einem Menschen	159
	d)	Die Erde als Mensch	159
	e)	Die Himmelssäule als Mensch	159
	f)	Die Himmelssäule im Menschen	160
	g)	Die Menschen-Himmelssäule als vollkommener Mensch	161
	h)	Die strukturelle Gleichheit von Mensch und Welt	162
	i)	Das Getreide als Mensch	163
	j)	Der Himmel als Mensch	163
	k)	Zusammenfassung	164

VIII	Altsteinzeit	165
IX	Die fünf Epochen	171
X	Die Biographie des Ymir	175
XI	Das Aussehen des Ymir	180
XII	Meditationen und Rituale	181
XIII	Traumreise zu Ymir	185
XIV	**Hymnen an Ymir**	**190**
	- Ymir der Urriese	190
	- An Ymir	192
	- Gebet an Ymir	193
	- Die fünf Gesichter des Ymir	195
	- An Audhumbla	197
	- Das Landschaftsbewußtsein	198
	- Leabhar Gabhála, das Lied des Barden-Druiden Amairgen	198
	- Aus dem Lied des Barden-Druiden Taliesin	199
XV	**Ymir heute**	**200**

Ymsi

I	Ymsi in der germanischen Überlieferung	203

Brimir

I	**Brimir in der germanischen Überlieferung**	**204**
1.	Der Name „Brimir"	204
2.	Die Vision der Seherin (1)	204
3.	Die Vision der Seherin (2)	204
4.	Sigdrifa-Lied	205

Blain

I	Blain in der germanischen Überlieferung	206

Gangr

I	**Gangr in der germanischen Überlieferung**	**207**
	1. Der Name „Gangr"	207
	2. Skaldskaparmal	207
	3. Thorsdrapa	207

Tuisto

I	**Tuisto in der römischen Überlieferung**	**210**

Themen-Verzeichnis   211

I Ymir in den Texten der Edda

Die Edda ist eine Sammlung von Liedern und Erzählungen über die germanischen Götter und z.T. auch über die germanischen Helden.

Das Wort „Edda" ist vermutlich eine Umbildung des lateinischen Wortes „editio", das „Herausgabe", „Textsammlung", „Zusammenfassung" u.ä. bedeutet und von dem sich auch das heutige „Edition" ableitet. Man kann Edda etwas freier auch mit „Erzählungen" übersetzen.

Der Name dessen, der die Lieder-Edda zusammengestellt hat, ist unbekannt. Die Prosa-Edda wurde um ca. 1220 n.Chr. von dem isländischen Skalden (Dichter) und Politiker Snorri Sturluson (1179-1241) aus alten isländischen Liedern und Erzählungen, die wahrscheinlich schon mehrere Jahrhunderte mündlich weitergegeben worden waren, zusammengetragen. Auf dieses Alter weisen u.a. deutlich ältere Bildsteine hin, auf denen Szenen aus der Edda dargestellt worden sind.

Ein Skalde war nicht nur jemand, der Mythen und Lieder vortrug, sondern vor allem auch ein Bewahrer dieser auswendig gelernten Texte – auch dies spricht dafür, daß die Texte der Edda deutlich älter als 1220 n.Chr. sind. Ein dritter Grund für diese Annahme sind die Übereinstimmungen der dargestellten Mythen mit denen von anderen indogermanischen Völkern.

Snorri Sturluson hat diese Texte in seiner Edda niedergeschrieben, um sie dem norwegischen König Hákon Hákonarson und seinem Freund, dem norwegischen Jarl Skule Bårdson, zusenden zu können. Ein Jarl ist ein germanischer Fürst – der Titel entspricht dem englischen Earl und dem deutschen Graf.

I 1. Die Vision der Seherin

In diesem „Völuspa", also „Ausspruch der Seherin" genannten Lied beschreibt eine Seherin ihre Vision über die wesentlichsten Elemente der germanischen Weltanschauung im Zusammenhang mit der Götterdämmerung. Dieses Lied ist vermutlich das älteste in der Lieder-Edda.

In älteren Ausgaben der Edda wird „Völuspa" oft mit „Der Seherin Gesicht" übersetzt, wobei mit „Gesicht" das „Zweite Gesicht", also eigentlich die „Zweite Form des Sehens", d.h. eine Vision gemeint ist.

Einst war das Alter, da Ymir lebte:
Da war nicht Sand, nicht See, nicht salzige Wellen,
Nicht Erde fand sich noch Überhimmel,
Gähnender Abgrund und Gras nirgends.

In der „Vision der Seherin" wird Ymir noch ein zweites Mal erwähnt – allerdings nicht mit seinem Namen – er ist nur daran zu erkennen, daß aus seinen Gliedern die Zwerge erschaffen werden sollen.

Der umschreibende Name „Brimir" für den Urriesen Ymir in dieser Strophe bedeutet „Brandung", womit Yymirs Blut gemeint ist, aus dem das meer entstanden ist.

Der Name „Blain" hat die Bedeutung „der Blaue". Er bezieht sich wahrscheinlich auf die blau-schwarze Farbe der Leichen, da Ymir tot ist.

Die „Berater" oder „Rater" sind die Asen. Das altnordische Wort „Ragnar" hat sowohl die Bedeutung „Ratgeber" als auch „Macht". Mit ihm ist das deutsche Wort „(König-)Reich" verwandt, das sich auch in dem keltischen Wort „Reg" für König, dem lateinischen „rex" für „König" oder in dem indischen „Radscha" für „Fürst, König" findet. Ein Ragnar ist also ein mächtiger Herr, der alles weiß und der über alles nachdenkt und alles entscheidet.

Da gingen die Berater zu den Richterstühlen,
Hochheilige Götter hielten Rat,
Wer schaffen sollte der Zwerge Geschlecht
Aus Brimirs Blut, aus Blains Gliedern.

Später heißt es in der „Vision der Seherin", daß an dem Ort Okolnir („niemals kalt") die Bierhalle eines Riesen stand, die „Brimir" genannt wurde – sie ist vermutlich nach dem Namen dieses Riesen benannt worden. Hier wird Brimir der ehemalige Sonnengott-Göttervater Tyr als Riese im nächtlichen bzw. winterlichen Jenseits sein – Ymir als der zeitlich gesehen erste Riese und Tyr als der rangmäßig erste Riese sind mehrfach einander gleichgesetzt worden. Dies lag auch deshalb nahe, weil beide von den Asen getötet worden sind.

Der Name „Nidawellir" in derselben Strophe bedeutet „die dunklen Felder", was vermutlich eine Anspielung auf die Gräber der Toten ist, da der Saal, der an diesem Ort steht, der Sippe des Zwerges Sindri („Funken") gehört und die Zwerge in der Erde die Ahnengeister in der Unterwelt sind – „Zwerg" bedeutet wörtlich „Ahnengeist". Sindri hat einige wichtige magische Gegenstände hergestellt.

Sindri ist einer der beiden Zwillings-Söhne des Tyr (der hier „Brimir" genannt wird), die die Gestalt von zwei Jünglingen, zwei Schimmeln, zwei Wölfen, zwei Raben und zwei Zwergen annehmen konnten (siehe „Alcis" in Band 12).

Die beiden Hallen in der folgenden Strophe werden ursprünglich vermutlich derselbe Saal des Tyr in der Unterwelt gewesen sein: die Grabkammer in seinem Hügelgrab.

*Im Norden stand in Nidawellir
Ein Saal aus Gold, von Sindris Geschlecht;
Ein anderer stand auf Okolnir,
der Biersaal eines Riesen, und der heißt Brimir.*

Auf diesen Saal bezieht sich auch ein Satz über die Skaldenkunst aus der Prosa-Edda (Skaldskarpamal). Dort erscheint diese Halle erst nach der Götterdämmerung. Dies Motiv stammt aus der Gleichsetzung des Ymir mit Tyr, der als Sonnengott jeden Morgen bzw. jedes Frühjahr wiedergeboren wird.

Der „reichliche Trank", den es dort gibt, könnte sich auf den Met beziehen, der im Bestattungsritual getrunken wurde und der in den Mythen als Göttermet erscheint.

Überaus reichlich gibt es guten Trank für die, denen es Vergnügen bereitet, in dem Saal, der Brimir heißt. Er steht in Okolnir.

I 2.   Das Grimnir-Lied

Das Grimnir-Lied ist eines der vielen Lieder, die Wissensgedichte sind, die in eine kleine Rahmenhandlung eingefügt wurden, die den Grund für die Darstellung dieses Wissens liefern. Diese Wissensgedichte wurden sehr wahrscheinlich von den Skalden (Dichtern) benutzt worden, um die Überlieferungen über die Götter auswendig zu lernen. Sie haben häufig die Frage-Antwort-Form eines Rätsels, die sich sehr gut zum Abfragen des Wissens des Skalden-Schülers durch den Skalden-Lehrer eignete.

*Aus Ymirs Fleisch ward die Erde geschaffen,
Aus dem Schweiße die See,
Aus dem Gebein die Berge, die Bäume aus dem Haar,
Aus der Hirnschale der Himmel.*

*Aus den Augenbrauen schufen gütige Asen
Midgard den Menschensöhnen;
Aber aus seinem Hirn sind alle hartgemuten
Wolken erschaffen worden.*

I 3. Das Wafthrudnir-Lied

Auch dieses Lied ist ein Wissens-Rätsel-Gedicht. Der „Lehrer", der die Fragen stellt, ist in diesem Lied Gangrad (Odin) und der „Schüler", der ihm die richtigen Antworten geben muß, ist der Riese Wafthrudnir (Tyr). Hier ist der Rätsel-Wettstreit von den Skalden dazu benutzt worden, um die Überlegenheit des Odin über den von ihm abgesetzten ehemaligen Göttervater Tyr (Wafthrudnir) zu „beweisen".

Der Name Wafthrudnir bedeutet „der im Verwickeln Starke" – dieser Name bezieht sich möglicherweise nicht nur darauf, daß Wafthrudnir geschickt im Fesseln und Binden ist, sondern auch darauf, daß er mit seinen Worten Unachtsame binden und fesseln kann, denn dieser Riese galt als besonders weise. Seine Weisheit besaß Wafthrudnir vermutlich deshalb, weil er der Sohn des Urriesen Ymir und zudem, was hier jedoch nicht ausgesprochen wird, der ehemalige Göttervater Tyr gewesen ist.

Im Wafthrudnir-Lied gibt es neben der direkten Erwähnung des Ymir auch eine indirekte Erwähnung über den Urriesen, der dabei Aurgelmir genannt wird. Snorri erzählt in der Prosa-Edda, daß Ymir von den Eisriesen Aurgelmir genannt wird.

Die Bedeutung dieses Namens ist „Licht-Rufer-Riese", womit der Priester, der des morgens die Sonne (Tyr) anruft gemeint ist. Der Name ist jedoch auch für Tyr selber benutzt worden – ähnlich wie die Priester des Tyr „Diar" genannt wurden, was nur eine ältere Variante von „Tyr" ist.

Der Name des Bergelmir Aurgelmir-Sohn bedeutet „Bär-Rufer-Riese" und der Name des Drudgelmir Bergelmir-Sohn bedeutet „Kraft-Rufer-Riese". Der Priester scheint des morgens den hell leuchtenden („aur") Sonnengott-Göttervater Tyr, der stark („drud") wie ein Bär („ber") bzw. wie ein Berserker (Bären-Kampfekstase-Krieger) ist, angerufen zu haben.

Gangrad (Odin):
„*Sage zum ersten, wenn der Sinn Dir ausreicht*
Und Du es weißt, Wafthrudnir:
Erde und Überhimmel, von wo zuerst sie
Kamen, kluger Riese?"

Wafthrudnir (Tyr):
„*Aus Ymirs Fleisch ward die Erde erschaffen,*
Aus dem Gebein die Berge,
Der Himmel aus der Hirnschale des eiskalten Hünen,
Aus seinem Schweiße die See."

Gangrad (Odin):
"Sag mir zum fünften, wenn Du's erforscht hast
Und Du es weißt, Wafthrudnir:
Wer von den Asen der erste, oder von Ymirs Geschlecht
Im Anfang aufwuchs?"

Wafthrudnir (Tyr):
"Im Urbeginn der Zeiten vor der Erde Schöpfung
Ward Bergelmir geboren.
Drudgelmir war dessen Vater,
Aurgelmir sein Ahn."

Gangrad (Odin):
"Sag mir zum sechsten, wenn Du sinnig dünkst
Und Du es weißt, Wafthrudnir:
Woher Aurgelmir kam den Kindern der Riesen
Zuerst, allkluger Riese?"

Wafthrudnir (Tyr):
"Aus den Eliwagar fuhren Eitertropfen
Und wuchsen bis ein Riese ward.
Dann stoben Funken aus der südlichen Welt
Und Lohe gab Leben dem Eis."

Eliwagar bedeutet „Eiswogen" und bezeichnet die Gletscher im Norden. Ein anderer Name für sie war „Nebelheim". Ein Teil des Eises von Eliwagar begann am Anfang der Welt zu schmelzen, als Funken von dem heißen Muspelheim („Feuerheim") im Süden zu dem Eis im Norden hinüberflogen.

Gangrad (Odin):
"Sag mir zum siebenten, wenn Du sinnig dünkst
Und Du es weißt, Wafthrudnir:
Wie zeugte Kinder der kühne Jötun,
Da ihm die Frau fehlte?"

Wafthrudnir (Tyr):
"Unter des Reifriesen Arm wuchs, rühmt die Sage,
Dem Thursen Sohn und Tochter.
Fuß mit Fuß gewann dem furchtbaren Riesen
Sechsgehäupteten Sohn."

„Jötun" ist eine allgemeine Bezeichnung für „Riese", die wörtlich „Fresser" bedeutet. „Thurse" bedeutet ebenfalls „Riese" – der Name bezeichnet sie als „Wesen, die sich schnell bewegen".

Gangrad (Odin):
„Sag mir zum achten, da man Dich so weise achtet,
Daß Du es weißt, Wafthrudnir:
Wer war zuerst, was weißt Du als das Älteste?
Du bist ein allkluger Jötun."

Wafthrudnir (Tyr):
„Im Urbeginn der Zeiten, vor der Erde Schöpfung
Ward Bergelmir geboren.
Zuerst denk ich daran, daß der allkluge Jötun
Im Boot geborgen ward."

Diese Szene bezieht sich darauf, daß alle Riesen außer Bergelmir und seiner Frau in der germanischen „Sintflut" ertranken, als die Asen Ymir töteten und aus seinem Blut das Meer entstand.

I 4. Das Hyndla-Lied

Hyndla („Hündchen") ist ein Beiname der Unterweltsgöttin Hel. In dem nach ihr benannten Lied gibt sie einen Teil ihres Wissens an Freya und deren Schützling Ottar weiter. Die Riesin und die Göttin geraten jedoch in Streit, woraufhin Freya der Riesin durch einen Fluch ein nie endendes und unerfülltes sexuelles Verlangen wünscht und Hyndla im Gegenzug den Ottar verflucht. Freya kann den Fluch der Riesin jedoch wieder aufheben.

Ursprünglich sind Freya und Hel dieselbe Jenseitsgöttin gewesen. Da ihre Mythen jedoch Motive enthielten (Tod und Sex), die sehr entgegengesetzte Gefühle hervorriefen, hat sie sich in zwei Gestalten aufgespalten: in die gefürchtete Totengöttin Hel und in die Wiederzeugungs-Geliebte Freya. Der sich auf die Sexualität beziehende Fluch ist eine Umdeutung der Wiederzeugung, die der Wiedergeburt im Jenseits voranging.

In diesem Gedicht kommen auch einige „Lehrstrophen" vor, die vermutlich aus den Texten stammen, die die Skalden auswendig lernen mußten.

Von Widolf kommen die Walen alle,
Alle Zauberer sind Wilmeidis Erzeugte.
Die Sudkünstler stammen von Swarthöfdi,
Aber von Ymir alle die Riesen.

Die in der Strophe genannten „Walen" sind Zauberinnen. Da ein „Wal" ein Toter ist (Walhalla = Totenhalle), ist die Kraft- und Wissensquelle dieser Zauberinnen offensichtlich die Ahnen im Jenseits. Das bedeutet, daß sie vor allem Seherinnen sind.

Die Urahnin der Walen ist Widolf. Ihr Name bedeutet „Waldwölfin" oder „Weise Wölfin". Da der Wolf der Jenseitsführer ist und der Wald manchmal eine Umschreibung für das Jenseits ist, paßt dieser Name gut zu der Ahnherrin aller Seherinnen.

Der Name „Wilmeidis" des Zauberer-Urahns setzt sich vermutlich aus „wil" für „Kunst, Fertigkeit und „maidjan" für „schädigen, verwandeln" zusammen. Diese „Kunst, anderen zu schaden", also diese „Schwarze Magie" ist ursprünglich möglicherweise eine Bezeichnung für die „Gestaltwandler" gewesen, also für die Krieger, die sich während eines Kampfes magisch in einen Bären oder in einen Wolf verwandelten. Die Krieger, die diese Form der Kampfekstase beherrschen, wurden von den Germanen „Berserker" („Bärenfell-Leute") bzw. „Ulfhedinn" („Wolfshaut-Leute") genannt. Diese Deutung des Namens „Wilmeidis" ist aber unsicher.

Swarthöfdi, also „Schwarzkopf" ist der Urahn aller Sudkundigen, also aller Menschen, die den rituellen Trank („Göttermet") herstellen können.

I 5. Gylfis Vision

In der Prosa-Edda wird beschrieben, wie der skandinavische König Gylfi zu den Göttern reist und ihnen Fragen über die Mythologie stellt, die diese ihm beantworten. Um nicht erkannt zu werden, benutzt Gylfi für sich den Namen „Gangleri", der „der vom Gehen müde" bedeutet. Dieser Name wurde des öfteren auch von Odin, der viel durch die Welt wandert, benutzt. Vielleicht war „Gangleri" allgemein ein Name, den ein Reisender benutzen konnte, wenn er seinen Namen nicht nennen wollte.

Auch die Götter, die ihm antworten, tragen Decknamen: Har („Hoher"), Jafnhar („Gleichhoher") und Tridi („Dritte"). Diese Dreiheit entspricht vermutlich den drei ersten Asen Odin, Wili und We.

Gangleri frug: „Wie ward die Welt, wie entstand sie, und was war zuvor?"

Har antwortete: „So heißt es in der Völuspa:

Einst war das Alter, da alles nicht war,
Nicht Sand, noch See, noch salzige Wellen,
Nicht Erde fand sich noch Überhimmel,
Gähnender Abgrund und Gras nirgends."

Da sprach Jafnhar: „Manches Zeitalter vor der Erde Schöpfung war Niflheim entstanden; in dessen Mitte liegt der Brunnen, Hwergelmir genannt. Daraus entspringen die Flüsse mit den Namen Swöl, Gunnthra, Fiorm, Fimbul, Thul, Slid und Hrid, Sylg und Ylg, Wid, Leiptr; Giöll ist der nächste beim Höllentor."

Da sprach Thridi: „Vorher aber war im Süden eine Welt, Muspel geheißen: Die ist hell und heiß, sodaß sie flammt und brennt und allen unzugänglich ist, die da nicht heimisch sind und keine Wohnung da haben. Surtur (Tyr als Jenseits-Riese) heißt der, der an der Grenze des Landes sitzt und es beschützt: Er hat ein flammendes Schwert und am Ende der Welt wird er kommen und heeren und alle Götter besiegen und die ganze Welt in Flammen verbrennen. So heißt es in der Völuspa:

Surt fährt von Süden mit flammendem Schwert,
Von seiner Klinge scheint die Sonne der Götter.
Steinberge stürzen, Riesinnen straucheln,
Zu Hel fahren Helden, der Himmel klafft."

Gangleri frug: „Was geschah, bevor die Völker entstanden und die Menschen sich ausbreiteten?"

Har antwortete: „Als die Fluten, die Eliwagar heißen, so weit von ihrem Ursprung fortgeflossen waren, daß der Giftstrom in ihnen erstarrte wie der Sinter, der aus dem Feuer fällt, verwandelte er sich in Eis. Und als dieses Eis stillstand und stockte, da fiel der Dunst darüber, der von dem Gift kam und gefror zu Eis, und so legte sich eine Eislage über die andere bis hinein in Ginnungagap."

Da sprach Jafnhar: „Die Seite von Ginnungagap, welche nach Norden gerichtet ist, füllte sich an mit einem schweren Haufen Eis und Schnee und darin herrschte Sturm und Ungewitter; aber der südliche Teil von Ginnungagap war milde von den Feuerfunken, die aus Muspelheim herüberflogen."

Da sprach Thridi: „So wie die Kälte von Niflheim kam und alles Ungestüm, so war die Seite, die nach Muspelheim sah, warm und licht, und Ginnungagap dort so lau wie windlose Luft, und als die Glut dem Reif begegnete, wodurch er schmolz und sich in Tropfen auflöste, da erhielten die Tropfen Leben durch die Kraft dessen, der die Hitze sandte. Da entstand ein Menschengebild, das Ymir genannt ward; aber die Hrimthursen (Frostriesen) nennen ihn Aurgelmir, und von ihm kommt das Geschlecht *der Hrimthursen, wie es in der kleinen Völuspa heißt:*

> *Von Widolf stammen die Walen alle,*
> *Alle Zauberer sind Wilmeidis Erzeugte,*
> *Die Sudkünstler stammen von Swarthöfdi,*
> *Aber von Ymir alle die Riesen.*

Und der Riese Wafthrudnir sagt auf die Frage

> *Woher Aurgelmir kam den Kindern der Riesen*
> *Zuerst, allwissender Jote?*

als Antwort:

> *Aus den Eliwagar fuhren Eitertropfen*
> *Und wuchsen bis ein Riese ward.*
> *Unsre Geschlechter kamen alle daher:*
> *Drum sind sie unhold immer."*

Da frug Gangleri: „Wie wurden die Geschlechter von ihm ausgebreitet? Oder wie geschah's, daß mehr geschaffen wurden? Oder hältst Du ihn für einen Gott, von dem Du gesprochen hast?"

Da antwortete Har: „Wir halten ihn mitnichten für einen Gott: Er war böse wie alle von seinem Geschlecht, die wir Hrimthursen nennen. Es wird erzählt, daß er, als er schlief, zu schwitzen begann: Da wuchs ihm unter seinem linken Arm Mann und Weib und sein einer Fuß zeugte einen Sohn mit dem anderen. Und von diesen kommt das Geschlecht der Hrimthursen; den alten Hrimthurs aber nennen wir Ymir."

Da frug Gangleri: „Wo wohnte Ymir? Oder wovon lebte er?"

Har antwortete: „Als das Eis auftaute und schmolz, entstand die Kuh, die Audhumla hieß, und vier Milchströme rannen aus ihrem Euter; davon ernährte sich Ymir."

Da frug Gangleri: „Wovon ernährte sich die Kuh?"

Har antwortete: „Sie beleckte die Eisblöcke, die salzig waren, und den ersten Tag, als sie die Steine beleckte, kam aus den Steinen am Abend Menschenhaar hervor, den nächsten Tag eines Mannes Haupt, und am dritten Tag war es ein ganzer Mann, der hieß Buri. Er war schön von Angesicht, groß und stark und gewann einen Sohn, der Bor hieß. Der vermählte sich mit Bestla, der Tochter des Riesen Bölthorn; da gewannen sie drei Söhne: der eine hieß Odin, der andere Wili, der dritte We. Und das ist mein Glaube, daß dieser Odin und seine Brüder Himmel und Erde beherrschen."

Da frug Gangleri: „*Wie vertrugen sich diese mit Ymir, und welcher war der Stärkere?*"

Har antwortete: „*Bors Söhne töteten den Riesen Ymir, und als er fiel, da lief so viel Blut aus seinen Wunden, daß sie darin das ganze Geschlecht der Hrimthursen ertränkten bis auf einen, der mit den Seinen davon kam: Den nennen die Riesen Bergelmir. Er bestieg mit seinem Weib ein Boot und rettete sich so, und von ihm kommt das (neue) Hrimthursengeschlecht, wie hier gesagt ist:*

Im Anfang der Zeiten vor der Erde Schöpfung
Ward Bergelmir geboren.
Des gedenk ich zuerst, daß der altkluge Riese
Im Boot geborgen ward."

Da frug Gangleri: „*Was richteten die Söhne Bors aus, daß Du sie für Götter hältst?*"

Har antwortete: „*Davon ist nicht wenig zu sagen. Sie nahmen Ymir und warfen ihn mitten in Ginnungagap und bildeten aus ihm die Welt: aus seinem Blut Meer und Wasser, aus seinem Fleisch die Erde, aus seinen Knochen die Berge, und die Steine aus seinen Zähnen, seinen Kinnbacken und aus zerbrochenem Gebein.*"

Da sprach Jafnhar: „*Aus dem Blut, das aus seinen Wunden geflossen war, machten sie das Weltmeer, festigten die Erde darin und legten es im Kreis um sie her, sodaß es den meisten unmöglich erscheint, hinüber zu kommen.*"

Da sprach Thridi: „*Sie nahmen auch seinen Schädel und bildeten den Himmel daraus, und erhoben ihn über die Erde mit vier Ecken oder Hörnern, und unter jedes Horn setzten sie einen Zwerg; die heißen Austri, Westri, Nordri, Sudri. Dann nahmen sie die Feuerfunken, die von Muspelheim ausgeworfen umherflogen, und setzten sie an den Himmel, oben sowohl als unten, um Himmel und Erde zu erhellen. Sie gaben auch allen Lichtern ihre Stelle, einigen am Himmel (Fixsterne), andere lose unter dem Himmel (Planeten) und setzten einem jeden seinen bestimmten Gang fest, wonach Tage und Jahre berechnet werden. So wird in alten Sagen erzählt und so heißt es in der Völuspa:*

Die Sonne wußte nicht, wo sie Sitz hätte,
Der Mond wußte nicht, was er Macht hätte,
Die Sterne wußten nicht, wo sie Stätte hatten."

Da sagte Gangleri: „*Das sind merkwürdige Dinge, die ich da höre; ein großes Gebäude ist das und sehr kunstvoll gebildet. Wie war die Erde beschaffen?*"

Har antwortete: „Sie ist außen kreisrund und rings umher liegt das tiefe Weltmeer. Und längs den Seeküsten jenseits gaben sie den Riesengeschlechtern Wohnplätze, und nach innen rund um die Erde machten sie eine Burg gegen die Überfälle der Riesen, und zu dieser Burg verwendeten sie die Augenbrauen des Riesen Ymir und nannten die Burg Midgard. Sie nahmen auch sein Gehirn und warfen es in die Luft und machten die Wolken daraus, wie hier gesagt ist:

*Aus Ymirs Fleisch ward die Erde geschaffen,
Aus dem Schweiße die See,
Aus dem Gebein die Berge, die Bäume aus dem Haar,
Aus der Hirnschale der Himmel.*

*Aus den Augenbrauen schufen gütge Asen
Midgard den Menschensöhnen;
Aber aus seinem Hirn sind alle hartgemuten
Wolken erschaffen worden."*

Später heißt es dann noch in Gylfis Vision über die Entstehung der Zwerge:

Die Zwerge waren zuerst erschaffen worden und hatten Leben erhalten in Ymirs Fleisch und waren da Maden.

I 6. Skaldskaparmal (1)

Es wird gesagt, daß Odin zur Buße noch Thiassis Augen nahm, sie an den Himmel warf und zwei Sterne daraus bildete.

Tyr-Thiazis Augen sind Sonne und Mond. Dadurch, daß Odin diese an den Himmel hinaufwirft, wird Tyr dem Ymir gleichgesetzt, was auch aus anderen Textquellen bekannt ist. Es hat offenbar nahegelegen, den Sieg der Asen über Ymir und den Sieg des Odin über Tyr gleichzusetzen. Ymir wurd auch ansonsten oft dem Tyr gleichgesetzt – Ymir war der „Erste (zeitlich gesehen) der Riesen" und Tyr der „Erste (rangmäßig gesehen) der Asen".

Sonne und Mond werden daher ursprünglich die Augen des Urriesen Ymir gewesen sein.

Es ist denkbar, daß Sonne und Mond auch als die Augen des ehemaligen Göttervaters Tyr angesehen worden sind.

I 7. Fiölswin-Lied (1)

Im Fiölswin-Lied kommt Svipdag („Schneller Tag"), der die Verkörperung der Frühlingssonne (wiedergeborener Tyr) ist, zum Tor der Unterwelt. Dort vor dem Heim der Jenseitsgöttin Menglöd („Halsband-Frohe") steht jedoch Odin, der sich „Fiölswin" („Viel-Wissender") nennt, und will Svipdag zunächst nicht einlassen. Beide berichten sich gegenseitig über die Details des Heimes der Jenseitsgöttin Freya-Menglöd.

Der von einer Waberlohe (Flammenwand) umgebene Saal der Menglöd wird in diesem Lied als die Himmelskuppel, also als Ymirs Schädel angesehen.

Dieses Lied ist eine der vielen Varianten des Rätsel-Wettstreites zwischen dem alten Göttervater (Tyr) und dem neuen Göttervater (Odin).

Windkald (Tyr):
„Sage mir, Fiölswin, was ich Dich fragen will
Und zu wissen wünsche:
Wie heißt der Saal, der umschlungen ist
Weise mit der Waberlohe?"

Fiölswin (Odin):
„Glut wird er genannt, der kreisend sich dreht
Wie auf des Schwertes Spitze.
Von dem seligen Hause soll man immerdar
Nur von Hörensagen hören."

Das Heim („*Saal*") der Freya-Menglöd ist nicht nur von einer Waberlohe umgeben, sondern heißt auch noch selber „*Glut*". „Menglöds Halle" ist offensichtlich die mit dem Bestattungsfeuer assoziierte Unterwelt.

Der Saal der Menglöd, also die Himmelkuppel, wird genau in seiner Mitte von dem Wipfel des Weltenbaumes berührt, der am Nordpol steht. Yggdrasil berührt die Himmelskuppel also genau dort, wo der Polarstern steht. Das „*Schwert*", auf dessen Spitze sich Ymirs Schädel, aus dem der Himmel von den Asen erschaffen wurde, dreht, ist demnach der Weltenbaum.

Aus diesem Bild könnte man schließen, daß der Polarstern das Scheitelchakra des (toten) Ymir ist.

Vermutlich ist der Weltenbaum nicht als Schwert aufgefaßt worden, sondern das Kreisen der Himmelskuppel soll nur mit dem Bild eines Schwertes, das man in einen Totenschädel gesteckt hat, den man dann auf der Schwertspitze kreisen läßt, illustriert werden – für heutige Verhältnisse ein eher drastisches Bild …

Dieses Jenseitsbild bezieht sich offenbar auf das Himmelsjenseits, also Odins Saal

Walhalla in Asgard. In der Edda stehen die beiden Motiv „Halle der Hel" unter der Erde und „Walhalla" im Himmel nebeneinander. Walhalla ist für die im Kampf gefallenen Krieger reserviert, während alle anderen zur Hel fahren.

I 8. Fiölswin-Lied (2)

In demselben Gespräch zwishen Svipdag (Frühlingssonne/Tyr) und Fiölswin (Schamane/Odin) berichtet Odin, daß er den Wall rings um den Saal der Menglöd aus den Gliedern des Lehmriesen Mökkurkalfi errichtet hat. Da dieser Wall die Unterwelt umgibt, die ein wesentlicher Bestandteil der gesamten Welt ist, kann man davon ausgehen, daß Odin, Willi und We diesen Wall zusammen mit dem Rest der Welt am Beginn der Zeit erschaffen haben. Das bedeutet, daß Mökkurkalfi und Ymir dieselben Wesen sind. Das wird u.a. dadurch bestätigt, daß Thor und sein Priester-Begleiter Thialfi im Hrungnir-Lied gemeinsam den Tyr-Riesen Hrungnir und seinen Begleiter Mökkurjkalfi töten, was am plausibelsten ist, wenn man davon ausgeht, daß die beiden Riesen Tyr-Hrungnir und Mökkurjkalfi ursprünglich derselbe gewesen sind.

Der Wall rings um das Heim der Menglöd wird vermutlich derselbe Wall wie der Udgard-Wall sein, der jenseits des Weltmeeres die Welt an ihrem Rand kreisförmig umgibt. Diese Schlußfolgerung wird dadurch bestätigt, daß sowohl Menglöd als auch die Unterweltsgöttin Hel wie alle Bewohner Udgards Riesen sind.

Windkald (Tyr):
„Sage mir, Fiölswin, was ich Dich fragen will
Und zu wissen wünsche:
Wie heißt die Gürtung? Nie sahn bei den Göttern
So üble List die Leute."

Fiölswin (Odin):
„Gastropner heißt sie, ich habe sie selber
Aus des Lehmriesen Gliedern erbaut
Und so stark gestützt, daß sie stehen wird
So lange Leute leben."

Die *„Gürtung"* ist die Schutzanlage rings um Menglöds Heim, die aus dem Erdwall (aus Mökkurkalfis Gliedern) und einer Waberlohe besteht. Der Name *„Gastropner"* dieses Walles bedeutet „Gäste laut herbeirufen" – ein für einen Schutzwall eigentlich recht seltsamer Name. Er ergibt jedoch Sinn, wenn man bedenkt, daß dieser Wall die Unterwelt ist, in die alle Menschen früher oder später gerufen werden.

Auch der Name „*Mökkurkalfi*" („Nebelkalb") des Lehmriesen in der Hrungnir-Mythe würde gut zu dieser Deutung passen, da Ymir von der Kuh Audhumbla begleitet wurde. Das „Nebelkalb" scheint in diesem Bild ein Kind der Urkuh Audhumbla zu sein, die die Fruchtbarkeit der Großen Mutter verkörpert. Der „Nebel", in dem sich dieses „Kalb" befindet, wird Niflheim („Nebelheim"), also das Jenseits im eisigen Norden sein.

Mökkurkjalfi ist somit der ehemalige Götterkönig Tyr, der im Jenseits („Nebelheim") von der Unterweltsgöttin in der Gestalt einer Kuh (Audhumbla) wiedergeboren wird und daher selber die Gestalt eines Kälbchens („kjalfi") hat.

Das Fiölswin-Lied scheint an dieser Stelle eine ursprüngliche Version des Verhältnisses zwischen dem Urriesen Ymir bzw. dem ehemaligen Göttervater Tyr und der Urkuh Audhumbla bewahrt zu haben.

I 9. Skaldskaparmal (2)

In der Skaldenkunst-Lehre in der Edda wird der Riese Mökkurkjalfi genauer beschrieben:

Da fuhr (der Tyr-Riese) *Hrungnir seines Weges und sputete sich aus aller Macht bis er gen Jötunheim kam. Da machte seine Fahrt großes Aufsehen bei den Jötunen, ebenso, daß es zwischen ihm und Thor zur Verabredung des Zweikampfs gekommen war. Die Jötune hielten es für überaus wichtig, wer den Sieg erhielte, denn sie fürchteten das Schlimmste von Thor, wenn Hrungnir* (auf der Strecke) *bliebe, denn er war der Stärkste unter ihnen.*

Da machten sie auf Griotunagardar einen Mann von Lehm, der neun Rasten hoch war und drei breit unter den Armen. Sie fanden aber kein Herz, das so groß war, als sich für ihn ziemte, bis sie das einer Stute nahmen, welches sich ihm jedoch nicht als haltbar erwies, als Thor kam.

Hrungnir selbst hatte bekanntlich ein Herz von hartem Stein, scharfkantig und dreiseitig, wie man seitdem das Runenzeichen zu schneiden pflegt, das man 'Hrungnirs Herz' nennt. Auch sein Haupt war von Stein, von Stein auch sein breiter, dicker Schild, und diesen Schild hielt er vor sich, als er auf Griotunagardar stand und auf Thor wartete. Seine Waffe war ein Schleifstein, den er über die Achsel nahm, und nicht mild war er anzuschauen.

Ihm zur Seite stand der Lehmriese, der Möckurkalfi hieß. Er war aber sehr furchtsam, und man sagt, daß er Wasser ließ, als er Thor sah.

Thor fuhr zum Holmgang und mit ihm Thialfi.

Da lief Thialfi voraus, dahin, wo Hrungnir stand, und sprach zu ihm: „Du stehst übel behütet, Jötun, zwar hast Du den Schild vor Dir, aber Thor hat Dich gesehen – er fährt nieder in die Erde und wird von unten an Dich kommen. Darauf warf sich Hrungnir den Schild unter die Füße und stand darauf; die Steinwaffe aber faßte er mit beiden Händen."

Darauf vernahm er Blitze und hörte starke Donnerschläge und sah nun Thor im Asenzorn, der gewaltig heranfuhr, den Hammer schwang und ihn aus der Ferne nach Hrungnir warf. Hrungnir hob die Steinwaffe mit beiden Händen und hielt sie entgegen: Da traf sie der Hammer im Fluge und der Schleifstein brach entzwei – der eine Teil fiel zur Erde, und davon sind alle Wetzsteinfelsen gekommen, der andere fuhr in Thors Haupt, so daß er vor sich auf die Erde stürzte.

Der Hammer Miölnir aber traf den Hrungnir mitten auf das Haupt und zerschmetterte ihm den Schädel in kleine Stücke. Er selbst fiel vorwärts über Thor, so daß sein Fuß auf Thors Hals lag. Thialfi aber griff Möckurkalfi an, der mit geringem Ruhm fiel.

Darauf ging Thialfi zu Thor und wollte Hrungnirs Fuß von ihm nehmen, hatte aber nicht die Macht dazu. Da gingen die Asen alle hinzu, als sie von Thors Fall hörten, und wollten den Fuß von ihm nehmen, brachten es aber auch nicht zuwege. Da kam Magni herbei, der Sohn Thors und Jarnsaxas, der erst drei Winter alt war, der warf Hrungnirs Fuß von Thor.

Der Ort, an dem die Riesen den Riesen Mökkurkalfi aus Lehm erschufen, hieß „Griotunagardar". Dieser Name bedeutet entweder „Burgmauer der Steinfelder" oder „Bereich der Steinfelder". Die Riesen wohnten allgemein in felsigen Gegenden – damit sind letztlich die Steinplatten gemeint, aus denen die Grabkammer in den Hügelgräbern errichtet worden sind, da die Riesen ursprünglich die Toten gewesen sind.

Eine Raste ist ein altes Längenmaß, das eine Meile, also 1.609m entspricht. Mökkurkalfi war demnach 14.481m hoch und hatte eine Schulterbreite von ca. 5km. Damit war er ca. eineinhalbmal so hoch wie der Mount Everest. Das ist zwar nicht ganz die Größe von Ymir, aber es kommt dem doch schon recht nahe. Da verwundert es auch nicht, daß die Asen Schwierigkeiten bekamen, Mökkurkalfis Bein von Thor zu heben, da dessen Bein eine Dicke von ca. 2km gehabt haben dürfte.

Mökkurkalfi ist in diesem Lied zwar nicht Ymir selber, aber doch ein beherzter Versuch der Riesen, Ymir noch einmal auferstehen zu lassen.

I 10. Sigdrifa-Lied

Auch in diesem Lied werden der Urriese und Tyr als Riese gleichgesetzt.
*Geistrunen schneide, willst du klüger scheinen
als ein anderer Mann.*

*Die ersann und sprach, die schnitt zuerst
Odin, der sie auserdacht
aus der Flut, die geflossen war
aus dem Hirn Heid-Draupnirs;
aus dem Horn Hod-Draupnirs.*

*Auf dem Berge stand er mit blankem Schwert,
den Helm auf dem Haupte.
Da sprach Mimirs Haupt weise das erste Wort
und sagte wahre Stäbe.*

„Heid-Draupnir" bedeutet „herrlicher Tröpfler"; Hod-Draupnir bedeutet „kostbarer Tröpfler". Mit beidem ist Odins Ring Draupnir gemeint, der einst ein Symbol der Sonne und somit auch des Tyr gewesen ist.

Mit den „Stäben" sind auf Holzstöcke geschnitzte Runen gemeint – sie bezeichnen hier im übertragenden Sinne „weise Zauberworte".

Diese Szene scheint sich direkt an die Mumifizierung des Hauptes des Mimir durch Odin anzuschließen: Das Ritual ist gelungen und Mimirs Kopf spricht zu Odin.

Bei diesem Vorgang steht Odin anscheinend auf einem Berg, womit ein Hügelgrab gemeint sein könnte – vermutlich das des Tyr-Riesen Mimir. Schwert und Helm könnten auf eine „offizielle Handlung" hinweisen – zumindestens macht diese Schilderung den Eindruck eines vorgegebenen Rituals. Da das Schwert in der Hand des Odin eigentlich nicht üblich ist, weil der Speer Odins Waffe ist, wird diese Szene den Schwertgott Tyr, den Vorgänger des Odin darstellen.

Als Quelle der Runen und somit der Weisheit wird hier nicht nur Mimir angegeben, sondern auch Odins Ring Draupnir: *„aus der Flut, die geflossen war aus dem Hirn Heid-Draupnirs; aus dem Horn Hod-Draupnirs."*

Die „Flut, die geflossen war aus dem Hirn Heid-Draupnirs" erinnert zunächst an den Urriesen Ymir, aus dem nach seiner Köpfung durch die Asen Wodan (Odin), Wili und We sein Blut herausfloß und die Meere bildete. Für Odin ist daher das Köpfen eines (in der Regel toten) Ahnen anscheinende ein vertrauter Vorgang gewesen. Dies gibt dem Bilden des Himmelszeltes aus Mimirs Schädel eine tiefere Bedeutung: Wenn die Schädel der Ahnen als „Telefon" zu ihnen im Jenseits dienten, dann drückt das Leben unter dem Schädel des Ymir, der der Urahn aller Riesen, Asen und Menschen ist, den größtmöglichen Schutz aus: Ymir wacht als Himmel über uns allen und beschützt uns.

Eine solche Schutz- und Helferfunktion hat offensichtlich auch Mimir in Bezug auf Odin.

Der Schädel eines toten Verwandten als Tor zu dem Geist dieses Verwandten im Jenseits läßt sich bis in die frühe Jungsteinzeit zurückverfolgen (siehe: Eilenstein - „Göbekli Tepe").

„Heid-Draupnir" („herrlicher Ring des Odin") und „Hod-Draupnir" („kostbarer Ring des Odin") sind hier vermutlich Umschreibungen für Ymirs bzw. Mimirs Haupt. Da Draupnir ein Symbol der Jenseitsreise gewesen ist, paßt er symbolisch gut zu dem mumifizierten Haupt des Mimir, das auch eine Verbindung zwischen Diesseits und Jenseits darstellt.

Die „Flut" könnte eine Anspielung darauf sein, daß Odin seine Weisheit durch einen Trank aus Mimirs Quelle, d.h. durch den Göttermet erlangte. Der Ursprung dieser Flut in „Draupnirs Hirn" und „Draupnirs Horn" ist wohl so zu verstehen, daß die Weisheit, die man mit dem Trinken des Göttermets aus Mimirs Trinkhorn auch die Weisheit aus Mimirs Hirn in sich aufnimmt.

Es hat den Anschein, als ob Mimir, der Göttermet und der Ring Draupnir in diesen Versen einander gleichgesetzt oder zumindest eng miteinander assoziiert worden wären.

Der weiteren werden hier der Tyr-Riese Mimir (siehe „Mimir" in Band 6) und der Urriese Ymir miteinander gleichgesetzt.

I 11. Gyma in der germanischen Überlieferung

Snorri Sturluson führt in seinen Thulur den Namen „Gyma" für die Erde auf.

Dieser Name ist das weibliche Gegenstück zu dem Meeres-Riesen Gymir, der mit Ägir und Hler identisch ist. Diese drei Riesen sind der ehemalige Göttervater Tyr in der Wasserunterwelt.

Die beiden Namen „Gyma" und „Gymir" leiten sich von „gumi" für „Mann, Mensch" ab, die mit den beiden lateinischen Worten „homo" für „mensch" und „humus" für „Erde" verwandt sind und letztlich von dem indogermanischen „ghmon" für „Erdling" im Sinne von „Mensch" abstammen.

Die beiden Namen „Gyma" und „Gymir" sind somit die vollständigeren Versionen des Namens des Urriesen Ymir, bei dessen Namen das Anfangs-G fortgefallen ist.

Gymir ist somit das Meer als das Blut des Urriesen Ymir/Gymir und Gyma ist die Erde als das Fleisch dieses Urriesen.

I 12. Hymir-Lied

„Gymnir" ist in dem Thor-Lied des Ulfr, das in der Skaldskaparmal zitiert wird, eine Alternativ-Schreibung für den Riesen-Namen „Gymir".

Auf sehr ähnliche Weise ist auch der Name des Tyr-Vaters „Hymir" eine Weiterbildung von „Ymir".

Im Hymir-Lied wird (H)ymir nicht als Tyr selber, sondern als dessen Vater aufgefaßt – da der ehemalige Sonnengott-Göttervater Tyr jedoch jeden Morgen bzw. in jedem Frühjahr als sein eigener Sohn wiedergeboren wird, macht dies keinen Unterschied.

Im Hymir-Lied hat Hymir keine Eigenschaften des Ymir, sondern nur die des Tyr-Riesen im Jenseits, der in diesem Lied als Tyrs Vater aufgefaßt wird.

Das Hymir-Lied bestätigt somit noch einmal die häufige Gleichsetzung von Tyr und Ymir.

I 13. Edda-Prolog

Snorri Sturluson hat seiner Edda ein Vorwort beigefügt, in dessen erstem Kapitel er Überlegungen darüber anstellt, wie die Mythen der Germanen entstanden sein mögen. Darin kommt auch Ymir vor – allerdings ohne daß Snorri dessen Namen benutzt. Er beschreibt lediglich, warum die Germanen seiner Meinung nach die Erde als ein Lebewesen aufgefaßt haben und ihre Bestandteile als Teile eines Lebewesens beschrieben haben.

Am Anfang erschuf der allmächtige Gott Himmel und Erde und alle Dinge in ihnen; und zuletzt zwei Menschen: Adam und Eva, von denen alle Völker abstammen. Und ihre Nachkommen vermehrten sich und verteilten sich über die ganze Erde.

> Snorri Sturluson hat seine Werke aus der Sicht eines Christen geschrieben, der die Geschichte und auch die Dichtkunst seiner Vorfahren für die Nachwelt aufbewahren will.

Als aber die Zeit verging, wurden die Völker unterschiedlich in ihre Art: einige waren gut und rechtgläubig; viele aber strebten nach den Lüsten der Welt und wichen von Gottes Geboten ab. Deshalb ertränkte Gott die Welt und alle Lebewesen in einer riesigen Flut des Meeres außer Noah in seiner Arche. In Noahs Flut überlebten acht Menschen, die anschließend die Erde wieder bevölkerten und alle Völker stammen von ihnen ab.

Die Germanen hatten auch in ihren eigenen Mythen eine solche Flut. Sie entstand durch das aus dem Urriesen Ymir nach seiner Tötung ausfließende Blut entstand, in der alle Riesen außer Bergelmir und seiner Frau starben.

Und es geschah wieder wie zuvor: Als die Erde voller Menschen und von vielen bewohnt war, begannen die meisten der Menschen wieder Gier, Reichtum und weltlichen Ruhm zu lieben, aber die Verehrung Gottes zu vernachlässigen. Nun wurde es wieder so schlimm, daß sie nicht einmal mehr über Gott sprachen – und wer könnte dann noch seinen Söhnen von den Wundern Gottes berichten?

So geschah es, daß sie Gottes Namen vergaßen und in der gesamten Welt gab es nicht mehr einen einzigen Menschen, der noch in irgendeiner Sache die Spur seines Schöpfers hätte erkennen können. Gott gab ihnen dennoch die Geschenke der Erde: Reichtum und Glück und die Welt zu ihrem Vergnügen. Er vermehrte ihre Weisheit, sodaß sie alle irdischen Dinge verstehen konnten und auch jede Bewegung von allem, was sie auch immer in der Luft und auf der Erde erblicken mochten.

Über ein Ding wunderten sie sich und dachten darüber nach: Was mochte es wohl bedeuten, daß sich die Erde und die Tiere und die Vögel in mancher Hinsicht glichen, aber sich trotzdem in ihrer Lebensweise unterschieden. Darin glich sich ihr Wesen: Wenn man auf den hohen Berggipfeln grub, findet man schnell Wasser und man muß dafür nicht länger graben als in den tiefen Tälern. So ist es auch mit den Tieren und den Vögeln: Es ist gleichweit für das Blut in den Kopf und in die Füße. Eine weitere Eigenschaft der Erde ist es, daß in jedem Jahr Gras und Blumen auf der Erde wachsen und in demselben Jahr alles Gewachsene wieder vergeht und verwelkt. Mit den Tieren und Vögeln ist es ebenso: Haare und Federn wachsen jedes Jahr und fallen wieder aus. Dies ist das dritte Merkmal des Wesens der Erde: Wenn man sie öffnet und aufgräbt, wächst das Gras sofort wieder auf dem Boden, der als oberstes auf der Erde liegt.

> Die hier von Snorri Sturluson beschriebenen Zusammenhänge waren im Mittelalter die geläufige christliche Ansicht über die Entstehung der nichtchristlichen Religionen.

Die Felsen und Steine verglichen sie den Zähnen und den Knochen der Lebewesen.

> Dies sind die Knochen des Urriesen Ymir.

So erkannten sie, daß die Erde lebendig war und auf ihre Weise Leben hatte, und sie begriffen, daß sie unglaublich alt an Jahren und mächtig in ihrer Art sein mußte: Sie ernährte alles, das lebt, und sie nahm alles zu sich, das stirbt. Daher gaben sie ihr einen Namen und führten ihre vielen Generationen auf sie zurück.

Außerdem erkannten sie dasselbe von ihren alten Verwandten: Viele Hundert Jahre wurden gezählt, in der die Erde dieselbe gewesen ist und auch die Sonne und die Sterne am Himmel; aber ihre Bahnen waren verscheiden – einige hatten längere und andere kürzere Wege.

Aus Dingen wie diesen entstand der Gedanke, daß es einen Lenker der Sterne geben könnte: jemanden, der ihre Bahnen nach seinem Willen fügte – und daß dieser sehr stark und voller Macht sein mußte. Auch dies hielten sie für wahr: Wenn er die Dinge der Schöpfung lenkte, dann mußte er bereits vor den Sternen da gewesen sein; und wenn er die Bahnen der Himmelskörper bestimmte, mußte er auch das Leuchten der Sonne beherrschen und den Tau der Luft und die Früchte der Erde und alles, was auf ihr wächst; und auf dieselbe Weise die Winde der Luft und die Stürme des Meeres.

Sie wußten jedoch noch nicht, wo sein Königreich war, aber dies glaubten sie: daß er alle Dinge auf der Erde und im Himmel beherrschte, auch die großen Sterne im Himmel und die Winde des Meeres. Nicht nur, um über all dies richtig sprechen zu können, sondern auch um es in ihrer Erinnerung festigen zu können, gaben sie allen Dingen aus ihrem eigenen Geist heraus Namen. Dieser Glaube, dem sie anhingen, hat sich in vieler Weise verändert, als die Völker sich voneinander entfernten und ihre Sprachen unterschiedlich wurden.

Aber sie erkannten all diese Dinge nur mit der Weisheit der Erde, denn das Verstehen des Geistes war nicht in ihnen. Dies war es, was sie erkannten: daß alle Dinge aus einer Essenz heraus erschaffen worden waren.

II Ymir in den Isländersagas und in den frühen Skaldenliedern

Die Isländer-Sagas wurden in etwa zur selben Zeit wie die Prosa-Edda niedergeschrieben und berichten über Ereignisse aus der Zeit der Besiedlung Islands zwischen ca. 950 und 1250 n.Chr. Sie sind eine Mischung aus historischen und mythologischen Berichten.

II 1. Die Saga über Hervor und König Heidrek den Weisen

Die Hervor-Saga ist die einzige, in der der Urriese erwähnt wird. Dort finden sich allerdings kaum zusätzliche Informationen über Ymir.

Lediglich die Erwähnung einer Tochter Ymirs mit dem Namen Ama („Mutter") ist neu. Sie könnte eine Erinnerung an die Muttergöttin im Jenseits sein. Da die Muttergöttinnen in den frühen Mythen oft als Kuh dargestellt wurde um ihre Fruchtbarkeit auszudrücken, könnte „Ama" mit der Urkuh Audhumbla identisch sein. Auch der Name der Asin Nanna, die Baldurs Frau ist, bedeutet „Mutter".

Die Umdeutung einer Muttergöttin entweder zu der Frau/Geliebten eines Gottes oder zu seiner Tochter ist ein in der Entwicklung von Mythen oft zu beobachtender Vorgang, durch den die in früher Zeit zentrale Gestalt der Großen Mutter den neu entstandenen Götterkönigen untergeordnet wurde.

Es wird gesagt, daß in diesen längst vergangenen Tagen ein Land hoch oben im Norden in der Finnmark (Finnland) *lag, das Jötunheim* (Riesenheim) *genannt wurde; und im Süden, zwischen dort* (Riesenheim) *und Halogaland* (Nord-Norwegen) *lag Ymisland* (Ymir-Land). *Damals waren in dem nördlichen Teil der Welt Riesen weitverbreitet. Einige von ihnen waren Halbriesen.*

Zu dieser Zeit ging eine große Vermischung von Menschen vor sich: Riesen vermählten sich mit Frauen aus der Menschenwelt und gaben ihre Töchter zu den Menschen.

Einer der Könige in Jötunheim hieß Godmund (Tyr). *Sein Heim wurde Grund genannt und sein Land Glasisvellir* („Glitzernde Ebene"). *Er war ein treuer Verehrer der alten Götter. Er war ein weiser und machtvoller Mann und so alt – wie auch alle seine Leute – daß sie alle vielfach die normale Zeitspanne lebten. Deshalb glauben die Heiden, daß der „totlose Acker" in seinem Reich zu finden sein muß: der Ort, der jeden heilt, der dorthin kommt, und der von jedem das hohe Alter abfallen läßt, sodaß dort niemand sterben kann. Es wird gesagt, daß das Volk Godmund nach seinem Tod*

Opfer brachte und ihn wie einen Gott verehrte.

Es lebte einst ein Mann mit Namen Arngrim. Er war ein Riese und ein Felsenbewohner. Er nahm Ama, Ymis Tochter von Ymisland und machte sie zu seiner Frau. Ihr Sohn war Hergrim, der ein Halb-Troll war. Er lebte manchmal bei den Bergriesen und manchmal bei den Menschen. Er hatte die Kraft eines Riesen. Er wußte alles über die geheimen (magischen) Künste und war ein großer Berserker.

II 2. Thorsdrapa (1)

Aus der Zeit um 950 n.Chr. sind einige Skaldenlieder bzw. Bruchstücke von ihnen überliefert worden. In einem von ihnen, in der „Thorsdrapa", wird Ymir zweimal erwähnt: einmal als Urahn der Riesen und einmal in der Umschreibung „Gangr".

(... als Thor) wieder einmal von Thridis Verwandten zu Ymirs Verwandten aufbrach.

„Thridi" ist Odin, dessen Verwandten die Asen sind. „Ymirs Verwandte" sind die Riesen.

... bis der Hauptverminderer der Mädchen des Feindes des Himmelsschildes Gangrs Blut erreichte.

Das „Himmelsschild" ist die Sonne; die „Feinde der Sonne" sind die Riesen, da diese Wesen in der Unterwelt/Utgard wohnen; der „Hauptverminderer der Riesen-Mädchen" ist Thor.

„Gangr" („Gang" oder „Geher") ist hier ein Beiname des Urriesen Ymir. Dies ist daran erkennbar, daß das Meer aus Ymirs Blut entstand.

II 3. Thorsdrapa (2)

In der Thorsdrapa wird Ymir „Thorn", d.h. „Dorn" genannt. „Dorn" ist normalerweise eine Umschreibung für „Schwert". In der Thorsdrapa ist „Thorn" ein Name für den ehemaligen Schwertgott-Göttervater Tyr im Jenseits. Das bedeutet, daß bereits um ca. 985 n.Chr., als dieses Lied verfaßt worden ist, der „König der Riesen" (Tyr) und der „Erste der Riesen" (Ymir) gleichgesetzt worden sind.

*Der tapfere Thor mußte nicht oft
von dem Geier-Pfad um diese Fahrt gebeten werden.
Sie waren begierig,
Thorns Nachkommen zu besiegen,*

*als der Bezähmer von Gandviks Gürtel,
der mächtiger als die Schotten in Idis Behausung ist,
wieder einmal von Thridis Verwandten
zu Ymirs Verwandten aufbrach.*

Der „Geier-Pfad" ist Loki. Vermutlich hat er diese ungewöhnliche Kenning erhalten, weil er fliegen, d.h. auf dem „Pfad der Geier" wandern konnte. In ähnlicher Weise wurde auch das Meer „Pfad der Schiffe" oder „Weg der Fische" genannt. Der Skalde Thorleifir verwendet hier eine „abgekürzte Kenning", da es sich bei „Geier-Pfad" nur um das Kenniord („Bestimmungswort") handelt, das das Gemeinte näher bezeichnet, aber das Stofnord („Stammwort") fehlt. Die „vorschriftsmäßige" Kenning müßte „Ase des Geier-Pfades" o.ä. lauten.

„*Thorns Nachkommen*" sind die Riesen. „Thorn" bedeutet „Dorn" und ist möglicherweise ein Beiname des Urriesen Ymir. Da Odin einen „Schlafdorn" besitzt, mit dem er Menschen einschläfern, d.h. vermutlich „ins Jenseits senden" konnte, und weil dieser „Dorn" wahrscheinlich ein Schlangenzahn ist, könnte „Thorn" ein Riese in Schlangen- oder Drachengestalt sein. Auch Jörmungandr wurde zu den Riesen gezählt. Da die Schlangen und Drachen die Gestalt der Toten in ihrem Hügelgrab bzw. auf ihrer Reise ins Jenseits waren, sind die Schlangen, Drachen und Riesen sowie die Zwerge letztlich alle die Geister der Verstorbenen im Jenseits. Der Name „Dorn" für einen Riesen wäre, wenn „Dorn" eine Heiti für „Schlangenzahn" bzw. „Drachenzahn" sein sollte, eine plausible Benennung eines Riesen.

Aus den späteren Erwähnungen des Riesen Thorn in diesem Lied ergibt sich, daß mit „*Thorn*" der Urriese Ymir gemeint ist. Ursprünglich ist „Thorn" eine Bezeichnung des Schwertgottes Tyr gewesen, der dem Ymir gleichgesetzt worden ist.

*Der Förderer des Schleifstein-Landes
ließ die mächtig Angeschwollenen über sich stürzen.
Der Mann, den der Kraftgürtel begünstigte,
wußte nichts Besseres zu tun.*

*Der Verminderer von Mörns Kindern drohte,
daß seine Macht bis zum Dach der Halle wachsen würde,
wenn das strömende Blut des Nackens des Thorn
sich nicht vermindern würde.*

Ein „*Förderer des Schleifstein-Landes*" ist ein Krieger, da dieser für das Schärfen seiner Waffen Schleifsteine benötigt und somit den Handel in den Ländern der Schleifsteinhersteller fördert. Hier sind damit die drei Asen Tthor, Loki und Thialfi gemeint, die durch diese Kenning als Krieger bezeichnet werden.

„*Die mächtig Angeschwollenen*" sind die Flüsse und ihre Wogen und hier speziell der Wimur. In der Prosa-Edda wird gesagt, daß der Wimur deshalb so anschwoll, weil die Riesin Gjalp weiter oben in den Fluß pinkelte, um die drei Asen zu ertränken. Thor vertrieb sie jedoch durch einen Steinwurf und rettete damit sich und seine Begleiter. Dann zog er sich an einem Baum aus dem Wasser, der wohl der Weltenbaum sein wird.

Der „*Kraftgürtel*" ist normalerweise Thors Gürtel Megingjarder. Auf seiner Fahrt nach Geirrödsgard trug er jedoch zumindestens in der Edda-Version der Geschichte den Kraftgürtel der Riesin Gridr (die Mutter des Asen Widar), die ihm ihren Kraftgürtel, ihre Eisenhandschuhe und ihren Zauberstab geliehen hatte.

„*Mörn*" ist eine Riesin oder ein Riese. Vermutlich ist damit ein wichtiger früher Riese wie Ymir oder Bergelmir gemeint, da „*Mörns Kinder*" offenbar eine allgemeine Kenning für die Riesen war. Der „*Verminderer der Riesen*" ist Thor. Der Name „Mörn" könnte sich evtl. von „mära" für „Sumpf" ableiten.

Die „*Halle*" ist die Erde und der Luftraum über ihr und das „*Dach der Halle*" ist Ymirs Schädel, der den Himmel bildet.

Thors Drohung mit seiner „*Macht*" bedeutet offenbar, daß er einen Zauber anwenden würde, wenn die Strömung sich nicht beruhigen und ihn durchlassen würde. Gegen wen sich diese Drohung richtet, wird erst in den nächsten Strophen gesagt. Diese mit dem Jenseitsfluß verbundenen und ihn offenbar beherrschenden feindlichen Wesen sind die beiden Riesen-Schwestern Gjalp und Greip, die letztlich mit der Unterweltsgöttin Hel identisch sein werden.

Diese Drohung des Thor mit seiner Magie erinnert daran, daß Thor in Snorri Sturlusons Bericht in der Prosa-Edda über diese Reise nach Geirrödsgard von der Riesin Grid einen Zauberstab für diese Reise erhalten hatte und daß sich Thor durch das Festklammern an einem Ebereschenbaum vor dem Ertrinken in dem Fluß Wimur rettete. Da diese Eberesche der Weltenbaum sein wird, der von der Erde bis zum Himmel reicht, scheint sich Thors Drohung, daß seine Macht bis zum Himmel wachsen würde, auf den Weltenbaum und seinen Zauberstab, der ein Symbol des Weltenbaumes ist, zu beziehen.

Diese Szene erweckt den Eindruck, als ob hier der Zauberstab als das (ehemalige) Symbol des Weltenbaumes und der Jenseitsreise entlang des Weltenbaumes in der Thorsdrapa zu einer magischen Waffe geworden wäre, mit der man der Hel drohen kann, damit sie den Besitzer des Zauberstabes den Jenseitsfluß überqueren läßt.

Einen ähnlichen Zauberstab wie Thor besitzt auch der Ase Ullr, der ihn aus einem Knochen geschnitzt und mit Runen versehen hat und mit dessen Hilfe er wie mit einem Schiff jedes Wasser überqueren kann – insbesondere den Jenseitsfluß.

Ein weiteres Symbol dieser Art ist Odins bzw. Freyrs „Schiff" Skidbladnir, das das Fell eines bei einer Bestattung oder einer anderen Jenseitsreise geopferten Tieres ist. Auf dieses Fell setzten sich die Germanen beim „Utiseta" („Draußen-Sitzen"), d.h. wenn sie die Toten herbeirufen wollten, um von ihnen Rat zu erhalten. Dadurch, daß der Totenbeschwörer wie die Toten bei der Bestattung auf dem Fell des Opfertieres saß, reiste er wie die Toten in das Jenseits. Über diesen von den meisten indogermanischen und auch von einigen nicht-indogermanischen Völkern bekannte Brauch gibt es vor allem von den keltischen Druiden viele Berichte.

Thors Drohung, „*daß seine Macht bis zum Dach der Halle wachsen würde*", wird vermutlich darauf zurückgehen, daß die Schamanen ursprünglich den Weltenbaum bis zum Himmel, d.h. bis nach Asgard zu den Göttern reisten.

In der Edda des Snorri Sturluson ist die Drohung des Thor mit seinen magischen Kräften durch einen pragmatischen Steinwurf ersetzt worden, durch den Thor die Riesin ohnmächtig werden ließ.

„Thorn" ist hier eine Heiti für den Urriesen Ymir, aus dessen Blut alles Wasser entstanden ist. Das „*strömende Blut des Nackens des Thorn*" ist daher ein Fluß, d.h. in diesem Zusammenhang der (Jenseits-)Fluß Wimur. Da das Wasser „aus dem Nacken des Thorn" quillt, stellte sich Eilifr den Urriesen Ymir hier offenbar als geköpft vor. Dazu paßt, daß er eine Zeile zuvor das „*Dach der Halle*" erwähnt hat, denn der Himmel bestand aus dem Schädel des Ymir, dessen Kopf folglich vor der Errichtung des Himmels abgeschlagen worden sein mußte. Beide Motive ergeben miteinander kombiniert die bildhafte Aussage, daß die Strömung des Wimur so stark war wie zu Beginn der Zeit, als sich aus dem aus Ymir ausströmenden Blut die Weltmeere bildeten.

„Kenning-freie Übersetzung" der Strophe: „*Thor ließ die hohen Wogen über sich brausen, da er nichts Besseres zu tun wußte. Thor drohte damit, daß seine Macht bis zum Himmel wachsen würde, wenn die Strömung nicht nachlassen würde.*"

Als die Krieger, denen ein Geist der Stärke verliehen worden war,
das Haus des Thorn betraten,
gab es ein großes Geschrei
unter den Walisern der Höhle mit den runden Wänden.

Der dem Frieden abgeneigte Töter
des Rentiers des Zählers der Gipfel
geriet dort in dem finstern,
gräßlichen Hut der Riesen in die Enge.

Der „*Geist der Stärke*" könnte die Kampfekstase der Berserker und der Ulfhedinn sein.

Mit „*Thorn*" („Dorn") ist der Urriese Ymir gemeint, wie sich aus den vorigen Strophen ergibt, in dem aus Thorns Leib strömende Blut dem reißenden Fluß Wimur verglichen wird. „*Thorn*" ist jedoch zugleich auch der ehemalige Sonnengott-Göttervater Tyr als Riese im Jenseits, der in diesem Lied von Thor erschlagen wird – wie Ymir von den Asen. Das „Haus des Thorn" ist eine Höhle, in der Riesen wohnen – letztlich die Grabkammer im Hügelgrab des Tyr.

Die „*Waliser der Höhle*" sind die Riesen.

Ein „*Zähler der Gipfel*" ist ein in den Bergen wohnender Riese, dessen Rentier Thor offensichtlich getötet hat. Das einzige Rentier, das im Zusammenhang mit einem Riesen von den Asen getötet worden ist, findet sich in der Prosa-Edda in der Skaldskaparmal und in der Haustlöng, in der beschrieben wird, daß der Riese Thiazi von den drei Asen Odin Hönir und Loki seinen Anteil an dem Rentier fordert. In diesem Vers der Thorsdrapa scheint demnach der Tyr-Riese Thiazi gemeint zu sein, der auch als Enkel des Tyr-Riesen Geirröd aufgefaßt worden ist. In der Edda und im Haustlöng wurde Thiazi von den Asen insgesamt getötet, während hier Thor der Mörder des Thiazi ist.

Der „*Hut der Riesen*" wird deren Höhlen sein. Dies könnte eine Anspielung auf die Reise des Thor zu dem Riesen Utgard-Loki sein, auf der die Asen in einer Höhle Schutz suchten, die sich später als der Handschuh eines Riesen herausstellte.

„Kenning-freie Übersetzung" der Strophe: „*Als die Asen in ihrer Kampfekstase die Höhle betraten, gab es ein großes Geschrei unter den Riesen. Thor geriet dort aber ziemlich in Bedrängnis.*"

II 4. Sonatorrek

In der Klage über den Tod seines siebzehnjährigen Sohnes bei einem Schiffsunglück in einem Sturm dichtete der Skalde Egil Skallagrimsson ein Klagelied über seinen Sohn, in dem er „Ymirs Ströme" als Kenning für einen Fluß benutzte. „Sonatorrek" bedeutet „Klagelied für den Sohn".

„*Ymirs Ströme tosen vor dem Eingang des Hügelgrabes meines Verwandten herab.*"

II 5. Der Riese Vid-Gymnir in der germanischen Überlieferung

Dieser Riese wird lediglich in einem Lied des Skalden Ulfr erwähnt, das von Snorri in seiner Skaldskaparmal zitiert wird.

Dies ist die geläufige Übersetzung der betreffenden Textstelle, an der Thors Kampf mit der Midgardschlange beschrieben wird:

Und noch einmal sang Ulfr:

„Der Weit-Gymnir der Furt des Wimur
schlug den glitzernden Kopf der Schlange
heftig gegen die Wogen.
Mit alten Geschichten ist dieser Schild bemalt."

Hier wird er (Thor) *'Riese der Furt des Wimur' genannt. Es gibt einen Fluß, der Wimur genannt wird und den Thor durchwatete, als er zu der Festung des Geirröd zog.*

Der Fluß Wimur ist der Jenseitsfluß. Er wurde oft auch mit dem Meer gleichgesetzt. Sein Name leitet sich wahrscheinlich von dem germanischen „wem" für „sprudeln, wimmeln" ab und bedeutet demnach in etwa „Fließender, Reißender, Wasserreicher".

Da der Name „Gymnir" nur an dieser einen Stelle erscheint, wäre es denkbar, daß es sich um einen Schreibfehler für „Gymir" handelt oder dieser Name hier mit der Endung „-nir" statt „-ir" gebildet worden ist. Gymir ist identisch mit Ägir und Hler – er ist der Tyr-Riese in der nächtlichen bzw. winterlichen Waserunterwelt. Der Name „Gymir" bezeichnete das Meer und die entsprechende Femininform „Gyma" die Erde. Dieses Namenspaar ist schon sehr alt, da es über das germanische „gumo" für „Mensch, Mann" zusammen mit dem lateinischen „homo" für „Mensch, Mann, Erde" auf das indogermanische „ghomon" für „Erdling, Mensch, Erde" zurückgeht. Der Name „Gymir" ist somit mit dem Namen „Ymir" des Urriesen identisch.

Der Name „vidgymnir" läßt sich auf mehrere Weisen übersetzen, da „vid" sowohl „weit" als auch „wider, gegen" und „weiß" bedeuten kann und zudem noch die in zusammengesetzten Substantiven verwendete Form von „vidr" für „Baum, Mann" ist. Da Thor nirgendwo sonst als Riese bezeichnet wird und er der Hauptgegner der Riesen und insbesondere des Tyr-Riesen ist, liegt es nahe, „Vidgymnir" als „Gegner des Tyr-Riesen Gymir" zu übersetzen, was eine genaue Beschreibung der Haupttätigkeit des Thor ist: das Erschlagen des Tyr-Riesen bei dessen Absetzung als Göttervater um 500 n.Chr.

Aufgrund der oft recht kreativen Wortstellung und dem Fortlassen von vielen

Hilfsverben, Pronomina u.ä. in den Skaldenliedern ist die Deutung der Sätze oft nicht ganz eindeutig.

Die betreffende Stelle lautet im Original wie folgt, wobei die fettgedruckten Worte jeweils die deutsche Übersetzung sind:

*Víðgymnir **Gegner des Gymir** laust **schlagen** Vimrar **Wimur**
vaðs **Furt** af **von/fort/weg** fránum **glänzend** naðri **Natter**
hlusta **Ohr** grunn **Grund** við **gegen** hrönnum **Woge**.
Hlaut **Opferblut** innan **von innen her** svá **so/dann** minnum **erinnern**.*

*Hér **Hier** er **welcher** hann **er** kallaðr **genannt** jötunn **Riese** Vimrar **Wimurs** vaðs
Furt. Á **Fluß** heitir **heißen** Vimur **Wimur**, er **welcher** Þórr **Thor** óð **durchwatet**, þá
als er **welcher** hann **er** sótti til **nach** Geirröðargarða **Geierrödsgard**.*

Dieser Text läßt sich wie folgt in normales Deutsch übertragen:

*Der Gegner des Gymir schlägt an Wimurs
Furt das Ohr der glänzenden Natter
von seinem Grund in die Wogen hinein.
Er wird sich an das von innen her kommende Opferblut erinnern.*

Hier wird er (Thor) „Gegner des Gymir an Wimurs Furt" genannt. Der Fluß, den Thor durchwatet, als er nach Geirödsgard zog, heißt Wimur.

Der „Grund des Ohres" ist der Kopf.

Das „Er" in der vierten Zeile der Strophe bezieht sich auf die Midgardschlange Jörmungandr. Die Umschreibung „Opferblut" für das Blut des Jörmungandr ist zum einen als Ironie gemeint und zum anderen als Bestätigung dafür, daß es richtig ist, diese Riesenschlange zu töten. Zudem brauchte Ulfr das Wort „Hlaut" für seinen Stabreim: „**v**idgymir – **v**imrar – **v**aðs" und „**h**lusta – **h**rönnum – **h**laut".

III Jakob Grimm: Deutsche Mythologie

Börs söhne schleiften Ymirs leichnam mitten in ginnûngagap und schufen aus seinem blute die see und das wasser, aus dem fleisch die erde, aus den knochen die berge, aus den zähnen und zerbrochnen knochen die felsen und klippen. dann nahmen sie seinen schädel und machten daraus den himmel, und die aus Muspellheim los umher fahrenden funken festigten sie an den himmel, daß davon alles erleuchtet würde. die erde war rund und von tiefem meer umgeben, dessen strand die riesen bewohnen sollten; um aber die inwendige erde gegen sie zu schützen, wurde Midgard eine burg aus Ymirs brauen gebaut. des riesen hirn in die luft geworfen bildete die wolken. (Snorri)
Etwas abweichend heißt es Sæmundr:

or Ymis holdi var iörd um scöput,
enn or sveita sær,
biörg or beinom, badmr or hâri,
enn or hausi himinn,
enn or hans brâm gerdo blîd regin
midgard manna sonom,
enn or hans heila voro þau in hardmôdgo
skŷ öll um scöput.

Hier werden die zähne nicht verwendet, dafür aber ist die erschaffung des baumwuchses aus des riesen haar angegeben.
Obschon dem namen ginnûngagap kein althochdeutscher oder angelsächsicher ausdruck zur seite steht, so könnte es nichts destoweniger in folgenden versen des Wessobrunner gebets beschrieben sein:

dat gafregin ih mit firahim firiwizzo meista,
dat ero ni was noh ûfhimil,
noh paum nohheinig noh pereg ni was,
noh sunnâ ni scein [noh sterno ni cleiz],
noh mâno ni liuhta noh der mareosêo.
dô dâr niwiht ni was enteo ni wenteo,
enti dô was der eino almahtîco cot.

Zwar die letzte zeile klingt vollkommen christlich, und auch in den vorausgehenden ist nichts dem christlichen glauben unmittelbar widerstrebendes; doch die nebeneinanderstellung von erde und himmel, baum und berg, sonne (und stern), mond und meer, wobei auch die alterthümlichen formen ero (terra), ûfhimil (coelum), mareosêo (mare, gothisch marisáivs) anzuschlagen sind, klingen eddisch:

vara sandr ne sær, ne svalar unnir,
iörð fanz æva ne upphiminn,
gap var ginnûnga, enn gras hvergi.
sôl þat ne vissi hvar hon sali âtti,
stiörnor þat ne visso hvar þær staði âtto,
mâni þat ne vissi hvat hann megins âtti.

Die worte *niwiht ni was enteo ni wenteo* umschreiben ganz den begrif von *ginnûngagap*.

Diese heidnischen bezüge verstärken sich, seitdem aus althochdeutschen und altsächsichen liedern der technische ausdruck *muspilli* = altnordisch *muspell* nachgewiesen worden ist; an genauem zusammenhang zwischen *nifl*, *Niflheim* und den in unser epos verwachsnen Nibelungen läßt sich ohnehin nicht zweifeln.

Waren aber diese beiden pole des alten chaos in der vorstellung aller deutschen stämme begründet, so wird auch die von der schöpfung überhaupt weit verbreitet gewesen sein.

Es ist dargethan worden, daß die altdeutsche ansicht von riesen, göttern, menschen und zwergen genau zu der nordischen stimmt; ich kann jetzt auch jene seltsame eddische Beziehung des riesenleibs auf die weltschöpfung, wiewol in umgedrehtem verhältnis, weiter nachweisen.

Vier der zeit und dem ort nach einander fern liegende denkmale (denen sich künftig vielleicht noch andere zugesellen werden) überliefern uns merkwürdige kunde von erschaffung des ersten menschen. wie nun die edda den zerstückten ausgeweideten leib des riesen auf erde und himmel anwendet, wird hier umgekehrt die ganze welt gebraucht, um den leib des menschen zu schaffen.

Die älteste fassung findet sich in dem *rituale ecclesiae dunelmensis* (London 1839), dem ein schreiber des 10 jahrhunderts folgende stelle eingeschaltet hat:

Octo pondera de quibus factus est Adam. pondus limi, inde factus (sic) est caro; pondus ignis, inde rubens est sanguis et calidus; pondus salis, inde sunt salsae lacrimae; pondus roris, unde factus est sudor; pondus floris, inde est varietas oculorum; pondus nubis, inde est instabilitas mentium; pondus venti, inde est anhela frigida; pondus gratiae, inde est sensus hominis.

Auch die angelsächsiche interlinearversion (Übersetzung des vorigen Textes) *ist der mittheilung werth:*

Ähte pundo, of þæm âvorden is Adam. pund lâmes, of þon âvorden is flaesc; pund fires, of þon reád is blôd and hât; pund saltes, of þon sindon salto tehero; pund þeáves, of þon âvorden is svât; pund blôstmes, of þon is fâgung êgena; pund volcnes, of þon is onstydfullnisse þohta; pund vindes, of þon is oroð cald; pund gefe, of þon is þoht monnes.

Gleichfalls ist einer handschrift des Emsigerrechts hinzugefügt:

God scôp thene êresta meneska, thet was Adam, fon achta wendem: thet bênete fon tha stêne, thet flâsk fon there erthe, thet blôd fon tha wetere, tha herta fon tha winde, thene thochta fon tha wolken, thene suêt fon tha dawe, tha lokkar fon tha gerse, tha âgene fon there sunna, and tha blêrem on thene helga ôm, and tha scôp he Eva fon sîne ribbe, Adames liana.

In diesen drei Texten wird beschrieben, aus welchen Elementen der Natur Gott Adam erschaffen hat: die Knochen aus dem Gestein, das Fleisch aus der Erde, das Blut aus dem Wasser usw., was eine genaue Umkehrung der Erschaffung der Welt aus Ymir ist.

Es ist bemerkenswert, daß Adam aus acht Elementen erschaffen wird, da die Zahl „8" bei den Germanen die Symbolik der Vollkommenheit hat, die man sowohl Ymir als auch dem ersten Menschen (Christentum: Adam) zuschreiben kann.

Der schrift nach fällt diese aufzeichnung erst in das 15 jahrhundert, angenommen aber, daß sie schon aus einer älteren handschrift des Emsigerrechts übertragen wurde, so gehört dieses selbst dem 14 jahrhundert.

Die dritte stelle ist in einem gedicht des 12 jahrhudnert über die vier evangelien enthalten:

got mit sîner gewalt
der wrchet zeichen vil manecvalt,
der worhte den mennischen einen
ûzzen von aht teilen,
von dem leime gab er ime daz fleisch,
der tow becêchenit den sweihc,
von dem steine gab er im daz pein,
des nist zwîvil nehein
von den wrcen gab er ime di âdren
von dem grase gab er ime daz hâr,
von dem mere gab er ime daz plůt,
von den wolchen daz můt,

dů habet er ime begunnen
der ougen von der sunnen.
er verlêh ime sînen âtem,
daz wir ime den behilten
unte sînen gesîn,
daz wir ime imer wuocherente sîn.

Zuletzt führe ich eine stelle aus des Gotfried von Viterbo pantheon an, das 1187 vollendet wurde:

Cum legimus Adam de limo terrae formatum, intelligendum est ex quatuor elementis. mundus enim iste major ex quatuor elementis constat, igne, aere, aqua et terra. humanum quoque corpus dicitur microcosmos, id est minor mundus. habet namque ex terra carnem, ex aqua humores, ex aere flatum, ex igne calorem. caput autem ejus est rotundum sicut coelum, in quo duo sunt oculi, tanquam duo luminaria in coelo micant. venter ejus tanquam mare continent omnes liquores. pectus et pulmo emittit voces et quasi coelestes resonat harmonias. pedes tanquam terra sustinent corpus universum. ex igni coelesti habet visum, e superiore aere habet auditum, ex inferiori habet olfactum, ex aqua gustum, ex terra habet lactum. in duritie participat cum lapidibus, in ossibus vigorem habet cum arboribus, in capillis et unguibus decorem habet cum graminibus et floribus. sensus habet cum brutis animalibus. ecce talis est hominis substantia corporea.

Auch hier wird die Erschaffung des Adam aus den Elementen der Natur beschrieben.

Gotfried, zu Bamberg erzogen und deutscher könige capellan, mochte die lehre von den acht theilen in Deutschland vernommen haben; er trägt nur einiges daraus vor, was er mit seinem übrigen system von den vier elementen vereinbaren konnte; er vergleicht mehr einzelne leibestheile mit natürlichen gegenständen, als daß er jene aus diesen erschaffen behauptete.

Keine der vier aufzeichnungen hängt unmittelbar mit der andern zusammen, wie die besonderheiten jeder darthun; alle aber beruhen auf gemeinschaftlichem grund, was schon aus den octo ponderibus, achta wendem und aht teilen hervorgeht, nach welchen diese verhältnisse angegeben sind. Im einzelnen zeigen sich bedeutende abweichungen, und überall wird anders geordnet. Nur drei stücke gehn durch die drei ersten berichte, daß zum fleisch leim (= Lehm) (oder erde), zum schweiß thau, zum mut wolken genommen wurden. dann aber stimmen der mittelhochdeutsche und friesische text mehr zusammen, beide lassen bein aus stein, haar (locken) aus gras, auge aus sonne, meer (wasser) aus blut entspringen, wovon im angelsächsichen nichts vorkommt.

Die „acht Teile" müssen ein altes Motiv sein, da sie in verschiedenen, voneinander unabhängigen mittelalterlichen Texten vorkommen. In welcher Weise sie aus den germanischen Vorstellungen abstammen, ist jedoch unklar.

Möglicherweise stammen sie aus der Sonnensymbolik, die stark von der Symbolik der „8" geprägt gewesen ist. Wenn dies zutreffen sollte, würde die Erschaffung des ersten Menschen der Wiedergeburt des ehemaligen Sonnengott-Göttervaters Tyr entsprechen.

Die „8" ist in diesem Zusammenhang ein weiterer Hinweis auf die Gleichsetzung von Tyr und Ymir, da die „8" die Zahl des Tyr ist, aber in der Umkehrung der Ymir-Mythe zu einer Mythe über die Erschaffung des Adam erscheint.

Eigenthümlich dem mittelhochdeutschen gedicht ist die ableitung der adern aus kräutern (würzen), dem angelsächsischen aufzeichner die des bluts aus feuer, der thränen aus salz, der buntheit des auges aus blumen, des kalten athems aus wind, des sinnes aus gnade, was nach der beigefügten übersetzung zwar unzweifelhaft, aber doch ein fehler scheint, weil aus lauter sinnlichen gegenständen erschaffen wurde; oder soll die meinung sein, daß der menschliche sinn erst durch gottes gnade seine bestimmung empfange?

Passend sind die thränen dem salz (salsae lacrimae), sonderbar die bunten augen den blumen gleichgestellt, obschon es auch sonst gewöhnlich ist bei der geöfneten blume an das auge zu denken. die schöpfung der herzen aus dem wind findet sich bloß in der friesischen angabe, welche auch allein hinzufügt, daß gott dieser mischung der acht stoffe zuletzt den heiligen athem eingeblasen und aus Adams rippe seine genossin Eva erschaffen habe:

ir houbet ist sô wünnenrîch
als ez mîn himel welle sîn,
dâ liuhtent zwêne sternen abe.

Körperteil	Die Erschaffung des Adam aus acht Elementen in der mittelalterlichen Überlieferung				
	Text				
	mittelalterliche Texte				Ymir
	Ritual ecclesia	Emsiger-Recht	friesischer Text	Evangelien-Gedicht	
Knochen		Stein	Stein	Stein	Berge
Zähne					Steine
Schädel					Himmel
Fleisch	Erde	Erde	Erde	Erde	Erde
Blut		Wasser	Wasser	Meer	Meer
heißes Blut	Feuer				
Adern				Kräuter	
Schweiß	Tau	Tau	Tau	Tau	Meer
Tränen	Salz				
Gehirn	Wolken	Wolken	Wolken	Wolken	Wolken
Haar		Gras	Gras	Gras	Bäume
Augen		Sonne	Sonne	Sonne	Sonne, Mond
Augen	Blüten				
kalter Atem	Wind	Wind			
Sinne	Gnade				

Die Übereinstimmung der acht Elemente, aus denen Adam erschaffen wurde, stimmt mit den Teilen der Welt, die aus Ymir erschaffen wurde, weitgehend überein.

Auch Manuskript 2 werden die augen sterne genannt. vergleiche himmel und gaume. die thräne heißt mittelhochdeutsch mers trân, wâges trân. die edda deutet im Grôttasaungr den geschmack des meers aus dem salzmalen. die thräne beißt wie das salz; δάκρυ lacrima stammt von dak beißen. etym. magn. heißt es: Εὐφορίων δὲ βύνην τὴν θάλασσαν λέγει. οἷον, – πολύτροφα δάκρυα βύνης – τοὺς ἅλας βουλόμενος ειπεῖν. Βύνη = Ἰνώ.

Hält man alle ansätze zu den vorhin aus der edda gezognen, so ist ihre ähnlichkeit oder gleichheit gar nicht zu verkennen; blut, meer oder wasser, fleisch und erde, bein und stein, haar und baum oder gras verhalten sich hier ebenso. zumal wichtig scheint mir das zusammentreffen des gehirns und der wolken mit den gedanken und wolken. denn das hirn bildet den sitz des denkens und wie wolken über den himmel, lassen wir sie noch heute durch die gedanken ziehen, umwölkte stirn heißt uns eine nachdenkliche, schwermütige, tiefsinnende, Grimnismâl wird den wolken das epithet der hartmütigen ertheilt.

Echt eddisch bleibt die beziehung des schädels auf den himmel, der augbrauen auf eine burg, wie aber hätten burg und himmel stof zu erschaffung des leibs hergegeben?

Desto mehr fällt auf, daß die edda des treffenden verhältnisses der sonne zum auge entbehrt, da sonne, mond und sterne ganz gewöhnlich für augen gelten, das alterthum scheint in ihnen auch zungen gesehn zu haben; sind also die einzelnen aufzählungen unvollständig, so mag es überhaupt solcher bezüge noch manche andre gegeben haben. warf Thôrr eine zehe als gestirn an den himmel, so können auch zungen sterne dargestellt haben.

Hauptunterschied zwischen der nordischen vorstellung und allen übrigen liegt, wie schon erwähnt, darin, daß jene den microcosmus auf den macrocosmus anwendet, diese aber umgekehrt das weltgebäude einfluß auf die bildung des menschen äußern lassen. dort ist die ganze natur der auseinandergefallne urmensch, hier wird der mensch aus natürlichen elementen zusammengesetzt. Jene betrachtungsweise scheint für das kindliche alterthum natürlicher, es ist angemessen die sonne aus dem auge eines riesen, die berge aus seinem gebein, das gesträuch aus seinem haar zu erklären; eine menge fortlebender volkssagen erläutern uns die entstehung örtlicher seen und sümpfe aus dem strömenden blut, seltsamer felsen aus den knochen und beinen eines riesen, und in ähnlichem sinn wurde das wallende getraide dem haar der Sif oder Ceres verglichen.

Gezwungner ist es schon, daß sonne, gebirge, bäume beitragen sollen das menschliche auge, gebein und haar hervorzubringen. Gleichwol heißt auch unser auge sonnenhaft und unser leib dem staub verwandt, schon die Heiden konnten sich zu einer umdrehung jener cosmogonischen ansicht bewogen finden, um so mehr aber sagte sie den Christen zu, da die bibel den ersterschafnen menschen geradezu aus leim (= Lehm) oder erde entstehen läßt, ohne weiteres über die bildung der einzelnen bestandtheile des leibs zu sagen.

Kein kirchenvater scheint die annahme von den acht theilen des ersten menschen zu kennen, ich wage nicht zu entscheiden, ob sie schon im heidenthum geläufig war und neben der eddischen vorstellung haftete, oder erst aus dem zusammenstoß dieser mit der christlichen lehre entsprang und als weitere ausbildung des dogma von Adam zu betrachten ist. wurde Adam aus dem leim (= Lehm) gedeutet, so lag es nah, bestimmter hinzuzufügen, daß bloß das fleisch der erde, die knochen den steinen, das haar dem gras entnommen worden sei.

Fast unbiblisch, lenkt auch der dichter der mittelhochdeutschen genesis ein in ähnliche ausführungen:

›duo got zeinitzen stucchen den man ze samene wolte rucchen, duo nam er, sôsich wâne, einen leim zâhe, dâ er wolte, daz daz lit zesamene solte, streich des unterzuisken, daz si zesamene mohten haften. denselben letten tet er ze âdaren, uber ieglich lit er zôch den selben leim zâch, daz si vasto chlebeten, zesamene sich habeten. ûz hertem leime tet er daz gebeine, ûz prôder erde hiez er das fleisk werden, ûz letten deme zâhen machet er die âdare. duo er in allen zesamene gevuocte, duo bestreich er in mit einer slôte, diu selbe slôte wart ze dere hûte. duo er daz pilede êrlich gelegete fure sich, duo stuont er ime werde obe derselben erde. sînen geist er in in blies, michelen sin er ime firliez, die âdere alle wurden pluotes folle, ze fleiske wart diu erde, ze peine der leim herte, die âdere pugen sich swâ zesamene gie daz lit‹.

Dieser unterschied zwischen leim (= Lehm), lette, erde und slôte (schlamm) hat heidnischen beischmack; der dichter wagte nicht sich ganz von der schöpfung, wie sie die kirche darstellte, zu entfernen, aber jene zusammensetzung des menschen aus verschiednen stoffen scheint ihm noch bekannt. spuren davon sind auch sonst in der volkspoesie.

IV Zusammenfassung:
Ymir in der germanischen Überlieferung

Aus den Darstellungen des Urriesen in diesen Texten läßt sich nun eine umfassendere Beschreibung des Ymir bilden.

Ymir ist das Erste Lebewesen

In der „Vision der Seherin" wird gesagt, daß Ymir bereits lebte, bevor Himmel, Erde und Meer entstanden waren. Dies ergibt sich indirekt auch aus den übrigen Beschreibungen.

Die Erschaffung der Welt aus Ymir

In vier Texten in der Edda finden sich verschieden ausführliche Schilderungen der Entstehung der Bestandteile der Welt aus den Körperteilen des Ymir.

Diese Beschreibungen stimmen recht genau überein. Lediglich für die Entstehung des Wassers gibt zwei Bilder: aus dem Blut bzw. dem Schweiß des Ymir – das Blut wird vermutlich das ältere Bild sein, da es deutlich mehr Blut als Schweiß im menschlichen Körper gibt.

Es ist auch denkbar, daß „Schweiß" eine Heiti, also eine poetische Umschreibung der Skalden für „Blut" gewesen ist. Noch heute wird in der Jägersprache das aus einer Wunde austretende Blut des Wildes „Schweiß" genannt. Daher werden z.B. „Bluthunde" in der Waidmannssprache „Schweißhunde" genannt. Das altnordische Wort „sveiti" konnte zudem sowohl „aus dem Körper quellendes Blut" als auch „Schweiß" bedeuten.

Die beiden unterschiedlichen Bilder für den Ursprung der Meere in den germanischen Mythen sind daher vermutlich vor allem durch unterschiedliche Übersetzungen des Wortes „sveiti" entstanden. Von den Germanen wird „sveiti" in diesem Zusammenhang recht sicher als „Blut" aufgefaßt worden sein.

Die in den germanischen Mythen überlieferte Zuordnung der Körperteile des Ymir zu den Bestandteilen der Welt ist somit vollkommen einheitlich.

Körperteil	wird zu	Vision der Seherin	Skald-skapar-mal	Grimnir-Lied	Wafthrud-nir-Lied	Gylfis Vision
Knochen	Berge			X	X	X
Zähne, Kiefer, Knochenstückchen	Steine					X
Fleisch	Erde			X	X	X
Schädel	Himmel			X	X	X
Blut („Schweiß")	Wasser, Meer			X	X	X
Hirn	Wolken			X		X
Haar	Bäume			X		
Blut, Knochen	Zwerge	X				
Maden in Ymirs Fleisch	Zwerge					X
Brauen	Midgart			X		
	Wall rings um Midgart					X
Augen	Sonne		X			
	Mond		X			

Die Entstehung des Ymir

Im Wafthrudnir-Lied wird beschrieben, daß von Norden her von dem Gletscher Eliwagar („Eiswogen") Eis in den Abgrund Ginnungagap („gähnender Abgrund") fiel und die Gestalt eines Riesen bildete. Von Süden her flogen Funken auf die Gestalt aus Eis und gaben ihr Leben. So entstand Ymir aus der Verbindung des Eises aus dem nördlichen Niflheim („Nebellamd") mit dem Feuer aus dem südlichen Muspelheim („Flammenland").

Dieselbe Geschichte wird auch in Gylfis Vision berichtet. Sie wird dort allerdings ausführlicher erzählt. Am Anfang waren Niflheim im Norden und Muspelheim im Süden, das an seiner Grenze später von dem Tyr-Riesen Surtur („Schwarzer") bewacht wurde. Beide Länder wurden durch Ginnungagap getrennt.

In der Mitte von Niflheim, d.h. am Nordpol, befindet sich die Quelle Hvergelmir („Brodelnde Quelle"), aus der zwölf Flüsse entspringen: Swöl, Gunnthra, Fiorm, Fimbul, Thul, Slid, Hrid, Sylg, Ylg, Wid, Leiptr sowie Giöll, der am nächsten am Tor zur Unterwelt Hel vorüberfließt. Diese zunächst heißen Flüsse erstarren nach und nach zu Eis und bilden die Gletscher in Skandinavien, in Grönland und in der Arktis. Sie reichen bis zum Ginnungagap und füllen seine Nordhälfte mit Eis. Das Feuer von Muspelheim schmolz dieses Eis teilweise wieder und gab ihm Leben. So entstand Ymir (=Aurgelmir).

Das Eis taute weiter auf, wodurch auf dieselbe Weise, in der Ymir entstanden war, auch eine Kuh geformt wurde: Audhumbla oder Audhumla. Ihr Name bedeutet wahrscheinlich „die Milchreiche". Vielleicht ist er aber auch von „Ymir" abgeleitet – dann würde er in etwa „Fülle des Ymir" oder „Reichtum des Ymir" bedeuten.

Aus dem Euter der Urkuh flossen vier Milchströme, von denen Ymir sich ernährte. Audhumblas Nahrung war das salzige Eis. Dabei leckte sie die Gestalt des Buri aus dem Eis bzw. leckte ihn aus dem Eis hervor.

Buri hatte Bor als Sohn. Bor vermählte sich mit der Riesin Bestla, die die Tochter des Riesen Bölthorn war. Sie hatten zusammen drei Söhne: die Asen Odin, Wili und We. Diese drei töteten Ymir und erschufen aus seiner Leiche die Welt. Dazu warfen sie Ymir in den Abgrund Ginnungagap und füllten ihn teilweise mit ihm. Als sein Blut aus seiner Leiche floß, bildete es das Weltenmeer zwischen Niflheim im Norden und Muspelheim im Süden. In diesem Meer ertranken alle Riesen außer Bergelmir und seiner Frau, die sich in einem Boot retten konnten. Diese Szene wird u.a. im Wafthrudnir-Lied berichtet.

Odin, Wili und We formten die Erde kreisrund und befestigten den Rand des Weltmeeres mit Erde, sodaß dort eine unüberwindliche Grenze entstand. Aus Ymirs Brauen erschufen sie einen Wall rings um die „Midgart" genannte Erde in der Mitte von Ginnungagap, um sie vor den Riesen zu schützen, die in Utgard („Außenwelt"), also auf dem fernen Land jenseits des Meeres am Rand der Welt wohnten.

Die drei Götter errichteten vier Stützen aus je einem Horn, die den Schädel des Ymir, der nun die Himmelskuppel bildete, hielten. Unter jedem dieser Hörner saß ein Zwerg: Austri, Westri, Nordri und Sudri. Die Aufgabe dieser Zwerge wird nicht erwähnt, aber sie werden wohl die vier Hörner bewachen oder stützen.

Möglicherweise ist auch gemeint, daß die vier Zwerge gehörnt gewesen sind. Es kann ebenfalls sein, daß „Horn" hier schlicht „Ecke" bedeutet, da die Germanen Ecken von Gebäuden u.ä. auch als „Horn" bezeichnet haben.

Die beiden Augen des Tyr-Riesen Thiazi, der an dieser Stelle dem Ymir gleichgesetzt worden ist, warfen die Asen an den Himmel, wo sie zu Sonne und Mond geworden sind.

Die Nachkommen des Ymir

Im Hyndla-Lied und in Gylfis Vision wird gesagt, daß Ymir der Urahn aller Riesen ist. In der Vision der Seherin wird beschrieben, daß aus Brimirs (=Ymir) Blut und Blains (=Ymir) Knochen die Zwerge entstanden sind. In diesem Lied findet sich auch das Motiv der Entstehung der Zwerge als Maden in der Leiche des Ymir.

Im Wafthrudnir-Lied findet sich der Anfang des Stammbaumes der Riesen: Ymir –> Aurgelmir => Drudgelmir => Bergelmir. Der erste Riese wurde von Ymir durch das Reiben seiner Füße aneinander erzeugt. In diesem Lied wird auch beschrieben, wie unter dem schwitzenden linken Arm (in der Nähe des Herzens) der erste Mann und die erste Frau entstanden. Genaudieselbe Beschreibung findet sich auch in Gylfis Vision.

In Gylfis Vision wird weiterhin berichtet, daß die Urkuh Audhumbla Buri, den ersten Menschen, aus dem salzigen Eis leckte. Buri hatte einen Sohn mit Namen Bor, der sich mit der Riesin Bestla, der Tochter des Riesen Bölthorn vermählt. Bor und Bestla haben zusammen drei Söhne: die Asen Odin, Wili und We.

Es gibt mehrere Entstehungsgeschichten der Menschen: In der einen wachsen sie in Ymirs linker Achsel und in der anderen werden sie von Audhumbla aus dem Eis geleckt. In einer dritten Variante werden sie von den Asen Odin, Wili und We aus zwei angeschwemmten Holzstämmen (Ask=Esche und Embla=Ulme) erschaffen. Die Esche weist darauf hin, daß die Menschen in diesem Bild wohl aus der Weltesche Yggdrasil entstanden sind.

Die Entstehung der Riesen, Götter, Menschen und Zwerge					
Vereinigung von Eis und Feuer					
Ymir				*Audhumbla*	*Welt-esche (Entstehung unbekannt)*
Menschen (Variante 1) wachsen unter Ymirs linker Achsel	*Zwerge Maden in Ymirs Leiche*	*Riesen von Ymirs Füßen miteinander gezeugt*		*Menschen (Variante 2) durch die Urkuh aus dem Eis geleckt*	
		Aurgelmir		Buri	
		Drudgelmir		Bor	
		Bergelmir			
		...			
		Bölthorn			
		Bestla			
		Asen: Odin, Wili, We		
		Menschen (Variante 3) *von den drei Asen aus Schwemmholz erschaffen*: Ask und Embla			

Andere Namen des Ymir

In den Texten erscheinen vier weitere Namen, mit denen Ymir bezeichnet wird. Es ist unklar, ob dies wirklich alternative Namen des Ymir sind, da es in der germanischen Dichtkunst üblich war, Wesen und Dinge durch die Namen von vergleichbaren oder entgegengesetzten Wesen und Dingen zu bezeichnen. Wenn dabei ein einzelnes Wort benutzt wurde wie „Berg" für „Hügelgrab", nannte man dies eine Heiti, und wenn dafür zwei Worte benutzt werden wie z.B. „Wogen-Roß" für „Schiff", bezeichnete man dies als eine Kenning.

Name	Bedeutung	Ursprung
Brimir	„Brüller"	Wildheit als allgemeine Qualität der Riesen
Blain	„Blauer"	Leichnam (wird blau)
Aurgelmir	„Licht-Rufer-Riese"	Priester des Tyr; Tyr als Morgensonne
Gangr	„Geher"	Sonne als Himmelswanderer

Aurgelmir wird manchmal auch als Sohn des Ymir angesehen, was aber wohl eine spätere Entwicklung ist.

Ymir und Tyr

Ymir als der zeitlich gesehen erste Riese und Tyr als der rangmäßig gesehen erste Riese sind oft einander gleichgesetzt worden. Beide sind auch von den Asen getötet worden. Manchmal wurde Ymir als der Vater des Tyr angesehen – dann ist Ymir (Hymir) der alte, abendliche Sonnengott-Göttervater und Tyr der junge, morgendliche Sonnengott-Göttervater. In einem anderen Text wird Bergelmir als der Sohn des Ymir, d.h. als der wiedergeborene Tyr angesehen.

Kenningar

Ymir ist in den Kenningar recht beliebt gewesen. Am häufigsten ist er in Umschreibungen für „Himmel" zu finden.

1. Ymirs Schädel = Himmel

Himmel	*Ymirs Schädel*		Snorri Sturluson	Skaldskaparmal
Himmel	*uralter Schädel des Ymir*		Arnorr Jarl-Skalde	Magnussdrapa
Himmel	*Riesen-Schädel*		Snorri Sturluson	Skaldskaparmal

2. Ymirs Schädel => Helm = Himmel

Himmel	*Helm des Nordri*	einer der vier Himmelsträger-Zwerge	Snorri Sturluson	Skaldskaparmal
Himmel	*Helm der Erde*		anonym	Placitusdrapa
			Snorri Sturluson	Skaldskaparmal
Himmel	*Helm der Lüfte*		Snorri Sturluson	Skaldskaparmal
Himmel	*Helm der Sonne*		Snorri Sturluson	Skaldskaparmal
Gott	*der den Helm des Himmels aufspannt*		anonym	Liknarbraut
Gott	*furchtloser, macht-voller Fürst des Himmels-Helmes*	Assoziation zu dem Himmel als Ymirs Schädel und/ oder Tyrs/Odins Goldhelm	anonym	Leidarvisan
Gott	*tatenfreudiger König des Himmels-Helmes*		anonym	Leidarvisan
Gott	*kostbarer, reiner König des Helmes der Erde*		anonym	Liknarbraut
Gott	*sanfter König des Helmes der Insel*	Insel = Midgard; Insel-Helm = Himmel	anonym	Liknarbraut
Gott	*berühmter Herr des Helmes der Erde*		anonym	Placitusdrapa

3. Ymir = Substanz der Erde

Jörd	*Fleisch des Ymir*	Jörd = Erdgöttin = Erde	Snorri Sturluson	Skaldskaparmal
Felsen	*Knochen der Erde*	die Felsen wurden aus den Knochen des Urriesen Ymir erschaffen	Thjodolfr von Hvini	Ynglingatal
Felsen	*Knochen des Meeres*		Thjodolfr von Hvini	Ynglingatal
Felsen	*Zähne des Meeres*	Variante von „Knochen des Meeres"; evtl. sind auch bestimmte weiße Steine gemeint	Thorbjörn Hornklofi	Glymdrapa
Ägir	*Ymirs Blut*	Ägir = Meeresgott = Meer	Ormr Barrey-Skalde	unbekannt
			Snorri Sturluson	Skaldskaparmal

4. Riesen = Ymirs Nachkommen

Riesen	*Ymirs Geschlecht*		anonym	Wafthrudnir-Lied

Die vollständige Ymir-Mythe der Germanen

Aus diesen verschiedenen Erwähnungen des Ymir läßt sich nun eine Geschichte bilden, die alle bekannten Motive des Ymir aus der germanischen Mythologie enthält.

Am Anfang waren Nebelheim im Norden und Flammenheim im Süden, die beide durch einen gähnenden Abgrund getrennt waren. In der Mitte Nebelheims, am Nordpol, befand sich eine brodelnde, heiße Quelle, aus der zwölf Flüsse entsprangen. Je weiter sich ihre Wasser in Nebelheim von der Quelle entfernten, desto kälter wurden sie, bis sie schließlich zu Eis erstarrten. Ein Teil dieses Gletschereises mit dem Namen „Eiswogen" fiel von Norden her in den gähnenden Abgrund hinein und bildete dort eine riesige menschenförmige Gestalt.

Dort wurde das Eis teilweise durch die Funken, die von Flammenheim herüberstoben, aufgetaut und mit Leben erfüllt. So entstand Ymir, das erste Lebewesen. Auf dieselbe Weise bildete sich aus dem Eis, auf das die Funken flogen, auch Audhumbla, die Urkuh, die das erste Tier war. Sie ernährte sich von dem salzigen Eis. Aus ihrem Euter flossen vier Milchströme, die den Ymir ernährten. Sie ist die Uu-Muttergöttin.

Ymirs Füße rieben aneinander und zeugten dadurch Aurgelmir, den ersten Riesen. Sein erster Sohn war Drudgelmir. Dieser hatte viele Kinder, unter anderem einen Sohn mit dem Namen Bergelmir.

Unter der linken Achsel des Ymir, der dort schwitzte, wuchsen die beiden ersten Menschen. Es wird auch erzählt, daß der erste Mensch mit Namen Buri von Audhumbla aus dem Eis geleckt wurde.

Der Sohn namens Bor dieses ersten Menschen ehelichte die Riesin Bestla Bölthorn-Tochter, mit der zusammen er drei Asen zeugte: Odin, Wili und We.

Diese drei Asen töteten den Ymir, stürzten ihn in den gähnenden Abgrund und erschufen aus ihm die Welt.

Aus seinem Blut wurde das Meer; aus seinen Knochen wurden die Felsen der Berge; aus seinen Zähnen, seinen Kiefern und den übriggebliebenen Knochensplittern entstanden die Steine; aus dem Hirn wurden die Wolken; aus seinem Fleisch wurde die Erde, die die Asen in der Mitte des gähnenden Abgrunds kreisrund formten; aus einem Teil der Erde schufen sie einen unüberwindbaren Wall rings um das Weltmeer; aus Ymirs Brauen bildeten sie einen Wall rings um die Erde in der Mitte, um sie vor den Riesen zu schützen, die auf dem Wall jenseits des Meeres hausten; aus dem Schädel erschufen sie den Himmel, den sie in jeder der vier Himmelsrichtungen von den Zwergen Austri, Westri, Nordri und Sudri tragen ließen; die Zwerge selber wurden aus Ymirs Knochen erschaffen, manche sagen jedoch, daß die Zwerge als Maden in dem Fleisch des toten Ymir entstanden sind; das Haar des Urriesen wurde schließlich zu den Bäumen auf der Erde.

In dem Blut des Ymir ertranken alle Riesen außer Bergelmir und seiner Frau, die dadurch zu den Ahnen aller späteren Riesen wurden.

Ymir wurde auch Brimir („Brüller"), Blain („Blauer" = "Leiche") Aurgelmir („Licht-Rufer-Riese") und Gangr („Geher") genannt.

Ymir, der „Erste der Riesen", wurde mit dem ehemaligen Göttervaters Tyr gleichgesetzt, der nach seinem Sturz durch Thor und Odin zu dem „König der Riesen" wurde. Er wurde auch „Thorn" („Dorn" = Schwert) genannt – was eigentlich ein Name des Schwertgottes Tyr ist.

V Der Name „Ymir"

Der Name „Ymir" bedeutet „Zwilling" oder „Zwitter". Zunächst könnte man einmal annehmen, daß „Zwitter" die wahrscheinlichere Deutung ist, da Ymir mit sich selber die ersten Riesen und auch die ersten Menschen zeugte.

An anderen Stellen wird diese „mythologische Parthenogenese" jedoch nicht besonders hervorgehoben wie z.B. bei der Entstehung von Bor, dem Sohn des ersten Menschen Buri oder bei Drudgelmir, dem Sohn des Aurgelmir Ymir-Sohn – beide hatten keine Frau, mit der sie Kinder hätten zeugen können. Daher kann man die Bedeutung „Zwilling" des Namens „Ymir" nicht sicher ausschließen.

Das Name „Ymir" leitet sich von dem indogermanischen Wort „Yemo" für „Zwilling" ab. Von dieser Wortwurzel stammt auch der Name „Yama" des Ersten Menschen aus der indischen Mythologie. Yama wurde später zum Totengott. Seine Frau hieß Yima. In der persischen Mythologie heißt der erste König Yima.

Bei den Germanen war Ymir die Erde und bei den Indern war Yama die Unterwelt, also ebenfalls die Erde. Bei den Römern war das Wort „humus" für „Erde" und das Wort „homo" für „Mensch" eng miteinander verwandt, sodaß die Bedeutung der gemeinsamen Wurzel dieser beiden Worte in etwa „Erd-Mensch" oder „Erdling" gewesen sein muß. Diese Doppelbedeutung findet sich auch im Indogermanischen wieder, in dem „dheghom" die Bedeutung „Erde" hat und „dheghmon" die Bedeutung „Mensch".

Diese Übereinstimmungen zeigen, daß die Vorstellung von Zwillingen, die „Erdlinge" oder auch die Erde selber sind, zumindestens bis zu den späten Indogermanen, d.h. bis ca. 2.800 v.Chr. zurückreicht.

Der Name „Ymir" hat noch zwei weitere Verwandte, die daraufhinweisen, daß dieser Name noch deutlich älter sein muß: Adam bei den Juden und Atum bei den Ägyptern. Da die Juden ihre Religion zu einem großen Teil während ihres Aufenthaltes in Ägypten geformt haben, könnte es jedoch sein, daß Adam eine Ableitung von dem ägyptischen Atum gewesen ist. Atum war der erste Gott, der erste Mensch und er war die Erde selber. Adam war ebenfalls der erste Mensch. Er war zwar nicht die Erde selber, aber er wurde zumindestens aus Lehm erschaffen.

Auch das Motiv der Parthenogenese findet sich bei beiden: Eva wurde aus einer Rippe des Adam erschaffen, während Atum seine Nachkommen durch Onanie mit seiner Hand, die deshalb später als Göttin personifiziert wurde, erzeugte. Das Atum-Motiv könnte auch der Vorläufer für das „Aneinander-Reiben" der Füße des Ymir sein – sozusagen eine Entschärfung des autoerotischen Motivs.

Da die gemeinsamen Vorfahren der Indogermanen, der Juden und der Ägypter zu Beginn der Jungsteinzeit um ca. 10.000 v.Chr. Gelebt haben, wird der Name „Ymir" bis dorthin zurückreichen.

Das „-ir" von „Ymir" sowie das „-a" am Ende von „Yima" und „Yama" sind

Endungen, sodaß der eigentliche Wortstamm „Ym", „Yim" und „Yam" lautet. Ihre indogermanische Urform war, wie bereits gesagt, „Yemo", wobei das „-o" eine Maskulin-Endung ist. Die indogermanische Stammsilbe des Namens Ymir ist folglich „Yem".

„Atum" und „Adam" sind ebenfalls eng miteinander verwandt, da sich „t" und „d" kaum unterscheiden. Zudem haben in den semitischen Sprachen (Hebräisch u.a.) und den afroasiatischen Sprachen (Altägyptisch u.a.) alle Worte in ihrer Grundform (Singular, Nominativ, Präsens) nur „a" als Vokale. Die Deklinationen werden hauptsächlich durch Veränderung der Vokale ausgedrückt. In diesen Sprachen gibt es daher keine Stammsilben, sondern nur „Stammkonsonanten". Die Entwicklung von „d" zu „t" ist deutlich häufiger und wahrscheinlicher ist als die Entwicklung eines „t" zu einem „d", weil ein „t" als Ton leichter zu formen ist als ein „d". Daher wird „Adam" die Grundform sein, auf die „Atum" und „Adam" zurückgehen. Die „Stammkonsonanten" dieses Namens sind „·d·m"

Wenn es eine gemeinsame Wurzel des indogermanischen Wortes „Yemo" („yem") und des hebräisch-ägyptischen „Adam" („·d·m") gegeben haben sollte, dann stellt sich die Frage, woher das „d" in „Adam" kommt, bzw. aus welchem Wort sich beide Namen entwickelt haben, wobei in „Yemo" das „d" dann fortgefallen sein müßte.

Die Sprache der Menschen in der frühen Jungsteinzeit in Mesopotamien um 10.000 v.Chr., von der u.a. das Indogermanische, das Hebräische und das Altägyptische abstammen, wird heute meistens „Nostratisch", d.h. „Unsere (Sprache)" genannt. Sie ist bereits zu großen Teilen aus den Sprachen, die aus ihr entstanden sind, rekonstruiert worden. Das Nostratische ist wiederum ein Zweig der Eurasiatischen oder Sprachen, zu denen, wie der Name sagt, fast alle Sprachen Europas, Asiens und auch einige Sprachen Nordostafrikas wie z.B. das Altägyptische oder die Berber-Sprachen zählen. Diese Sprachen werden auch „Borealisch", d.h. „Nördliche (Sprachen)" genannt.

Die beiden indogermanischen Worte „dheghom" für „Erde" und „dheghmon" für „Mensch" setzen sich aus den Bestandteilen „dheg" für „Erde" und „mon" für „Mensch" zusammen. Diese beiden Worte finden sich bereits in der nostratischen Sprache und auch schon in den eurasiatischen Sprachen. Dort lautete „dheg" („Erde") „dug" („Erde") und „mon" („Mensch") „mänu" („Mensch"). Mit „mänu" für „Mensch" waren „munu" für „Hirn, Kopf", „manu" für „denken" und „munru" für „Hand" eng verwandt.

Die nostratische Form der beiden indogermanischen Worte „dheghom" für „Erde" und „dheghmon" für „Mensch" lautete demnach „dug-mänu", was man als „Erdling" übersetzen kann.

Es ist also sehr wahrscheinlich, daß das „m" in „Yemo" und in „Adam" von dem nostratischen Wort „mänu" für „Mensch" stammt, während sich das „d" in „Adam" aus dem Wort „dug" für „Erde" herleitet. „Yemo" und „Adam" und somit letztlich auch „Ymir" werden daher eine Verkürzung des ursprünglichen eurasiatischen

Namens „dug-mänu" bzw. des späteren indogermanischen „dhegmon/dheghom" sein, das beides „Erd-Mensch" bedeutet.

Diese Verkürzung von „dug-mänu" über „dag-man", „da-man" und „da-ma" zu „Adam" bzw. über „dug-man", „du-man", „uman" und „Yemo" hin zu „Ymir" zeigt, daß die beiden Ursprungsworte „dug" für „Erde" und „mänu" für „Mensch" schon früh miteinander zu einem Eigennamen verschmolzen sein müssen, der nicht mehr klar als zusammengesetztes Substantiv erkannt wurde, als sich die Sprachen veränderten und weiterentwickelten. Solche Eigennamen wie „dug-mänu" entwickeln und verändern sich deutlich leichter und unabhängiger weiter als Substantive oder zusammengesetzte Substantive, die in der täglichen Sprache benutzt werden.

	Der Ursprung des Namens "Ymir"			
Nostratisch 10.000 v.Chr.	*Entwicklung zwischen 10.000 v.Chr. und 3.000 v.Chr.*		*Entwicklung ab 3.000 v.Chr.*	
dug-mänu	*Norden:* dug-man => du-man => du-ma => uma		*Indogermanen:* Yemo	*Germanen:* Ymir
				Römer: homo / humus
				Inder: Yama
				Perser: Yima
	Süden: dag-man => da-man => da-ma => ada-ma		*Ägypter:* Atum	
			Juden: Adam	

Aus diesen Betrachtungen über den Namen des Urriesen „Ymir" folgt, daß er ursprünglich als „Erd-Mensch" angesehen wurde, also ein Mensch, der zugleich die Erde ist. Diese Vorstellung scheint zumindestens bis zu dem Anfang der Jungsteinzeit zurückzureichen und somit mindestens 12.000 Jahre alt zu sein.

Die Bedeutung „Zwilling" des indogermanischen Wortes „Yemo" scheint daher eine sekundäre Bedeutung dieses Namens zu sein. Dies ist nur erklärlich, wenn in den ursprünglichen Mythen des „Erdlings" ein Zwillingsbruder eine so große Rolle gespielt hat, daß er die Bedeutung „Erd-Mensch" des Wortes „Yemo", die vermutlich von den Indogermanen nicht mehr erkannt wurde, durch „Zwilling" ersetzen konnte.

Um diese „Zwillings-Mythe" zu erfassen, ist es notwendig, die Mythen der nostratischen Völker, also der Nachkommen der jungsteinzeitlichen Ackerbauern, genauer zu untersuchen. Evtl. muß diese Suche auch noch auf die Mythen der eurasiatisch sprechenden Vorfahren der ersten Ackerbauern, also der Rentierjäger in der späten Eiszeit in Eurasien, ausgeweitet werden.

VI Ymirs Brüder

VI 1. Der Urriese bei den Indogermanen

Um die Ymir-Mythe besser zu verstehen, ist es hilfreich, die Entsprechungen zu dieser Mythe bei anderen indogermanischen Völkern zu betrachten. Um die Einordnung dieser indogermanischen Mythen zu erleichtern, ist unten eine Übersicht der indogermanischen Völker und ihrer Verwandtschaft untereinander aufgeführt.

Mythen, die in Bezug auf Ymir von Bedeutung sind, sind von den Germanen, den Indern, den Persern und den Hethitern bekannt. Die Namen dieser Völker und ihrer Vorläufer-Völker bis zurück zu den Indogermanen sind grau hinterlegt, wodurch sich die weite Verbreitung dieser Mythen bei den Indogermanen deutlich zeigt. Diese Mythe findet sich in allen drei Zweigen der indogermanischen Völker.

Vermutlich hat es auch bei anderen Zweigen der Indogermanen Urriesen-Mythen gegeben, die sich aber nicht bis in die Zeit der schriftlichen Überlieferung hinein erhalten haben.

Die Verwandtschaft der Indogermanen und die Verbreitung der Urriesen-Mythe						
Indogermanen nördlich des Schwarzen Meeres in der südrussischen Ebene	Wanderung nach Süden	Lydo-Hethiter				*Lyder*
						Hethiter
	Wanderung nach Südosten und Südwesten	Armeno-Skythen	Armeno-Inder (nach SO)			*Armenier*
				Indo-Iraner		*Iraner (Perser)*
						Inder
			(blieben in der südrussischen Ebene) *Skythen*			
		Gräco-Thraker (nach SW)				*Griechen*
						Thraker
	Wanderung nach Westen	Germano-Kelten	Tocharo-Kelten	Romano-Kelten		*Römer*
						Kelten
				(nach Nordwestchina) *Tocharer*		
						Germanen
		Balto-Slawen				*Balten*
						Slawen

<u>VI 1. a)   Germanen</u>

Die germanische Ymir-Mythe ist bereits beschrieben worden. In ihr erscheint Ymir als erster Mensch und als die Erde selber. Sein Name bedeutet „Zwitter/Zwilling". Mit ihm waren sowohl die Urkuh Audhumbla als auch vier Hörner assoziiert, auf die sein Schädel als Himmelskuppel gesetzt wurde.

Es gab bei den Germanen noch eine weitere „Zwillingsgottheit": die Urgottheit Tuisto, deren Name „der/die Doppelte" bedeutet. Diese Gottheit, der in den römischen Berichten über ihn als männlich aufgefaßt worden zu sein scheint, wurde als „erdgeboren" beschrieben. Da sowohl Ymir als auch Tuisto Zwillinge und Erdgottheiten sind, werden die Namen „Tuisto" („Doppelter") und „Ymir" („Zweifacher" = „Zwilling/Zwitter") vermutlich identisch miteinander sein. „Tuisto" verhält sich zu „Ymir" ungefähr so wie „Zweiheit" zu „Paar".

VI 1. b) Hethiter

In den Mythen der Hethiter wird berichtet, daß auf dem Meeresboden, d.h. in der Unterwelt der Urriese Upelluri liegt. Sein Name, der aus der (nichtindogermanischen) hurritischen Sprache stammt, bedeutet „träumender Gott". Upelluri ist wie der indische Yama ein Gott der Unterwelt bzw. ein Gott in der Unterwelt. Diesen Gott haben die Hethiter von den nichtindogermanischen Hurritern übernommen, aber die Ähnlichkeit mit den Ymir-Mythen zeigt, daß sich die hurritischen Vorstellungen über Upelluri wohl mit entsprechenden Vorstellungen über einen Urriesen in den Mythen der Hethiter verbunden haben werden.

In den hurritischen und hethitischen Mythen erscheint noch ein zweiter ähnlich großer Riese wie Upelluri, der den hurritischen Namen Ullikummi trug, was „Steinsäule" bedeutet. Ullikummi wurde von dem hurritischen Götterkönig Kumarbi dadurch erschaffen, daß er sich mit einem Felsen vereinte, der vermutlich die Erdgöttin darstellte. Diesen Felsen stellte er dann auf den Urriesen Upelluri, der im Meer lag. Upelluri wuchs und wuchs bis er schließlich den Himmel berührte. Da zerschlug der sumerische Unterweltsgott Enki, den die Hethiter ebenfalls in ihr Pantheon aufgenommen hatten, die Knöchel des Ullikummi, sodaß er ins Meer hinabstürzte.

VI 1. c) Inder

Bei den Indern ist Yama der erste Mensch und der Totengott – er ist das Leben und der Tod. Seine Frau Yima war seine Zwillingsschwester. Yama wurde als ein gehörnter Gott aufgefaßt und sein Tier war der Büffel.

Die Hörner des Yama erinnern an die vier Hörner, auf denen in den germanischen Mythen der Schädel des Ymir aufgerichtet wurde, der fortan das Himmelsgewölbe bildete. Die Vierzahl der Hörner wird verständlich, wenn man Ymir als einen Zwilling, also als zwei Wesen auffaßt, denn vier Hörner entsprechen zwei Stieren, Rindern, Ziegen o.ä. Dies bildet einen Zusammenhang zwischen Ymir und Audhumbla, die zugleich mit ihm aus dem Eis von Niflheim entstanden ist, auf das die Funken von Muspelheim flogen. So wie der Büffel das Tier des Yama war, ist vielleicht auch Audhumbla das Tier des Ymir gewesen. Ymir könnte also evtl. einmal ein gehörntes Zwillingspaar gewesen sein.

Vermutlich war der Büffel als Stier das Symbol der Zeugungskraft des Urriesen/Totengottes und die Kuh das Symbol der Fruchtbarkeit der Jenseitsgöttin. Beides wurde für die der Wiedergeburt vorausgehende Wiederzeugung gebraucht.

Bei den Indern findet sich ein Schöpfergott mit dem Namen Tvastr, der mit dem germanischen Tuisto identisch ist. Vermutlich handelt es sich bei Tuisto/Tvastr ursprünglich um einen Beinamen des Ymir, der ihn nicht als „Zwilling" („Ymir/

Yama"), sondern als „Doppelter" („Tuisto/Tvastr") bezeichnete. Es wird bei den Indogermanen neben dem Namen „Yemo" für den Urriesen-Zwilling daher auch den Namen "Dweiplos" („der Zweifache") gegeben haben.

Dieser „Zweitname" macht die Deutung des Namens „Ymir" als „Zwilling" recht sicher.

Der Urmensch wurde bei den Indern manchmal auch „Purusa" oder „Pums" genannt. Die wörtliche Bedeutung dieser beiden Namen ist unsicher. „Purusa" könnte von indogermanisch „puhros" für Weizen abstammen und würde den Urmenschen als Korngott bezeichnen, was gut zu dem Urriesen-Erdgott passen würde – allerdings gibt es sonst keinen indogermanischen Korngott. „Pums" könnte das indogermanische „pums" für „Körperbehaarung", insbesondere „Schamhaare" bewahrt haben – falls dies zutrifft, wäre dies eine indirekte Betonung seiner Zeugungskraft, was generell bei allen Ahnen (der Urriese ist der Urahn) aufgrund der Wiederzeugungssymbolik plausibel wäre.

1. Yama ist der Tod, der Totengott und der Jenseitskönig:

Rig-Veda 1, 35:

Es gibt drei Himmel: zwei nebeneinander gehören dem Savitar; und in Yamas Welt ist einer, das Heim der Helden.

    Savitar = Sonnengott

Rig-Veda 10, 134:

Der Sohn spricht:
„Wo unter einem schönbelaubten Baume Yama mit den Göttern trinkt, dort schaut sich unser Vater, der Clanherr, nach seinen Ahnen um."

Rig-Veda 10, 165:

Möge sie unseren Männern Wohlstand und Vieh bringen: Laß die Taube Schaden von uns fernhalten.
Das Heulen der Eule ist wirkungslos, wenn sich neben dem Feuer die Taube niedergelassen hat.
Ihn, der sie als Boten hierher gesandt hat, sollen wir verehren: den Tod, Yama.

Hole die Taube herbei, rufe sie mit heiligen Versen hierher: Bringe uns zur Freude Speise und Vieh hierher,
und versperre den Weg für jegliches Leid und Sorgen. Lasse den raschen Vogel herbeifliegen und uns Lebenskraft bringen!

Rig-Veda 10, 15:

Unsere alten Väter, die das Soma erhalten wollen, die Aller-Ehrenvollsten, die zum unserem Fest gekommen sind –
mit diesen soll Yama, der Verlangende mit den Verlangenden, voller Freude so wie er es will, von unsren Opfergaben essen!

Rig-Veda 10, 123:

Über Amrita, den Soma-Trank:
Sie blicken mit Sehnsucht in ihrem Geist auf Dich – wie auf einen Vogel mit starken Flügeln, der sich zum Himmel emporerhebt;
auf Dir eilt der Vogel mit Schwingen aus Gold, Varunas Bote, zum Heim des Yama.

> Varuna = Gott des Himmels

Rig-Veda 10, 53:

Dein Geist, der weit fortging, zu Yama, zu Vivasvans Sohn –
ihn rufen wir hier zu Dir, damit Du wieder leben und hier wandeln kannst!

> Vivasvan = Sonnengott (Hier findet sich auch ein Ansatz zur Gleichsetzung des Urriesen mit dem Sonnengott – beide sind der Jenseitskönig.)

Rig-Veda 10, 52:

Wer ist der Priester? Ist er der Priester des Yama? Der, dem diese von Gott bestimmte Ehre anvertraut worden ist?

<u>Rig-Veda 10, 14:</u>

Ehre den König mit deinen Trankopfern, ehre Yama, Vivasvans Sohn, den Versammler der Menschen,
die zu den luftigen Höhen über uns gereist sind; Du suchst die Pfade für viele und zeigst sie ihnen.

      König = Yama
      Versammler der Menschen = Totengott Yama
      luftige Höhen = Himmelsjenseits
      die Pfade in die Höhe = Jenseitsweg

Yama hat als erster einen Platz für uns gefunden, an dem wir leben können: diese Weide kann uns niemals genommen werden!
Die Männer auf der Erde gehen ihre eigenen Wege, die sie dorthin führen, wohin unsere Väter fortgegangen sind.

      Wege = Jenseitsweg

Dort gedeiht Mitali zusammen mit Kavyas, Yama mit Angiras Söhnen, Brihaspati mit Rikvans.
Erhöher der Götter, von den Göttern erhöht, einige stimmen in unsere Loblieder mit ein und einige nehmen an unseren Trankopfern teil.
Komm, setzt Dich auf dieses Lager aus Gras, oh Yama, in die Gesellschaft mit Angirases und mit unseren Vätern.
Komme, Yama, mit den heiligen Angirases, erfreue Dich hier zusammen mit den Kindern des Virupa.
Ich rufe auch Deinen Vater Vivasvan hierher, damit er bei diesem unseren Kult auf dem heiligen Gras sitzt.

      Vivasvan = Vater des Yama

Unsere Väter sind Angirases, Navagvas, Atharvans, Bhrigus – es verlang sie nach dem Soma-Trank.
Mögen diese, die Heiligen, uns freundlich anschauen, mögen wir uns ihrer gnädigen, liebevollen Freundlichkeit erfreuen!
Kommt hervor, geht auf den alten Pfaden, auf denen unsere Ahnen vor langer Zeit vor uns gegangen sind!

      Pfade = Jenseitsweg

Schaut nur auf die beiden Könige, die ihre heilige Speise genießen: Gott Varuna und Yama.

> Varuna = Himmelsgott (auch Yamas Jenseits befindet sich im Himmel)

Begegne Yama, begegne den Vätern, erhalte den Segen von freiwilligen oder befohlenen Taten – dort im höchsten Himmel.
Lasse die Sünde und das Übel los, suche aufs neue Dein Heim – und trage in strahlendem Glanz einen neuen Leib!
Geht dort hin, geht fort von hier, fliegt in alle Richtungen: diesen Ort haben die Väter für ihn bereitet.

> Heim = Ort im Jenseits
> neuer Leib = Astralkörper, Seelenvogel
> leuchtender Leib = dies ist dasselbe Motiv wie die Alfen („Weiße, Leuchtende")
> fliegen = die Seele des Toten als Seelenvogel

Yama gibt ihm einen Ort, an dem er mit einem Schatz an Tagen und Lichtstrahlen und Wasser ruhen kann.
Renne und laufe den beiden Hunden, Saramas Nachkommen, gescheckt, vieräugig, auf deinem glücklichen Pfad davon.

> Sarama = Hund des Indra; seine Nachkommen könnten die Alcis sein, aber das ist unsicher
> glücklicher Pfad = sicherer Weg in das Licht-Jenseits im Himmel

Nähere Dich den gnädig-gestimmten Vätern dort, wo sie sich der Gegenwart des Yama erfreuen.

> Ort, an dem Yama ist = Jenseits

Und Deine beiden Hunde, Yama, die Wächter, vieräugig, die auf die Menschen schauen und die Pfade bewachen –
Vertraue diesen Mann, oh König, ihrem Schutz an, und statte ihn mit Gedeihen und Gesundheit aus.
Dunkelfellig, unersättlich, mit geblähten Nüstern, streifen Yamas Boten unter den Menschen umher;
Mögen sie uns hier und heute ein gutes Leben wiederherstellen, damit wir das Sonnenlicht sehen.

hier und heute = das Jenseits (Im letzten Vers sprechen die Toten selber.)
Yamas Boten = Hier sind die beiden Hunde recht sicher mit den beiden Söhnen des Sonnengott-Göttervaters identisch, die als zwei Schimmel dessen Streitwagen ziehen. Sie wurden von den Germanen „Alcis" genannt (siehe den Band 12 über sie). Der Urriese (Yama) und der Sonnengott (Dhyaus-Vivasvan) sind daher recht sicher auch schon bei den Indern gleichgesetzt worden – es handelt sich bei dieser Gleichsetzung daher um ein indogermanisches Motiv. Auch der persische Yima und der ägyptische Atum ist wie der indische Yama der erste König.

Schütte Yama das Trankopfer aus, bringe Yama die geweihten Opfergaben:
Von Agni begleitet gehen die bereiteten Opfergaben zu Yama.

    Agni = Gott des Feuers

Opfere Yama die heiligen Geschenke, die mit Butter angereichert sind, und komme herbei,
damit er uns gewährt, daß wir lange Lebenstage unter den Göttern leben mögen!

    Geschenke = der mit Butter vermischte Soma-Trank
    Lebenstage unter den Göttern = Weiterexistenz im Jenseits

Opfere dem Yama, dem König, Trankopfer, die reich an Honig sind:
Verneige Dich vor den Rishis der alten Zeiten, die in den alten Tagen diesen Pfad erschufen.

    König = Yama
    Honig = eine wesentliche Zutat des Soma-Trankes (entspricht dem Met der Germanen; auch das indische Wort lautet „meth")
    Rishis = Weise

Der Große fliegt in die sechs Weiten in Trikadrukas.
Das Gayatri, das Tristup, alle Versmaße sind in Yama enthalten.

    Großes = diese Anrufung
    sechs Weiten = vier Himmelsrichtungen, oben, unten

2. Yama selber ist unsterblich:

Rig-Veda 1, 83:

Laßt uns mit Opferungen Yamas todlose Geburt ehren!

    todlose Geburt = ewiges Leben

3. Yima ist die Frau des Yama. Sie geht vermutlich auf die Göttin der Wiedergeburt zurück:

Rig-Veda 10, 10:

Yami:
„Ich möchte doch den Freund zu einem Freundschaftsdienst bewegen. Auch wenn er noch so viele Meilen über das Meer gekommen ist, sollte er kommen.
Ein musterhafter Mann soll einen Enkel seines Vaters bekommen, wenn er weiter die Zukunft der Erden bedenkt."

Yama:
„Solche Freundschaft will Dein Freund nicht, daß Blutsverwandtes wie Fremdartiges werde.
Die Söhne des großen Asura, seine Mannen, des Himmels Erhalter schauen weit und breit umher."

Yami:
„Die Unsterblichen wollen gerade das: einen Leibeserben von dem einzigen Sterblichen.
Dein Sinn soll sich unserem Sinne fügen; als Gatte sollst Du in Deines Weibes Leib eingehen!"

Yama:
„Was wir früher nicht getan haben, sollen wir das jetzt tun? Das Rechte redend würden wir Unrechtes flüstern.
Gandharva in dem Wasser und die Wasserfrau, die sind unser Ursprung, das ist unsere höchste Blutsverwandtschaft."

Yami:
„Schon im Mutterleib hat uns der Schöpfer zu Ehegatten gemacht, der Gott Tvastri, der Bestimmer, der alle Formen bildet.
Nicht übertreten sie seine Gebote; dessen sind uns Erde und Himmel Zeugen."

Yama:
„Wer weiß von jenem ersten Tage, wer hat ihn gesehen? Wer kann es hier aussagen? Hoch steht das Gesetz des Mitra und Varuna!
Was willst Du Zudringliche gegenteilig den Männern sagen?"

Yami:
„Über mich Yami ist die Liebe zu Yama gekommen, mit ihm auf gleichem Lager zusammen zu liegen.
Wie das Weib dem Gatten will ich den Leib hingeben. Wir wollen vor und zurück schieben wie die Wagenräder!"

Yama:
„Jene stehen nie still, noch schließen sie die Augen, die als Späher der Götter hienieden umgehen.
Mit einem anderen als mir geh alsbald, Du Zudringliche, mit dem schiebe vor und zurück wie die Wagenräder!"

Yami:
„Sie würde ihm Tag und Nacht gefällig sein, sie würde für ein Weilchen das Auge der Sonne täuschen.
Mit Himmel und Erde steht das Paar in gleichem Verwandtschaftsverhältnis. Yami würde des Yama ungeschwisterliches Tun auf sich nehmen."

Yama:
„Es werden später solche Geschlechter kommen, wo Geschwister Ungeschwisterliches treiben.
Leg einem Bullen Deinen Arm unter, such Dir einen anderen als mich zum Gatten, Holde!"

Yami:
„Was soll dann der Bruder, wenn man schutzlos sein soll? Was die Schwester, wenn das Verderben hereinbrechen soll?
Von Liebe toll flüstere ich das immer wieder: Vereine Deinen Leib mit dem meinen!"

Yama:
„Nie will ich meinen Leib mit deinem vereinen. Einen Schlechten nennen sie den, der zur Schwester geht.
Mit einem anderen als mir bereite Dir die Freuden! Dein Bruder wünscht solches

nicht, o Holde."

Yami:
"O Elend, ein Elender bist Du, Yama! Mitnichten haben wir Sinn und Herz von Dir gewonnen.
Eine andere wird Dich gewiß umschlingen wie der Gurt das geschirrte Roß, wie die Rankepflanze den Baum."

Yama:
"Auch Du sollst fein einen anderen, o Yami, und Dich ein anderer umschlingen wie die Rankepflanze den Baum!
Dessen Sinn suche Du zu gewinnen oder er Deinen und mache mit ihm einen glücklichen Bund!"

Die zyklische Wiederzeugung und Wiedergeburt des Sonnengottes ist offenbar schon bei den Indogermanen zu einer Wiedergeburt sowohl des Sonnengottes als auch der Jenseitsgöttin, mit der er sich in der Unterwelt vereint, geworden. Dadurch wurden die beiden Gottheiten jedoch zu Geschwistern: die Göttin gebar die Sonne und sich selber an jedem Morgen neu. Die nächste Vereinigung der beiden in dem endlosen Zyklus von Tod, Wiederzeugung und Wiedergeburt war daher eine Vereinigung unter Geschwistern. Auf diese Weise entstand das Inzest-Motiv, das sich bei den Germanen bei Freyr und Freya findet und das auch von den Geschwisterehen der ägyptischen Pharaonen gut bekannt ist.

Während dieses Inzest-Motiv bei den Germanen und den Ägyptern offenbar kein Problem gewesen ist, sahen die Inder darin offenbar eine größere Schwierigkeit. Bei den Griechen ist die Vereinigung von Geschwister bei den Göttern (Zeus mit Demeter u.a.) akzeptiert, während die Verwandtenehe unter den Menschen abgelehnt wurde (Ödipus u.a.).

4. Yama war nicht nur mit den Rindern, sondern auch mit den Rossen verbunden:

Rig-Veda 1, 163:

Dieses Roß, das Yama gegeben hat, hat Trita gezäumt, und dieses hat Indra von allen als erstes bestiegen.

> Trita = Helfer des Indra

Indra = Donnergott

<u>Rig-Veda 1, 116:</u>

Dein männlicher Esel, oh Nasatyas, hat gewonnen – es waren tausend in dem Rennen, in Yamas Wettkampf.

> Nasatyas = Gottheiten
> Vermutlich sind hier das Pferd und der Esel wie der Stier das Opfertier, das die Zeugungskraft des Toten im Jenseits bei seiner Wiederzeugung absichern sollte.

5. Yama, der auch Purusa genannt wird, wurde selber geopfert:

<u>Rig-Veda 10, 13:</u>

Sie haben den Rishi Brihaspati geopfert. Yama hat seinen eigenen Leib gegeben.

> Brihaspati = Priester der Götter

<u>Rig-Veda 10, 90:</u>

Tausend Köpfe hat Purusa, tausend Augen, tausend Füße.
Nach jeder Seite hin ersteckt er sich über die Erde und erhebt sich noch zehn Finger breit über sie.
Dieser Purusa ist alles, was war, und alles, was sein wird:
Der Herr der Unsterblichkeit und dessen, was durch Speisen noch weiter wächst.
So mächtig ist seine Größe; ja, Purusa ist sogar noch größer als dies!
Alle Wesen sind zu einem Viertel er und zu drei Vierteln ewiges Leben im Himmel.
Mit drei Vierteln steigt Purusa hinauf: ein Viertel von ihm blieb hier.
Dann reichte er nach jeder Seite hin über alles hinaus, was nicht ißt und was ißt.

> was ißt = Lebewesen
> was nicht ißt = Nicht-Lebewesen

Aus ihm wurde Viraj geboren, aus Viraj wurde wiederum Purusa geboren.

Viraj = erster Nachkomme des Brahma (Diese Zeile stellt Purusa als selbsterschaffen dar, als einen ewigen Zyklus des Werdens, der vermutlich aus den Sonnen-Mythen übernommen worden ist.)

Sobald er geboren wurde, erstreckte er sich ostwärts und westwärts über die Erde.

Diese beiden Richtungen sind der Weg des Sonnenlaufs, was die Vermutung bestätigt, daß diese Mythe Elemente der Sonnen-Mythen enthält. Auch bei den Germanen sind der altersmäßig erste Riese (Ymir) und der rangmäßig erste Riese (der Göttervater Tyr im Jenseits) miteinander gleichgesetzt worden.

Als die Götter ihr Opferfest mit Purusa als ihrer Opfergabe bereiteten,
war ihr Öl der Frühling, ihre heilige Gabe der Herbst, der Sommer war das Holz.
Sie bestrichen Purusa im Gras liegend mit Balsam als ihr Opfer in frühester Zeit.
Zusammen mit ihnen opferten alle Götter und alle Sadhyas und alle Rishis.

Sadhya = eine Gruppe von Göttern
Rishi = Weiser

Von diesem großen, allgemeinen Opferfest wurde das herabtropfende Fett
  aufgefangen.
Daraus wurden die Geschöpfe der Luft geformt und alle Tiere, die wilden und die
zahmen.
Aus diesem vollständig geopferten Opfer entstanden die Verse und Sangesweisen,
aus ihm entstanden die Versmaße, aus ihm wurden die Opfer-Hymnen geboren.
Aus ihm entstanden die Rosse und alle Tiere mit doppelter Zahnreihe,
aus ihm entstanden die Rinder, aus ihm sind die Ziegen und Schafe entstanden.
Als sie den Purusa auseinander legten, in wie viele Teile teilten sie ihn?
Wie ward sein Mund, wie seine Arme, wie seine Schenkel, wie seine Füße genannt?
Sein Mund ward zum Brahmanen, seine beiden Arme wurden zum Rajanya gemacht,
seine beiden Schenkel zum Vaisya, aus seinen Füßen entstand der Sudra.

Dies sind die vier Stände der Brahmanen (Priester), der Rajanjas (Fürsten, Krieger), Vaisyas (Händler, Bauern) und Sudras (Handwerker, Knechte).

Der Mond ist aus seinem Geist entstanden, die Sonne entstand aus seinem Auge;
aus seinem Munde Indra und Agni, aus seinem Atem entstand der Wind.
Aus dem Nabel ward der Luftraum, sein Haupt wurde zum Himmel,
aus den Füßen wurde die Erde, aus dem Ohre die Weltgegenden. So gestalteten sie

die Welten.
Er hatte sieben Umleghölzer, dreimal sieben Brennhölzer wurden bereitet,
als die Götter das Opfer vollzogen und Purusa als Opfertier anbanden.
Mit dem Opfer opferten die Götter dem Opfer. Dies waren die ersten heiligen Opfer.
Diese Mächte schlossen sich dem Himmel an, in dem die früheren Götter, die Sadhyas lebten.

Bhagavadgita 15, 16:

Zwei Purushas sind in der Welt: Der eine zu den Dingen ward,
Der andere wie auf einem Fels stets unerschütterlich beharrt.

Purusa war wie Ymir auch die Erde selber. Aus ihm wurde alles erschaffen, was es in der Welt gibt – u.a. das System der vier Kasten.
Aus Purusa wurden die folgenden Dinge erschaffen:

Kopf = Himmel
Nabel = Luftraum
Füße = Erde
Auge = Sonne
Atem = Wind
Geist = Mond
Ohr = Weltgegenden
Fett = Vögel, alle Tiere

Die folgenden drei Zuordnungen sind weniger archaisch und scheinen von den Brahmanen zu stammen:

Opfer allgemein = Versemaße, Opfer-Hymnen
Opfer allgemein = Rosse und Tiere mit zwei Zahnreihen, Rinder, Ziegen, Schafe
Mund = Indra und Agni

Auch diese Zuordnung stammt aus einer anderen Tradition – hier werden Mund und Füße anders gedeutet:

Mund = Kaste der Priester
Arme = Kaste der Fürsten und der Krieger

Schenkel = Kaste der Händler und Bauern
Füße = Kaste der Handwerker und Knechte

Diese Zuordnungen unterscheiden sich deutlich von denen der Germanen und sind wengier archaisch und stattdessen etwas mehr systematisch und z.T. auch nicht mehr naturalistisch, sondern abstrakt (Kasten, Versmaße). Trotzdem ist der Grundgedanke derselbe:

Die Erschaffung der Welt aus den Körperteilen des Urwesens		
Körperteil	**wird zu**	
	Ymir *(Germanen)*	**Purusa** *(Inder)*
Knochen	Berge	
Zähne, Kiefer, Knochenstückchen	Steine	
Fleisch	Erde	
Schädel, Kopf	Himmel	Himmel
Nabel		Luftraum
Füße		Erde
Auge		Sonne
Geist	(Auch bei den Germanen wurde der Mond dem Geist gleichgesetzt.)	Mond
Ohr		Weltgegenden
Blut („Schweiß")	Wasser, Meer	
Fett		Vögel, Tiere
Hirn	Wolken	
Haar	Bäume	
Blut, Knochen	Zwerge	
Mund		Indra, Agni

Maden in Ymirs Fleisch	Zwerge	
Brauen	Midgard; Wall rings um Midgard	
Opfer allgemein		Versmaße, Opfer-Hymnen, Rosse, Rinder, Ziegen, Schafe, Tiere mit zwei Zahnreihen
Mund		Kaste der Priester
Arme		Kaste der Fürsten und der Krieger
Schenkel		Kaste der Händler und Bauern
Füße		Kaste der Handwerker und Knechte

Die Inder kannten auch einen Weltensäulengott, den sie Skambia nannten. Er stützte wie der hurritisch-hethitische Upelluri in der Mitte der Welt das Himmelsgewölbe. Dieses Motiv des „Himmelsträgers" ist auch von den Griechen bekannt, die ihn schlicht „Atlas", d.h. „Träger" nannten.

Das Tragen des Himmels scheint demnach eine wichtige Funktion im Zusammenhang mit dem Urriesen zu sein, die sich bei den Germanen in den vier Zwergen wiederfindet, die den Schädel des Ymir tragen.

Aus der Vorstellung der Purusa als Urmensch ist ein Schema abgeleitet worden, das die Struktur aller erschaffenen Dinge darstellt. Dieses „Vashtu-Purusa" genannte Mandala des Maha-Purusa gleicht sehr stark dem Ba-Gua aus dem Feng-Shui der Chinesen, die dieses Ba-Gua ebenfalls als Grundraster für alle Dinge benutzen.

Maha-Purusha-Mandala

Maha-Purusha-Mandala

VI 1. d) Perser

Bei den Persern war Yima der Erste König, was leicht als eine Übertragung des „Ersten Menschen" in die Königsvorstellungen zu erkennen ist, durch die er zu dem „Ersten König" wurde. Auch Yama hat eine Verbindung zum Tod, da zu seiner Zeit die Menschen noch unsterblich waren – was dann zu einer Überbevölkerung des Landes führte. Um dieses Problem zu lösen, wurde die Sterblichkeit der Menschen erschaffen.

In diesem Zusammenhang gab es einen langen, eisigen Winter, in dem der größte Teil der Menschheit starb. Dies wird man wohl als eine Parallele zu der Blut-Flut, die aus Ymir herausfloß und alle Riesen außer Bergelmir und seiner Frau ertränkte, und auch zu dem germanischen Fimbul-Winter vor dem Ragnarök auffassen können. Auch in den indischen Mythen sind solche Fluten und ähnliche Katastrophen gut bekannt.

Zend Avesta, Fargard 2:

> Zarathustra = Prophet
> Ahura Mazda = der höchste Gott

Zarathustra frug Ahura Mazda:
„O, Ahura Mazda, allerwohltätigster Geist, Schöpfer der materiellen Welt, Du Heiliger!
Wer war der erste Sterbliche vor mir, Zarathustra, mit dem Du, Ahaura Mazda, gesprochen hast, dem Du das Gesetz des Ahura, das Gesetz des Zarathustra gelehrt hast?"

Ahura Mazda antworte:
„Der schöne Yima, der große Hirte, o heiliger Zarathustra! Er war der erste Sterbliche vor Dir, Zarathustra, mit dem ich, Ahura Mazda, gesprochen habe, den ich das Gesetz des Ahura, das Gesetz des Zarathustra gelehrt habe."

Zu ihm sprach Zarathustra, ich selber zu Ahura Mazda, und sagte:
„Gut, schöner Yima, Sohn des Vivanghat, sei Du der Verkünder und der Träger meines Gesetzes!"

> Der persische Vivanghat entspricht dem indischen Vivasvan, dem Vater des Yama. Daher wird auch Vivanghat ein Sonnengott sein.

(Ahura Mazda antworte)

„Und der schöne Yima, o Zarathustra, antwortete mir und sprach: 'Ich wurde nicht dazu geboren, ich wurde nicht gelehrt, der Verkünder und der Träger Deines Gesetzes zu sein.'

Da sagte ich, Ahura Mazda, o Zarathustra, dies zu ihm: 'Da Du nicht der Verkünder und der Träger meines Gesetzes sein willst, sollst Du meine Welten gedeihen lassen, meine Welten wachsen lassen: Sorge dafür, daß sie ernährt werden, beherrsche sie, wache über meine Welten.'

Da antwortete der schöne Yima mir, o Zarathustra, und sprach: 'Ja, ich will Deine Welten gedeihen lassen! Ja, ich will sie ernähren und beherrschen und über Deine Welt wachen. Während ich König bin, soll es weder kalten Wind noch heißen Wind noch Krankheit noch Tod geben!'

Da brachte ich, Ahura Mazda, ihm zwei Dinge: einen golden Ring und einen mit Gold eingelegten Dolch. Siehe, hier trägt Yima die Königs-Insignien!

> Der Ring ist auch ein Symbol der Sonne – der persische König war der „Bruder der Sonne"; Yima ist der „Sohn der Sonne".
> Das Dolch könnte ursprünglich das Schwert des ehemaligen Sonnengott-Göttervaters Dhyaus gewesen sein.

So vergingen unter der Herrschaft des Yima dreihundert Winter und die Erde war voll von Tier-Scharen und Herden, von Menschen und Hunden und Vögeln und von roten flammenden Feuern, und dann gab es keinen Platz mehr für die Tier-Scharen, die Herden und die Menschen.

> 300 Jahre sind 3 (Symbol des Zyklus) Lebensspannen zu 100 Jahren – diese Symbolik findet sich auch bei den Germanen. Yima als Sohn der Sonne lebt zyklisch Tod (Abend, Herbst) und Wiedergeburt (Morgen, Frühling). Yima ist folglich wie bei den Indern und bei den Germanen mit dem Sonnengott-Göttervater identifiziert worden. Die Umwandlung der zyklischen („3") Wiederkehr der Sonne, die im Sommer lebt („100 Jahre") und im Winter „tot" ist, zu einem „300-jährigen Leben" scheint noch aus der indogermanischen Zeit, d.h. von 2800 v.Chr. oder früher zu stammen, da sich dieses Motiv bei den Germanen u.a. bei Tyr-Starkad und bei Norna-Gest findet (siehe „300" in Band 47).
> Feuer = Opferfeuer

Da warnte ich den schönen Yima und sprach: 'O schöner Yima, Sohn des Vivanghat, die Erde ist voll von Tier-Scharen und Herden, von Menschen und Hunden und roten, flammenden Feuern geworden, und es ist kein Raum mehr für Tier-Scharen, Herden und Menschen.'

Da trat Yima vor zu dem leuchtenden Raum, südwärts, um die Sonne zu treffen, wonach er den goldenen Ring auf die Erde preßte und den Dolch in sie bohrte und sprach: 'O Spenta Armati, sei so freundlich, Dich zu öffnen und Dich in die Weite zu erstrecken und Tier-Scharen und Herden und Menschen zu tragen.'

      Spenta Armati = Geist der Erde
      Süden = Mittag; Kraft-Ort der Sonne

Und Yima ließ die Erde um ein Drittel größer werden als sie zuvor gewesen war und es kamen nach seinem Wunsch und Willen neue Tier-Scharen und Herden und Menschen – so viele er wollte.

So vergingen unter der Herrschaft des Yima (insgesamt) *sechshundert Jahre und die Erde füllte sich mit Tier-Scharen und Herden, mit Menschen und Hunden und Vögeln und mit roten, flammenden Feuern bis es keinen Raum mehr für die Tier-Scharen, Herden und Menschen gab.*

Da warnte ich den schönen Yima und sprach: 'O schöner Yima, Sohn des Vivanghat, die Erde ist voll von Tier-Scharen und Herden, von Menschen und Hunden und roten, flammenden Feuern geworden, und es ist kein Raum mehr für Tier-Scharen, Herden und Menschen.'

Da trat Yima vor zu dem leuchtenden Raum, südwärts, um die Sonne zu treffen, wonach er den goldenen Ring auf die Erde preßte und den Dolch in sie bohrte und sprach: 'O Spenta Armati, sei so freundlich, Dich zu öffnen und Dich in die Weite zu erstrecken und Tier-Scharen und Herden und Menschen zu tragen.'

Und Yima ließ die Erde um (insgesamt) *zwei Drittel größer werden als sie zuvor gewesen war und es kamen nach seinem Wunsch und Willen neue Tier-Scharen und Herden und Menschen – so viele er wollte.*

So vergingen unter der Herrschaft des Yima (insgesamt) *neunhundert Jahre und die Erde füllte sich mit Tier-Scharen und Herden, mit Menschen und Hunden und Vögeln und mit roten, flammenden Feuern bis es keinen Raum mehr für die Tier-Scharen, Herden und Menschen gab.*

Da warnte ich den schönen Yima und sprach: 'O schöner Yima, Sohn des Vivanghat, die Erde ist voll von Tier-Scharen und Herden, von Menschen und Hunden und roten, flammenden Feuern geworden, und es ist kein Raum mehr für Tier-Scharen, Herden und Menschen.'

Da trat Yima vor zu dem leuchtenden Raum, südwärts, um die Sonne zu treffen, wonach er den goldenen Ring auf die Erde preßte und den Dolch in sie bohrte und sprach: 'O Spenta Armati, sei so freundlich, Dich zu öffnen und Dich in die Weite zu erstrecken und Tier-Scharen und Herden und Menschen zu tragen.'

Und Yima ließ die Erde um (insgesamt) *drei Drittel größer werden als sie zuvor gewesen war und es kamen nach seinem Wunsch und Willen neue Tier-Scharen und Herden und Menschen – so viele er wollte.*

Nun hat Yima die Grenze der Ausdehnung des Lebens erreicht, nach der der Tod folgen muß, der bei den Indogermanen durch die „9" symbolisiert wird. Da in dieser Mythe die Entstehung des Todes beschrieben wird, wird aus der „9" die „wichtige 9", also die „900", wobei diese „900" auch „9 Leben" darstellt. Dieser „neunstufige Weg zum Tod" findet sich u.a. auch in der „Vision der Seherin", in denen Thor vor seinem Tod noch neun Schritte macht.

Das hier betrachtete, sehr altertümliche Kapitel des Zend-Avesta hat einige Ähnlichkeiten mit der „Vision der Seherin".

Der Schöpfer, Ahura Mazda, der in der Airyana Vaego hochberühmt ist, rief an dem guten Fluß Daitya die himmlischen Götter zu einem Treffen zusammen.

Der schöne Yima, der gute Hirte, der in der Airyana Vaego hochberühmt ist, rief an dem guten Fluß Daitya die vorzüglichen Sterblichen zu einem Treffen zusammen.

Zu dem Treffen an dem guten Fluß Daitya kam Ahura Mazda, der in der Airyana Vaego hochberühmt ist; er kam zusammen mit den himmlischen Göttern.

Zu dem Treffen an dem guten Fluß Daitya kam Yima, der gute Hirte, der in der Airyana Vaego hochberühmt ist; er kam zusammen mit den vorzüglichen Sterblichen.

Und Ahura Mazda sagte zu Yima und sprach: 'O schöner Yima, Sohn des Vivanghat! Auf die irdische Welt werden die tödlichen Winter fallen, über Frost; auf die irdische Welt werden die tödlichen Winter fallen, die Schneeflocken dicht fallen lassen werden – sie werden auf den höchsten Gipfeln gar vierzehn Finger hoch liegen.

Und alle drei Arten von Tieren werden verderben, sie, die in der Wildnis leben, und die, die auf den Gipfeln der Berge leben, und die, die in dem Busen der Täler, im Schutz der Ställe leben.

Vor diesem Winter, werden die Felder reichlich Gras für das Vieh tragen: und es wird mit den Flüssen, die mit dem Schnee, der geschmolzen ist, strömen, ein glückliches Land in der Welt scheinen, ein Land, in dem selbst die Fußspuren der Schafe zu sehen sein werden.

Mache Dir daher ein Vara, so lang wie eine Reitstrecke an jeder Seite des Quadrates, und bringe dorthin die Saat der Schafe und Rinder, der Hunde, der Vögel und der roten, flammenden Feuer.

Mache Dir daher ein Vara, so lang wie eine Reitstrecke an jeder Seite des Quadrates, als Schutzort für die Menschen; ein Vara, so lang wie eine Reitstrecke an jeder Seite des Quadrates, als Schutzort für die Herden.

Dieser Vara-Schutzort entpricht dem Boot, in dem bei der germanischen Großen Flut (vermutlich das ausströmende Blut des Ymir) der Riese Bergelmir und seine Frau überlebt haben, und auch der Arche Noah im Alten Testament. Ein „Vara" ist ein eingefriedeter, geschützter Bereich.

Der „Große Winter" entspricht dem Fimbul-Winter in der germanischen Mythologie. Bei den Persern ist er mit dem Urriesen, König und Sonnensohn Yima verbunden und bei den Germanen mit dem Urriesen Ymir, der dem ehemaligen Sonnengott-Göttervater Tyr gleichgesetzt worden ist. Dieser Winter geht also auf den Tod des Sonnengott-Göttervaters im Herbst zurück, der von den Persern als die Erschaffung des Todes aufgefaßt worden ist.

In diese Symbolik ist offenbar schon bei den ursprünglichen Indogermanen in der Zeit vor 2800 v.Chr. auch die Ermordung des Urriesen miteinbezogen worden. Auch die Gleichsetzung des Urriesen mit dem Sonnengott-Göttervater Dhyaus (dem späteren Tyr/Zeus/Jupiter) muß aus dieser frühen Zeit stammen, da anzunehmen ist, daß sich ein solch markantes Motiv nicht zweimal unabhängig voneinander entwickelt haben wird.

Lasse dort Wasser in einem Bett fließen, das eine Meile (1,6km) *lang ist; bringe Vögel dorthin an die immergrünen Ufer, die niemals der Speise ermangeln. Errichte dort Wohnorte, die aus Häusern mit einem Balkon, einem Hof und einem überdachten Vorbau bestehen.*

Bringe dorthin die Saat der Männer und Frauen, die der größten und besten und edelsten auf dieser Erde; bringe dorthin auch die Saat einer jeglichen Art von Vieh, die der größten und besten und edelsten auf dieser Erde.

Bringe dorthin die Saat jeder Art von Baum, die der größten und besten und edelsten auf dieser Erde; bringe dorthin die Saat jeder Art von Frucht, die, die die reichste Speise und vom süßesten Duft sind.

Alle diese Saaten sollst Du dorthin bringen, zwei von jeder Art, die dort sicher bewahrt werden solange diese Menschen in der Vara bleiben werden.

Saat – einige der jeweiligen Arten, die dann die „Saat", d.h. die Ahnen ihrer Nachkommen sein werden

Dort sollen keine Buckligen sein, keine nach vorne hin Aufgeblähten, keine Impotenten, keine Verrückten, keine Armut, keine Lüge, keine Gemeinheit, keine Eifersucht, keine verfaulen Zähne, keine Lepra, die ausgegrenzt werden muß, und auch keine der anderen Zeichen, mit denen Angra Mainyu die Leiber der Sterblichen zeichnet.

Angra Mainyu (später: Ahriman) = „zerstörerischer Geist", der Gegenspieler

Ahura Mazdas, der Teufel, das Böse; er entspricht dem Winter und in der germanischen Mythologie dem Loki

In dem größten Teil dieser Stadt sollst Du neun Straßen anlegen, in dem mittelgroßen Teil sechs und in dem kleinsten Teil drei. Zu den Straßen des größten Teils sollst Du tausend Saaten von Männern und Frauen bringen; zu den Straßen des mittleren Teils sechshundert; zu den Straßen des kleinsten Teils dreihundert. Dieses Vara sollst Du mit dem goldenen Ring versiegeln und Du sollst eine Tür machen und innen ein durchscheinendes Fenster.

Eigentlich sollte man hier „900" statt „1000" erwarten.
Das Fenster wird eigentlich als „selbstleuchtend" und nicht als „durchscheinend" beschrieben, was jedoch nicht viel Sinn ergibt, falls man nicht die Sonne selber, also Ahura Mazda in dieser Stadt vermuten würde.

Da sprach Yima in sich selber: 'Wie soll ich nur dieses Vara erschaffen, daß mir Ahura Mazda zu erschaffen befohlen hat?'
Und Ahura Mazda sprach zu Ymina: 'O schöner Yima, Sohn des Vivanghat! Löse die Erde mit einem Aufstampfen Deiner Ferse und knete sie dann mit Deinen Händen so wie es die Töpfer tun, wenn sie die den Töpfer-Ton kneten.'
Und Yima tat, wie Ahura Mazda es wünschte; er löste die Erde mit einem Aufstampfen seiner Ferse und knetete sie dann mit seinen Händen so wie es die Töpfer tun, wenn sie die den Töpfer-Ton kneten.
Und Yima schuf ein Vara, das an jeder Seite des Quadrates so lang wie eine Reitstrecke war. Dorthin brachte er die Saat der Schafe und Rinder, der Hunde, der Vögel und der roten, flammenden Feuer. Er schuf ein Vara, das an jeder Seite des Quadrates so lang wie eine Reitstrecke war, als Wohnort für die Menschen; ein Vara, das an jeder Seite des Quadrates so lang wie eine Reitstrecke war, als Stall für die Herden.
Dort ließ er Wasser in einem Bett fließen, das eine Meile (1,6km) lang ist; dorthin brachte er Vögel, an die immergrünen Ufer, die niemals der Speise ermangeln. Dort errichtete er Wohnorte, die aus Häusern mit einem Balkon, einem Hof und einem überdachten Vorbau bestehen.
Dorthin brachte er die Saat der Männer und Frauen, die der größten und besten und edelsten auf dieser Erde; dorthin brachte er auch die Saat einer jeglichen Art von Vieh, die der größten und besten und edelsten auf dieser Erde.
Dorthin brachte er die Saat jeder Art von Baum, die der größten und besten und edelsten auf dieser Erde; dorthin brachte er die Saat jeder Art von Frucht, die, die die reichste Speise und vom süßesten Duft sind.
Alle diese Saaten brachte er dorthin, zwei von jeder Art, die dort sicher bewahrt werden solange diese Menschen in der Vara bleiben werden.

Dort waren keine Buckligen, keine nach vorne hin Aufgeblähten, keine Impotenten, keine Verrückten, keine Armut, keine Lüge, keine Gemeinheit, keine Eifersucht, keine verfaulen Zähne, keine Lepra, die ausgegrenzt werden muß, und auch keine der anderen Zeichen, mit denen Angra Mainyu die Leiber der Sterblichen zeichnet.

In dem größten Teil dieser Stadt legte er neun Straßen an, in dem mittelgroßen Teil sechs und in dem kleinsten Teil drei. Zu den Straßen des größten Teils brachte er tausend Saaten von Männern und Frauen; zu den Straßen des mittleren Teils sechshundert; zu den Straßen des kleinsten Teils dreihundert. Dieses Vara versiegelte er mit dem goldenen Ring und machte eine Tür und innen ein durchscheinendes Fenster."

(Zarathustra spricht)
„O Schöpfer der irdischen Welt, Du Heiliger! Welche Lichter sind dort, um Licht in dem Vara zu geben, den Yima gemacht hat?"

Ahura Mazda antwortete:
„Dort gibt es die unerschaffenen Lichter und die erschaffenen Lichter. Dort sieht man die Sterne, der Mond und die Sonne nur einmal (im Jahr) *aufgehen und untergehen und ein Jahr erscheint dort wie ein Tag.*

unerschaffene Lichter = vermutlich Sonne, Mond und Sterne
erschaffene Lichter = vermutlich Öllampen u.ä.

Jedes vierzigste Jahr werden jedem Paar zwei geboren, ein männliches und ein weibliches. Und so ist es auch für jegliches Vieh. Und die Menschen in dem Vara, das Yima erschaffen hat, leben das glücklichste Leben."

(Zarathustra spricht)
„O Schöpfer der irdischen Welt, Du Heiliger! Wer ist es, der das Gesetz des Mazda in das Vara bachte, das Yima gemacht hat?"

Ahura Mazda antwortete:
„Das war der Vogel Karshipta, der im Himmel wohnt; wenn er auf der Erde leben würde, wäre er der König der Vögel. Er brachte das Gesetz in das Vara des Yima und trägt das Avesta in der Sprache der Vögel vor, o Zarathustra!"

(Zarathustra spricht)
„O Schöpfer der irdischen Welt, Du Heiliger! Wer ist dort der Herr und Herrscher?"

Ahura Mazda antwortete:
„Urvatad-nara, o Zarathustra, und Du selber, Zarathustra!"

Urvatad-nara ist einer der drei Söhne des Zarathustra, die die drei Stände verkörpern: Isad-vastra steht für die Priester, Hvare-kithra für die Krieger und Urvatad-nara für die Bauern. Auch bei den Germanen sind die drei Söhne des Tyr die Repräsentanten der drei Stände.

Zend-Avesta, Yasna 9 (Hom Yast):

In der Stunde des Havani kam Haoma zu Zarathustra, während er dem heiligen Feuer diente und seine Flamme weihte, während er die heiligen Gathas sang.

Havani: morgens zwischen 6Uhr und 10Uhr
Der Haoma-Trank ist hier wie der Soma-Trank bei den Indern und Kwasir bei den Germanen personifiziert. Dies scheint demnach ein altes Element in den indogermanischen Mythen zu sein.
Auch bei den Indern erscheinen das heilige Feuer (Agni) und der Ritual-Trank (Soma) als Paar, wobei bei den Indern beide personifiziert worden sind.

Und Zarathustra frug ihn: „Wer bist Du, o Mann, der Du in der gesamten erschaffenen Welt von allen, die ich gesehen habe, der Schönste in Deinem eigenen Leib bist, Du herrlicher Unsterblicher?"

Die Germanen haben Kwasir Weisheit, aber keine Schönheit zugeschrieben. Da dieser persische Text 1800 Jahre älter als die Kwasir-Mythe ist, könnte die Schönheit des personifizierten Göttermets in der germanischen Überlieferung verlorengegangen sein.

Daraufhin antwortete Haoma, der heilige, der den Tod in die Ferne vertreibt: „Ich bin Haoma, der heilige, und vertreibe den Tod in die Ferne. Bete zu mir, o Spitama, bereite mich für das Trinken. Lobpreise mich in Deinen Hymnen wie die anderen Saoshyant-Hymnen."

Auch das Haoma ist wie das indische „Soma amrita" („Soma Nicht-Tod") und der griechische „Nektar ambrosia" („Nektar Nicht-Tod") ein Unsterblichkeitstrank.
Spitama = Zarathustra

Da sprach Zarathustra: „Haoma sei gepriesen! Welcher Mensch, o Haoma, hat Dich als erster für die erschaffene Welt zubereitet? Welcher Segen wurden ihm angeboten? Welche Gunst hat er erhalten?"

Die beiden letzen Fragen, die inhaltlich dasselbe bedeuten, sind ein Beispiel fü das archaische lyrisch-rhetorische Stilmittel des „inhaltlichen Reims", der in Sumer, Assur, Babylonien usw. sehr beliebt gewesen ist und sich vereinzelt auch in Ägypten findet.

Da antwortete mir Haoma, er, der heilige, der den Tod in die Ferne vertreibt: „Vivanghvant war der erste Mensch, der mich in der erschaffenen Welt zubereitet hat. Dieser Segen wurde ihm gegeben, diese Gunst wurde ihm gewährt: daß ihm der Sohn, der Yima war, geboren wurde, der, der der Glänzende genannt wurde, der mit den zahlreichen Herden, der glanzvollste von allen, die bisher geboren worden sind, der Sonnengleiche unter den Menschen, der durch seine Macht sowohl die Herden als auch die Menschen vom Tod befreit hat, der sowohl die Pflanzen als auch die Gewässer von der Trockenheit befreit hat, durch den die Menschen unvergängliche Speisen essen konnten.
Während der Herrschaft des Yima des Bewegungs-schnellen gab es weder Kälte noch Hitze, es gab keine Alter und keinen Tod, keinen Dämonen-erschaffenen Neid. In ihrer Gestalt und in ihrem Aussehen gingen die beiden, Sohn und Vater, wie Fünfzehnjährige einher, solange Yima, der Sohn des Vivanghvant, der mit den vielen Herden, herschte."

Vivanghvant ist der Vater des Yima, also des ersten Menschen gewesen. In Indien ist Vivasvat hingegen der Vater des Yama (Urriese), des Manu (Urahn der Menschen) und z.T. sogar der Götter. Man kann also davon ausgehen, daß Vivanghvant und Vivasvat einst der Sonnengott-Göttervater Dhyaus gewesen sind, zumal Vivanghvant unter dem Namen „Vihvavant" an anderen Textstellen auch als Sonnengott auftritt und sein Name „Aufleuchtender" bedeutet.

Der Sonnengott Göttervater als Vater des ersten Menschen (Yima) entspricht in etwa der häufigen germanischen Gleichsetzung des Tyr-Riesen im Jenseits mit dem Uriesen Ymir. Auch dies scheint somit ein altes Motiv zu sein.

Der Unsterblichkeits-Trank stellt offensichtlich den Tod-losen Zustand wieder her, der unter Yima, dem ersten Herrscher bestanden hat: das „goldene Zeitalter" und das „Paradies".

VI 1. f)　Finnen

Die Finnen gehören nicht zu den Indogermanen, aber da sie und die Nordgermanen seit 3.800 in Nachbarschaft miteinander leben, haben sich ihre Religionen gegenseitig stark beeinflußt.

In der finnischen Kalevala, die zwar erst um 1835 n.Chr. niedergeschrieben worden ist, aber auf ältere Quellen zurückgeht, wird auch ein Urgott beschrieben, der Ymir ähnelt.

Einzeln ward auch Wäinämöinen,
Dieser ew'ge Zaubersprecher,
Von der schönen Lüftetochter,
Die ihm Mutter war, geboren.

      Wainämöinen ist der Schamanen-Zauberer in der Kalevala. Er ähnelt dem germanischen Odin.

Jungfrau war der Lüfte Tochter,
Sie, die schöne Schöpfungstochter,
Trug gar lang' ihr einsam Dasein,
Alle Zeit ihr Mädchenleben
In der Lüfte langen Räumen,
Auf den flachgebahnten Fluren.
Einsam ward ihr dort das Leben
Und das Sein gar unbehaglich,
Immerfort allein zu weilen,
So als Jungfrau dort zu wohnen
In der Lüfte langen Räumen,
In der weitgestreckten Öde.
Nieder ließ sich da die Jungfrau,
Senkt sich auf des Wassers Wogen,
Auf des Meeres klaren Rücken,
Auf die weitgedehnte Öde;
Fing ein Sturmwind an zu blasen,
Aus dem Osten wildes Wetter,
Treibt das Meer zu wildem Schäumen,
Daß die Wellen wüthend wogen.
Sturmwind wiegte dort die Jungfrau,
Mit ihr spielt des Meeres Welle
Auf dem blauen Wasserrücken,

Auf den weißbekränzten Fluthen;
Schwanger blies der Wind die Jungfrau
Und das Meer verlieh ihr Fülle.
Und es trug des Leibes Härte,
Seine Fülle sie mit Schmerzen
Ganze siebenhundert Jahre,
Trug sie neun der Mannesalter,
Ohne daß das Kind geboren,
Daß zum Vorschein es gekommen.
Also schwamm als Wassermutter
Bald nach Osten, bald nach Westen,
Bald nach Norden, bald nach Süden,
Sie zu allen Himmels Rändern,
Angstvoll ob der Frucht des Windes,
Bei des Leibes argen Schmerzen,
Ohne daß das Kind geboren,
Daß zum Vorschein es gekommen.
Fing da leise an zu weinen,
Redet Worte solcher Weise:
„ Weh mir armen ob des Schicksals,
Wehe mir ob meines Wanderns!
Wohin jetzo ich gerathen,
Daß ich aus der Luft gekommen,
Daß der Sturmwind mich hier wiege,
Daß die Welle mit mir spiele
Auf den weiten Wasserstrecken,
Auf den ausgedehnten Fluthen."
„ Besser wäre es gewesen,
Wär' ich Jungfrau in den Lüften,
Als in diesen fremden Räumen
Wassermutter jetzt zu werden.
Frostvoll ist mir hier das Leben,
Mühvoll ist hier die Bewegung,
In den Wogen so zu weilen,
In dem Wasser so zu wandern."
„ Ukko, du, o Gott dort oben,
Du des ganzen Himmels Träger!
Komm herbei, du bist vonnöthen,
Komm herbei, du wirst gerufen,
Lös' das Mädchen von den Qualen

Von den Wehen du die Jungfrau,
Komm' geschwind und eile schneller,
Schneller, wo man dich ersehnet!"

Der Himmels- und Urgott Ukko wird hier als Träger des Himmels beschrieben. Diese Aufgabe hatten bei den Germanen die vier Zwerge, die sehr wahrscheinlich ursprünglich die Söhne des ehemaligen Sonnengott-Göttervaters Tyr gewesen sind.

Wenig Zeit war hingegangen,
Kaum ein Augenblick verflossen,
Sieh, herbei eilt eine Ente,
Fliegt herbei der schöne Vogel,
Suchet sich zum Nest ein Plätzchen,
Suchet eine Wohnungsstelle.
Flog nach Osten, flog nach Westen,
Flog nach Norden und nach Süden,
Kann kein solches Plätzchen finden,
Nicht die allerschlechtste Stelle,
Wo ihr Nest sie machen könnte,
Eine Stätte sich bereiten.
Flieget langsam, schauet um sich,
Dachte nach und überlegte:
„Baue ich mein Haus im Winde,
Auf den Fluthen meine Wohnung,
Würd' der Wind das Haus zerstören,
Weit die Wogen es entführen."
Da erhob des Meeres Mutter,
Sie, der Lüfte schöne Tochter
Aus dem Meere ihre Kniee,
Aus der Fluth die Schulterblätter,
Wo die Ent' ein Nest sich bauen,
Wo sie friedlich weilen könnte.

Hier ist die Erde noch eine Urmutter und nicht ein Urriese – wie dies sich auch in einigen anderen sehr alten Mythen findet, die weiter unten noch beschrieben werden.

Entlein nun der schöne Vogel
Flieget langsam, schauet um sich,

Sieht das Knie der Wassermutter
Auf dem blauen Meeresrücken,
Hielt's für einen Wiesenhügel,
Meint'es wäre frischer Rasen.
Hin nun fliegt sie, schwebet langsam,
Läßt sich auf das Knie dann nieder;
Bauet dort ihr Nestlein fertig,
Legt hinein die goldnen Eier,
Goldner Eier ganze sechse,
Siebentens ein Ei von Eisen.

Man könnte vermuten, das ein goldenes Ei im Zusammenhang mit der Urmutter, die unter dem Wasser lebt, die Sonne ist, aber das ist unsicher, da „golden" in der Kalevala zu einem allgemeinen Adjektiv für „wichtig" geworden ist.

Setzt sich brütend auf die Eier,
Wärmte rasch des Kniees Wölbung;
Brütet einen Tag, den zweiten,
Brütet auch am dritten Tage;
Schon bemerkt die Wassermutter,
Sie, der Lüfte schöne Tochter,
Merket, daß es heißer wurde,
Daß die Haut erwärmet wurde:
Meinte, daß die Knie ihr brennen,
Alle Adern ihr zerschmelzen.
Hastig rührt sie ihre Knie,
Schüttelt heftig ihre Glieder,
Daß die Eier in das Wasser,
In die Fluth des Meeres stürzen;
In der Fluth in Stücke brechen
Und in Splitter sich zerschlagen.
Nicht verkommen sie im Schlamme,
Nicht die Stücke in dem Wasser,
Sondern werden schön verwandelt,
Schön gestaltet alle Splitter:
Aus des Eies untrer Hälfte
Wird die niedre Erdenwölbung,
Aus des Eies obrer Hälfte
Wird des hohen Himmels Bogen;

Was sich Gelbes oben findet,
Strahlet schön als liebe Sonne,
Was sich Weißes oben findet,
Leuchtet hold als Mond am Himmel;
Von dem Hellen in dem Eie
Werden Sterne an dem Himmel,
Von dem Dunkeln in dem Eie
Wird Gewölke in den Lüften.

  Hier wird die Welt aus einem Ei anstatt aus einem Urriesen erschaffen. Die Art der Vorstellungen sind denen der Germanen jedoch sehr ähnlich: Aus den Bestandteilen des Eies wird jeweils das erschaffen, was mit ihnen Ähnlichkeit hat.

Und die Zeiten schwinden rascher,
Immer fort und fort die Jahre
Bei der jungen Sonne Leuchten,
Bei des jungen Mondes Glanze;
Immer schwamm die Wassermutter,
Sie, der Lüfte schöne Tochter,
In den schlummerstillen Wellen,
Auf der nebelreichen Fläche,
Vor sich hatte sie die Fluthen,
Hinter sich den hellen Himmel.
Endlich in dem neunten Jahre,
Zu der Zeit des zehnten Sommers
Hebt ihr Haupt sie aus dem Meere,
Ihre Stirn sie aus dem Wogen,
Jetzt beginnt bei ihr das Schaffen,
Fängt sie an hervorzubringen
Auf dem klaren Meeresrücken,
Auf den weiten Wogenflächen.
Wo die Hand nur hin sie wandte,
Da entstanden Landesspitzen,
Wo sie mit dem Fuße ruhte,
Grub gar rasch sie Fischesgruben;
Wo ins Wasser sie sich tauchte,
Senkten sich des Meeres Tiefen.
Wo die Hüfte hin sie wandte,
Da erschienen ebne Ufer,

Wo den Fuß zum Land sie lenkte,
Da entstanden Lachsesschluchten,
Wo der Kopf dem Lande nahte,
Da erwuchsen breite Buchten.
Schwamm noch weiter von dem Lande,
Ruht' ein wenig auf dem Rücken,
Schuf so Klippen in dem Meere,
Riffe, die dem Aug' verborgen,
Wo die Schiffe oft zerschellen,
Wo der Männer Leben endet.
Schon geschaffen waren Inseln,
Klippen in dem Meer begründet,
Festgestellt der Lüfte Pfeiler,
Flur und Felder schon geschaffen,
Bunt die Steine schon gesprenkelt,
Schön gefurchet schon die Felsen,
Wäinämöinen nur der Sänger
War und blieb noch ungeboren.

Auch hier findet sich eine ähnliche Bilderwelt wie bei den Germanen, doch sind es hier wieder die Glieder der Urmutter, die mit den verschiedenen Teilen der Welt assoziiert werden.

Wäinämöinen alt und wahrhaft
Wandert noch im Leib der Mutter
Dreißig Sommer nach einander,
Eine gleiche Zahl von Wintern
In den Wellen voller Ruhe,
Auf der weichen Wogenfläche.
Dachte nach und überlegte,
Wie zu sein und wie zu leben
In dem nimmerhellen Raume,
In der unbequemen Enge,
Wo er nicht das Mondlicht schaute,
Nicht den Sonnenschein gewahrte.
Sprach darauf mit diesen Worten,
Ließ auf diese Art sich hören:
„Bring, o Mond, und bring, o Sonne,
Bringe mich, o Bär am Himmel,
Von den ungewohnten Thüren,

Von den unbekannten Pforten,
Hier aus diesem kleinen Neste,
Aus dem engen Aufenthalte!
Daß ich auf der Erde wandre,
Wie ein Menschenkind im Freien,
Daß des Himmels Mond ich schaue,
Daß die Sonne ich gewahre,
Daß den Bären ich erblicke,
Daß die Sterne ich betrachte!"
Da der Mond ihn nicht befreiet,
Nicht die Sonne ihn erlöset,
Wird das Sein ihm unbehaglich,
Ihm das Leben dort verdrießlich;
Sprengt der Feste schmale Pforte
Mit dem Finger ohne Namen,
Schlüpfet durch das Schloß, das starre,
Mit des linken Fußes Zehe,
Kriechet mit der Hand zur Schwelle,
Auf den Knieen durch das Vorhaus.
Stürzte häuptlings in das Wasser,
Wendet mit der Hand die Wogen;
Also blieb der Mann im Meere,
So der Held im Naß der Wogen.
Ruht' im Meere fünf der Jahre,
Fünf der Jahre, ja gar sechse,
Selbst das siebente und achte;
Endlich hält er auf dem Meere,
An der Landzung' ohne Namen,
An dem baumberaubten Strande.
Rafft sich auf den Knien zum Lande,
Wendet mit der Hand sich hastig,
Hebt sich um den Mond zu schauen,
Um die Sonne zu gewahren,
Um den Bären zu erblicken,
Um die Sterne zu betrachten.
Also wurde Wäinämöinen,
Dieser kräft'ge Zaubersprecher,
Von der Lüfte schöner Tochter,
Die ihm Mutter war, geboren.

An einer anderen Stelle in der Kalevala ist die Ähnlichkeit des Urgottes Ukko mit Ymir noch deutlicher, da er wie Ymir Menschen dadurch erschafft, daß er seine Glieder aneinander reibt:

„ Ukko, er, der Schöpfer oben,
Selber er, der Gott im Himmel
Schied das Wasser von den Lüften,
Von dem Wasser dann die Erde,
Ungeboren war das Eisen,
Ungeboren, konnt' nicht wachsen."
„ Ukko, er, der Gott der Lüfte,
Rieb sich seine beiden Hände,
Drückt sie beide an einander
Auf des linken Kniees Spitze;
Da entstanden drei der Mädchen,
Drei der schönsten Schöpfungstöchter,
Mütter von dem Eisenroste,
Von dem Stahl mit blauen Munde."

VI 1. f) Jakob Grimm: Deutsche Mythologie

Bedeutsam schließen sich griechische und vorzüglich asiatische mythen von der schöpfung an die nordische und wie ich glaube früher allgemein deutsche ansicht von dem hervorgehn der welt aus bestandtheilen des menschlichen leibs: sie muß darum uralt sein.

Noch heute besteht in Indien die sage, daß Brahmâ von den andern göttern erschlagen und dann der himmel aus seinem schädel gebildet wurde; gewisse analogie damit hat auch die griechische vorstellung von Atlas, dessen haupt den gewölbten himmel trägt. Nach dem gedicht eines orphikers werden Zeus leib als die erde, seine knochen als das gebirge, seine augen als sonne und mond aufgefaßt.

... ...

Nun dreht aber auch schon die indische lehre diesen macrocosmus um, und läßt die sonne in das auge, die pflanzen in das haar, die steine in die knochen, das wasser in das blut des erschafnen menschen eingehn, in ihm also die ganze welt sich widerspiegeln.

... ...

Hesiods vorstellung ist, daß Pandora von Hephäst aus erde mit wasser gemengt gebildet wurde und ihr dann Hermes die sprache verlieh. Die menge der bildenden stoffe wird zuerst auf blut und erde, endlich im alten testament auf bloße erde zurückgeführt.

Allein noch andre einstimmungen fordern aufmerksamkeit. Wie Ymir aus seiner hand mann und frau, aus seinem fuß einen riesensohn erzeugte, wird von dem indischen Manus gemeldet, Brahma habe die vier stämme der menschen, und zwar aus seinem munde den ersten brahman (priester), aus dem arm den ersten kschatrija (krieger), aus der hüfte den ersten vish (kaufmann und ackerer), aus dem fuß den ersten sûdra (knecht und handwerker) hervorgebracht.

Sicher würde auch die eddische überlieferung, wenn sie ausführlicher bewahrt wäre, einen rangunterschied zwischen den aus Ymirs hand oder fuß erzeugten kindern geltend machen; die fußgeburt zeigt eine geringere an.

... ...

Wer entsinnt sich nicht bei diesen wunderbaren geburten der aus Zeus stirne gebornen Athene (τριτογένεια), des aus seiner hüfte gebornen Dionysus (μηρορραφής)? wie dieser διμήτωρ hieß, scheint die unerklärte sage der neun mütter Heimdalls auf gleichen anlässen zu beruhen.

> Die „neun Mütter" des Heimdall ist die Jenseitsgöttin, da die „9" bei den Germanen ein Adjektiv mit der Bedeutung „zum Jenseits gehörig" gewesen ist (siehe „9" in Band 47).

Undeutlich wird in der edda die schöpfung der zwerge beschrieben, einer nachricht zufolge sollen sie in des urriesen fleisch als gewürm entsprungen und dann von den göttern mit verstand und menschlicher gestalt begabt worden sein; doch die ältere meldung läßt sie aus eines andern riesen Brîmir (= Ymir) fleisch und knochen erschaffen werden. alles dies gilt nur von den schwarzen elben, und ist nicht auf die lichten auszudehnen, über deren ursprung also nichts erhellt. auch andere mythologien lassen ohne auskunft.

... ...

Cosmogonische bruchstücke gewährt uns eine im anhang unseres heldenbuchs gehaftete nachricht: es werden drei schöpfungen hintereinander angesetzt, so daß die der zwerge vorangeht, dann erst riesen und zuletzt menschen entstehn, die klugen zwerge habe gott zum bau des wüsten lands und gebirgs werden lassen, die riesen zu bekämpfung der wilden thiere, die helden um den zwergen gegen die untreuen riesen beizustehn; diese beziehung und abhängigkeit der geschlechter von einander ist beachtenswerth, über die art und weise der erschaffungen verlautet nichts.

Als späteren schöpferischen act, scheint es mir, läßt sich endlich das dreifache ordnen der stände auffassen, welche Heimdallr gründet dessen vielleicht noch eine spur bis in jüngere überlieferungen hinab reicht.

Auch das hebe ich hervor, daß in der edda mann und frau (Askr und Emla) gleichzeitig entstehn, in der bibel aber zwei momente geschieden werden, da Adams erschaffung vorangeht, Evas erst nachher auf andere weise vorgenommen wird.

Wiederum läßt Hesiods darstellung die den göttern selbst abstammenden männer schon vorhanden sein, als Pandora das erste weib, allbegabt, schön und trügerisch, aus erde und flut geschaffen wurde. Es ist schwer in die ansicht der hesiodischen dichtungen genau einzudringen. der theogonie zufolge entsteigen dem chaos erst Gäa die riesin, dann Erebus (dem Niflheim vergleichbar) und die Nacht; aber Gäa zeugte aus sich selbst den Uranus, meer und gebirge, mit Uranus andere kinder, zujüngst Kronus, der Zeus vater und aller götter ahn war.

Wie in der edda Buri und Börr vor Ođinn, treten auch hier Uranus und Kronus vor Zeus ein; mit Zeus und Ođinn hebt das eigentliche göttergeschlecht an, und die brudertrilogie wird durch Poseidon und Hades wie durch Vili und Ve erfüllt. Die feindschaft der götter und titanen ist sodann die der asen und riesen; doch daß die titanen vom himmel gedrängt werden gleicht ebensosehr dem sturz der widerspenstigen engel in die tiefe des abgrunds. außer dem riesischen element kann also den titanen noch ein dämonisches zugegeben werden. Wenn die ἔργα bekanntlich fünf geschlechter nach einander annehmen, so muß die schöpfung nothwendig einigemal wiederholt worden sein, worüber uns weder das gedicht noch Plato genügende auskunft gewähren. das erste goldne geschlecht ist das der seligen dämone, das zweite silberne der schwächeren göttlichen, das dritte eherne der eschentsprossenen krieger, das vierte der heroen, das fünfte eiserne der jetztlebenden menschen.

Schon weil dem vierten geschlecht die metallbezeichnung der übrigen mangelt, scheint die angabe unvollkommen. am dunkelsten bleibt das zweite, auch von Plato übergangne, der nur von dämonen, heroen und menschen handelt; rechtjertigt der schmächtige wuchs dieser kurzlebenden höheren wesen eine analogie zu den wichten und elben unsrer mythologie? unter dem dritten geschlecht scheinen riesen oder doch riesenmäßige streiter geschildert, die den gerechten helden des vierten geschlechts gegenüberstehn. man möchte diese nach mosaischem sprachgebrauch söhne der elohim, jene söhne der menschen nennen; ihr ursprung aus der esche gestattet sie aber auch neben den ersterschaffnen menschen der edda zu stellen.

Treffender würde die einstimmung sein, dürfte man dem dritten geschlecht den namen des steinernen zueignen, den des ehernen und die schöpfung aus der esche auf das vierte anwenden; den riesen war die steinwaffe gemäß. Doch Apollodor theilt uns die nachricht mit, in der großen flut, aus welcher Deukalion und Pyrrha gerettet wurden, habe Zeus das eherne geschlecht tilgen wollen, was sich zu dem nordischen untergang der riesen fügt. der erschaffung von Askr und Emla stehn die steinwürfe des griech. mythus parallel, und auch das heldengeschlecht könnte steinerschaffen heißen.

VI 1. g)   Indogermanen allgemein

Die häufigsten Zwillinge in den indogermanischen Mythen sind die Pferdebrüder. Sie sind die beiden Rosse, die den Wagen des Sonnengottes ziehen. Bei den Griechen hießen sie Dioskuren, bei den Römern Kastor und Pollux, bei den Indern Ashvins, bei den Germanen Alcis, bei den Slawen Lol und Polel, bei den Kelten sind es die Zwillinge der Göttin Macha usw.

Dieses Motiv wird sich um ca. 3.000 v.Chr. aus dem älteren, bei allen nostratischen Völkern bekannten Motiv der Göttin mit den beiden Raubkatzen entwickelt haben, als die Indogermanen den von zwei Pferden gezogenen Streitwagen erfanden.

Für diese Ansicht spricht, daß es in den Mythen der nostratischen/indogermanischen Völker einen fließenden Übergang von der Throngöttin mit zwei Löwen oder Panthern über die Göttin auf einem von zwei Löwen gezogenen Streitwagen und später der Göttin auf einem von zwei Pferden gezogenen Streitwagen bis hin zu dem Sonnengott auf dem von den Pferdezwillingen gezogenen Streitwagen gibt.

Das Bild der Göttin mit dem Raubkatzen-Streitwagen hat sich z.B. bei den Germanen als der von zwei Katzen gezogene Wagen der Göttin Freya erhalten können.

Die beiden Raubkatzen erscheinen manchmal auch unabhängig von der Göttin als Wächter vor Tempeln, Gräbern oder Festungen wie z.B. beim Löwentor von Mykene.

Das Motiv einer Geschlechterfolge „Urriese – Riesen – Götter – Menschen" ist nicht nur von den Germanen, sondern auch von den Griechen, den Hethitern und ansatzweise auch von den Indern bekannt.

VI 1. i)   Die Gleichsetzung des Ymir und des Tyr bei den Indogermanen

Ymir als der zeitlich gesehen erste Riese und Tyr als der rangmäßig gesehen erste Riese (Göttervater im Jenseits) wurden schon vor 2800 v.Chr., also bevor sich die Indogermanen in einzelne Völker differenzierten, miteinander gleichgesetzt.

Diese Gleichsetzung ist vor allem von den Germanen und den Persern bekannt. Da der Göttervater damals auch noch der Sonnengott gewesen ist, muß es damals einen komplexen obersten Gott gegeben haben, der zugleich Göttervater, Sonnengott und Urriese gewesen ist.

Bei den Persern findet er sich als Yima, der der erste König, der Sohn des Sonnengottes (die wiedergeborene Sonne), der Kulturgründer und der erste Priester gewesen ist.

Bei den Indern ist Yama-Purusa der Urriese, der Sohn der Sonne, der erste Priester und der Totengott.

Bei den Germanen ist Ymir der Urriese und Tyr der ehemalige Sonnengott-Göttervater, abe diese beiden erscheinen oft als zwei seiten desselben riesen wie z.B des Fornjotr („alter Riese"), dessen drei Söhne der Wind, das Meer und das Feuer sind, also nicht die drei Stände, sondern wie die Körperteile des Ymir die Bestandteile der Welt verkörpern.

In den betreffenden Mythen ist noch deutlich die zyklische Wiedergeburt der Sonne zu erkennen, die u.a. durch die Symbolik der Zahl „300" ausgedrückt wird.

VI 1. i) Die indogermanische Ymir-Mythe

Die Mythen der Germanen, Hethiter, Inder, Perser und Römer ermöglichen es, die ursprünglichen Vorstellungen der Indogermanen über den Urriesen zumindestens in ihren Grundzügen zu erfassen.

Diese Mythe wird in etwa wie folgt ausgesehen haben

Am Anfang war der erste Mensch, der riesengroß war. Er hatte ein Rind als Begleiter und trug selber Hörner auf seinem Kopf. Die ihn begleitende Kuh war die Muttergöttin im Jenseits und der ihn begleitende Stier das Opfertier bei der Bestattung. Durch die Identifizierung mit diesem Stier hat der Urriese wie allgemein die Ahnen im Jenseits seine Hörner erhalten.

Er war ein zweifaches Wesen und hatte einen Zwillingsbruder – manche sagen auch, daß es eine Zwillingsschwester war, die seine Frau wurde. Diese Zwillingsschwester wird wahrscheinlich ursprünglich die Jenseitsgöttin gewesen sein, die den Urriesen wie alle Ahnen im Jenseits wiedergeboren hatte.

Die beiden Urzwillinge stammten aus den Wassern der Unterwelt, aus denen sie sich gebildet hatten.

Der eine der beiden ersten Menschen blieb mit der Unterwelt und mit der Erde verbunden – aus ihm wurde die gesamte Welt erschaffen. Er wurde manchmal auch zu dem gehörnten Herr der Unterwelt.

Der zweite der beiden ersten Menschen stand als Steinsäule in der Mitte der Welt und wurde riesengroß, sodaß er Himmel und Erde, Diesseits und Jenseits in der Mitte der Welt miteinander verband. Schließlich wurde er jedoch umgestürzt, sodaß die ursprüngliche Verbindung zwischen Diesseits und Jenseits unterbrochen wurde und die Menschen daher sterblich wurden.

Dieser zweite Mensch wurde manchmal auch zu dem König der Menschen im Diesseits – so wie sein Zwillingsbruder der König der Toten im Jenseits war.

Der Kinder des Uriesen waren selber Riesen, deren Kinder die Götter waren, die dann wiederum die Menschen zeugten.

Der Urriese („Yemo") wurde dem Sonnengott-Göttervater („Dhyaus") gleichgesetzt.

Aus dem Urriesen wurde die Welt geformt. Folgende Elemente finden sich in den Mythen mehrerer indogermanischer Völker: aus den Knochen die Felsen, aus den Zähnen die Steine, aus dem Schädel die Himmelskuppel, aus dem Blut das Meer, aus dem Fleisch die Erde, aus dem Haar die Pflanzen und aus den Augen Sonne und Mond.

VI 2.   Der Urriese bei den nostratischen Völkern

Bei den nostratischen Völkern findet sich der Urriesen-Zwilling, der der erste Mensch ist, am deutlichsten bei den Ägyptern und bei den Juden. Eine ähnliche Mythe ist auch von den Sumerern bekannt. Vereinzelte Hinweise lassen sich auch in Kreta, in Elam in Südostmesopatmien und in Harappa am Indus finden.

Die gemeinsame Wurzel dieser Völker sind die Jägergemeinschaften, die um ca. 10.000 v.Chr., also gleich nach dem Ende der Eiszeit, in Mesopotamien gelebt haben.

Die Tabelle auf der nächsten Seite gibt eine Übersicht über die Verwandtschaften zwischen den nostratischen Völkern. Die Völker mit Ymir-Mythen sowie ihre Vorgänger-Völker sind wieder grau markiert. Vermutlich hat es auch bei anderen der Völker in dieser Tabelle Ymir-Mythen gegeben, die aber nicht überliefert worden sind, da viele von ihnen erst sehr spät über eine Schrift verfügt haben.

Die nostratischen Völker					
Nostratische Sprachfamilie (Beginn der Jungsteinzeit in Mesopotamien um 10.000 v.Chr.)	Norden: Indogermanen (6.000 v.Chr.)	nach Süden	Lydo-Hethiter		Lyder
					Hethiter
		nach Westen			Armenier
					Iraner (Perser)
					Sanskrit (2. Einwanderungswelle nach Indien)
					Skythen (blieben in der südrussischen Ebene)
			Gräco-Thraker		Griechen
					Thraker
		nach Südosten			Römer
					Kelten
					Tocharier (Nordwestchina)
					Germanen
			Balto-Slawen		Balten
					Slawen
	Osten (6.000 v.Chr.)				Kartwelier (Georgien)
					Elam
			Harappo-Drawiden		Harappa, Mohenjo Daro
					Drawiden (1. Einwanderungswelle nach Indien)
	Süden (6.000 v.Chr.)				Sumerer
		afro-asiatische Sprachen	(5.000 v. Chr.)		Ägypter
					Tschad
					Berber
		Semiten	Ostsemitisch		Akkadisch, Babylonisch
					Aramäisch, Ugaritisch
			Zentralsemitisch		
			Westsemitisch		Neusüdarabisch
					Äthiopisch

VI 2. a) Ägypter

Der Gott Atum ist in der altägyptischen Mythologie zugleich der Erste Gott, der Erste Mensch, der Erste König und die Urinsel, also die Erde. Er war auch ein Gott der Wiedergeburt im Jenseits und daher auch der Richter im Totenreich. Darin gleicht er vollständig dem indogermanischen Bild des Urriesen.

Dadurch, daß Atum onanierte und seinen eigenen Samen verschluckte, gebar er schließlich die Welt. Daher wurde seine Hand als seine Frau und Schwester angesehen und schließlich als Göttin aufgefaßt. Dies entspricht der Zeugung der ersten Menschen durch Ymir – diese Erste Geburt konnte kein normaler Vorgang gewesen sein, da es zu dieser Zeit nur ein einzelnes Urwesen gab.

Die Ägypter kannten auch einen „zerstückelten Gott": den Korn- und Totengott Osiris. Sein Körper wurde in 42 Teile zerstückelt, die den 42 Gauen Ägyptens entsprachen. Die Verteilung seiner Körperteile auf diese Gaue scheint keine Systematik zu haben. Das Zerstückeln des Urriesen wurde bei Osiris der Ernte des Getreides gleichgesetzt. Bisweilen sah man Osiris auch als das fruchtbare Land selber an.

Osiris hatte einen Zwillingsbruder: Seth, den Gott der Wüste und der Wildnis. Zugleich waren auch Osiris und seine Frau Isis ein Zwillingspaar und ebenso Seth und seine Frau Nephthys. Insgesamt waren diese vier Gottheiten folglich Vierlinge. Auch bei den Indogermanen ist der „zerstückelte Urriese" mit dem Tod verbunden. Wie die ursprünglichen indogermanischen Ur-Zwillinge war Osiris der König im Diesseits (vor seinem Tod) und im Jenseits (nach seinem Tod).

Auch die Muttergöttin erschien zweifach bzw. als Zwillinge: die zweigesichtige Hathor, die Zwillinge Isis-Nephthys, das Göttinnenpaar Neith-Selket und das Göttinnenpaar Mafdet-Seschat. Diese Göttinnenpaare stellen jeweils das Diesseits und das Jenseits als Ergänzungsgegensatz dar.

Die Himmelsgöttin Tefnut und der Luft- und Himmelssäulengott Shu waren ebenfalls Zwillinge. Shu ist eine genaue Entsprechung zu dem hethitischen Upelluri, dem indischen Skambia und dem griechischen Atlas. Der Erdgott Geb und die Himmelsgöttin Nut, die die Eltern des Shu waren, waren ebenfalls Zwillinge. Das Tier und das Namenszeichen des Gottes Geb war die Gans, was ein Hinweis auf den Seelenvogel sein könnte.

Eine zweifache mythologische Gestalt ist auch der ägyptische Jenseitsfährmann, der wie der zweigesichtige römische Janus vor sich und hinter sich blickt, d.h. der an der Schwelle zwischen Diesseits und Jenseits steht.

In Umkehrung der Erschaffung der Welt aus dem Urmenschen findet sich bei den Ägyptern die Erschaffung der Menschen aus Lehm. Meistens ist es der Widdergott Chnum gewesen, der die Menschen auf seiner Töpferscheibe formte.

Die Kuh erscheint in Ägypten als das Tier der Muttergöttin, die ihre Fruchtbarkeit repräsentiert. Der Stier stellt entsprechend die Zeugungskraft dar. Da in den damaligen Jenseitsvorstellung der Wiedergeburt der Toten durch die Muttergöttin eine Wiedererzeugung des Toten mit der Muttergöttin vorausging, wurde für die männlichen Toten bei deren Bestattung ein Stier geopfert, um dessen Zeugungskraft auf den Toten zu übertragen.

Dieses bei so gut wie allen nostratischen Völkern bekannte Motiv ist der Ursprung für die Hörner der Götter, die gehörnten Männer im Jenseits bzw. in der Wildnis und sicherlich auch für den gehörnten Urriesen, der durch seine Hörner als ein Ahn im Jenseits charakterisiert wird.

Auch Osiris, der „zerstückelte Gott" der Ägypter, wurde von einem Stier begleitet: dem Stiergott Apis. Beide Götter wurden später zu dem gehörnten Gott Serapis („Osiris-Apis") zusammengefaßt.

Die Göttinnen wurden in Ägypten als Kuh aufgefaßt. Die bekanntesten Kuhgöttinnen sind Nut, Isis und Hathor.

In der ägyptischen Mythologie wird der Himmel in den vier Richtungen wie bei den Germanen von vier Wesen gestützt: von den vier Horussöhnen, die die Gestalt von vier Menschen haben, von denen einer einen Menschenkopf, einer einen Schakalkopf, einer einen Falkenkopf und einer einen Paviankopf hat.

Der zerstückelte Urriese ist in der ägyptischen Mythologie in mehrere Gottheiten „zerfallen", was dadurch entstanden ist, daß in den 42 Fürstentümern vor der Gründung des ägyptischen Reiches zwar überall dieselben Gottheiten verehrt worden sind, aber diese Gottheiten unter verschiedenen (Bei-)Namen bekannt waren und verschiedene Aspekte von ihnen besonders hervorgehoben worden sind.

Urriesen-Götter in der ägyptischen Mythologie	
Gott	*Funktion*
Atum	Erdgott, Erster Gott, Erster Mensch; der Name ist mit „Ymir" verwandt
Geb	Erdgott, Mann der Himmelsgöttin, mit dem Seelenvogel verbunden
Osiris	Korngott, Erster Pharao, Erdgott, Nil, zerstückelter Gott, Totengott
Aker	Erdgott, Totengott
Tatenen	Erdgott
Sokar	Erdgott, Totengott, Falkengott (Seelenvogel)
Shu	Himmelssäule, Kind des Erdgottes Geb und der Himmelsgöttin Nut

VI 2. b) Sumerer

Von ihnen ist das Sternzeichen „Große Zwillinge", das heutige Tierkreiszeichen „Zwillinge", bekannt. Es ist das einzige der 12 Sternbilder auf der Ekliptik, das von den Sumerern als „Groß ..." bezeichnet worden ist. Dies läßt vermuten, daß die Zwillinge in ihrer Mythologie in früherer Zeit einmal eine große Rolle gespielt haben müssen.

Ein bekanntes sumerisches Paar, daß zwar aus zwei Freunden und nicht aus Zwillingen bestanden hat, sind König Gilgamesch und der Wildnismensch Enkidu. Sie könnten auf ein Brüderpaar, das die Kultur und die Wildnis repräsentierte, zurückgehen.

Da die Wildnis in den Mythen als das „Fremde" sehr oft eine Umschreibung und ein Gleichnis für das ebenfalls „fremde" Jenseits ist, entspricht das Paar „Kulturgott und Wildnisgott" dem Paar „Diesseitskönig und Jenseitskönig".

Wie der ägyptische Chnum und der Jahwe der Bibel erschuf der Gott Enki die Menschen aus Lehm.

Auch die Sumerer sahen die Muttergöttin Inanna als eine riesenhafte Kuh an.

VI 2. c) Babylonier

Tiamat („Meer, Salzwasser") war die Urgöttin. Sie zeugte zusammen mit Abzu („Süßwasser") die ersten Götter. Abzu wurde später vom Urahn zu der Wasserunterwelt selber. Tiamat wurde als Wasserschlange oder Meeresdrachen beschrieben, von dem in einem Keilschrifttext gesagt wird, daß er 520km lang ist – er entspricht offensichtlich dem germanischen Jörmungandr.

Aus der von Marduk getöteten Tiamat floß drei Jahre, drei Monate, einen Tag und eine Nacht lang ihr Blut heraus. Es wird zwar nicht gesagt, daß daraus das Meer entstand, aber diese Menge an Blut macht eine Parallele zu Ymirs Blut zumindestens sehr wahrscheinlich.

Da die Schlange bzw. der Drache den Weg in die Unterwelt darstellt, ist die Entstehung der Welt offenbar als eine Geburt aus der Unterwelt heraus aufgefaßt worden.

Aufgrund eines Streites tötete der Himmelsgott Anu oder in späteren Fassungen dieser Mythe der Sonnengott Marduk die Urgöttin Tiamat und zerstückelte sie.

Marduk schnitt Tiamat in zwei Hälften und erschuf aus ihrer Rückseite die Erde und aus ihrer Vorderseite den Himmel: Die tote Tiamat lag auf ihrem Rücken in den Urwassern und bildete so die Welt in der Mitte der Wasser.

Aus ihren Rippen erschuf er das Himmelsgewölbe, wobei er die beiden Reihen ihrer Rippen so nach Osten und Westen ausrichtete, daß ihr Kopf nach Norden zeigte. Mit diesen Rippen hielt er die Urwasser von der Erdoberfläche fern, die jenseits des Himmels noch als dessen blaue Farbe zu sehen sind. Die Welt ist sozusagen eine „Blase" in den Urwassern. Aus Tiamats Gebärmutter bildete Marduk eine Stütze für den Himmel.

Marduk häufte im Norden einen Berg über Tiamats Kopf auf, und legte ihre weinenden (oder von ihm angestochenen) Augen in ihn, die dort zu den Quellen von Euphrat und Tigris wurden. Ihre Brüste legte er in die Berge im Osten, die er ebenfalls erschuf – aus ihnen entsprangen die Nebenflüsse des Tigris. Aus Tiamats Speichel bildete Marduk die Wolken, den Regen und den Nebel.

Tiamats Leber wurde zum Polarstern und ihr Schlangenschwanz zur Milchstraße. Marduk erschuf auch die zwölf Sternbilder des Tierkreises als Wohnort für die größten der Götter – es wird leider nicht berichtet, woraus er sie erschuf. Er setzte auch Sonne und Mond an den Himmel und legte ihren Lauf fest.

Auch Tiamats Sohn Kingu wurde getötet. Aus seinem Blut entstand der rote Lehm, aus dem die Götter die ersten Menschen formten.

In dieser Mythe ist an die Stelle des zerstückelten Urriesen die zerstückelte Urgöttin getreten. Möglicherweise ist ihr Sohn Kingu ursprünglich der Urriese gewesen. In dieser Mythe ist das Motiv des zerstückelten Urriesen mit dem Motiv des Drachenkampfes kombiniert und dazu benutzt worden, die Herrschaft des Sonnengottes zu begründen. Dieser Drachenkampf ist durch das Motiv des Streites des Regengottes mit der Unterweltschlange um den Regen entstanden: Während der Regenzeit hat der Regengott die Oberhand und während der Dürrezeit die Unterweltschlange.

Die Zuordnung der Körperteile der Tiamat zu den Teilen der Erde ist deutlich anders als in der germanischen Ymir-Mythe:

Die Erschaffung der Welt aus den Körperteilen des Urwesens		
Körperteil	**wird zu**	
	Ymir *(Germanen)*	**Tiamat** *(Babaylonier)*
Knochen	Berge	
linke Rippenreihe		Osthimmel
rechte Rippenreihe		Westhimmel
Zähne, Kiefer, Knochenstückchen	Steine	
Rücken		Erde
Fleisch	Erde	
Schädel, Kopf	Himmel	Berge im Norden
Blut („Schweiß")	Wasser, Meer	
Speichel		Wolken, Regen, Nebel
Hirn	Wolken	
Gebärmutter		Himmelsstütze
Leber		Polarstern
Brüste		Quellen der Tigris-Nebenflüsse
linkes Auge		Quellen des Tigirs
rechtes Auge		Quelle des Euphrat
Schlangenschwanz		Milchstraße
Haar	Bäume	
Blut, Knochen	Zwerge	
Maden in Ymirs Fleisch	Zwerge	
Brauen	Midgart; Wall rings um Midgart	
?		zwölf Tierkreis-Sternbilder
?		Sonne und Mond

Während in der Ymir-Mythe die Körperteile des Urriesen auf ihre Ähnlichkeit mit den Bestandteilen der Welt hin betrachtet und entsprechend zugeordnet werden, liegt den Zuordnungen in der Tiamat-Mythe das Bild der Welt als einer auf dem Rücken liegenden Frau zugrunde. Da sich der Kopf dieser Urgöttin im Norden befindet, liegen auch Tiamats Augen-Quellen im Norden. Aus dem Bild der auf dem Rücken liegenden Urgöttin ergibt sich, daß ihr linkes Auge die Tigris-Quelle, die im Osten liegt, und ihr rechtes Auge die Euphrat-Quelle, die im Westen des Berglandes liegt, darstellt.

Aufgrund des Bildes der liegenden Frau, die die Welt, d.h. Mesopotamien verkörpert, wird die Himmelsstütze in der Mitte der Welt von ihrer Gebärmutter gebildet, die sich in der Mitte der Göttin befindet. Außerdem war die Gebärmutter der Urgöttin aufgrund der Geburts- und Wiedergeburtsvorstellungen eng mit der Himmelsstütze als Weg („Nabelschnur") zwischen Erd-Diesseits und Himmels-Jenseits assoziiert. Über diesen Weg gelangten die Seelen der Babys bei ihrer Geburt vom Jenseits in das Diesseits und die Seelen der Toten bei ihrer Wiedergeburt vom Diesseits ins Jenseits.

Diese Urgöttin schwimmt in den Urwassern und trägt die Menschen in sich. Dieses Bild der „Menschen in der Großen Mutter" entspricht den Vorstellungen über die Schwitzhütte, da die Schwitzhütte als der Leib der Großen Mutter angesehen wird, in den die Menschen während des Rituals zurückkehren. Die Wurzeln dieses Rituales reichen bis in die Altsteinzeit zurück und werden auch den Menschen in der Jungsteinzeit in Mesopotamien bekannt gewesen sein, da auch die Indogermanen (Skythen, Griechen, Slawen u.a.) die Schwitzhüttenzeremonie kannten.

Bei der Formulierung der Mythe über den Kampf zwischen Marduk und Tiamat haben die Babylonier offenbar sowohl auf das Motiv der Zerstückelung des Urriesen als auch auf das Bild der Urgöttin als der ganzen Welt, also auf die mythologische Schwitzhütten-Geographie, zurückgegriffen.

Möglicherweise ist aufgrund der gewaltsamen Unterwerfung der Tiamat durch Marduk das frühere Bild der lebenden Urgöttin durch das Bild einer zerstückelten Urgöttin ersetzt worden.

In diesem Zusammenhang sind wahrscheinlich auch die einzelnen Aspekte dieses Bildes ins Kriegerische umgedeutet worden: Aus den weinenden Augen der Tiamat wurden die von Marduk angestochenen Augen, aus den milchspendenden Brüsten der Tiamat wurde angestochene Brüste, aus der Nabelschnur zwischen Erde und Himmel in der Mitte der Welt eine aus Tiamats Gebärmutter geformte Himmelssäule usw. Dabei hat vermutlich auch die Erinnerung an einen zerstückelten Urriesen eine Rolle gespielt.

VI 2. d) Juden

Der heute bekannteste Urmensch und Erdling ist sicherlich Adam aus der Bibel. Auch er hat eine „Schwester"-Frau: Eva. Sie bilden ein ebensolches Paar wie in Ägypten Shu und Tefnut und in Indien Yama und Yami.

Auch in der Bibel beginnt die Schöpfung mit der ungetrennten Einheit zwei verschiedener Elemente: mit den noch vermischten Elementen Erde und Wasser. Gottes erste Tat war es, diese beiden zu trennen.

Ein ähnliches Brüderpaar wie die ägyptischen Zwillingsbrüder Osiris und Seth sind in der Bibel Kain der Hirte und Abel der Ackerbauer.

Auch Adam wurde von Gott aus Lehm erschaffen – wie in den ägyptischen Mythen durch den Widdergott Chnum.

VI 2. e) Elam

Das wichtigste Götterpaar waren der Erdgott Humban und die Muttergöttin Pinkir, die vermutlich wie Nut, Inanna und Ishtar eine Himmelsgöttin war. Sie werden Shu und Tefnut sowie Yama und Yami entsprechen. Auch bei ihnen wurde die Muttergöttin als Kuh aufgefaßt.

Über die elamitischen Mythen ist nur wenig bekannt.

VI 2. f) Harappa

Ähnlich steht es mit der Harappa-Kultur im Tal des Indus, deren Bewohner eng mit denen von Elam verwandt sind. Sie benutzten eine Schrift, die leider noch nicht entziffert worden ist, sodaß man auf die Bilder aus dieser Kultur angewiesen ist.

Es finden sich Rinderpaare, eine Frau mit zwei Tigern sowie ein Mann mit zwei Tigern.

Die Rinderpaare könnten den beiden Rindern entsprechen, von denen die vier Hörner stammen, auf denen Ymirs Schädel ruht – aber das ist nur eine vage Vermutung.

Die Frau mit den beiden Tigern ist hingegen bei den nostratischen Völkern gut bekannt. Sie ist die Muttergöttin, die auf einem Thron sitzt und von zwei Panthern, Löwen oder Tigern begleitet wird. Sie ist die Beschützerin ihres Stammes. Ihr ursprünglicher nostratischer Name ist „Aset" („Thron"), wovon sich u.a. die Göttinnennamen Isis, Astarte und Ashtoreth ableiten. Bei den Germanen ist diese Löwen-Thron-Göttin zu Freya geworden, deren Streitwagen von zwei Katzen gezogen wird.

VI 2. g)   Kreta

Auch die kretische Schrift ist noch nicht entziffert worden, sodaß man auch hier nur die Bilder aus dieser Kultur durchforschen kann.

Die „Frau mit den zwei Löwen" ist ohne Mühe als die Thron-Muttergöttin wiederzuerkennen. Die beiden Löwen sind manchmal auch zwei geflügelte Greife.

Die Zweizahl ist in Kreta allgemein bei der Frau/Priesterin/Göttin häufig: Es erscheinen oft zwei Priesterinnen gemeinsam, die häufig in jeder Hand eine Schlange halten. Auch die Doppelaxt ist ein zweifaches Zeichen der Muttergöttin. Möglicherweise gab es auch ein Rinderpaar – zumindest fand sich ein Tonmodell eines dreirädrigen Wagens, an dem zwei große und ein kleiner Rinderkopf modelliert waren.

VI 2. h)   Jakob Grimm: Deutsche Mythologie

Nach einer chaldäischen cosmogonie befahl Belus (der Sonnengott-Göttervater, der auch hier dem Urriesen gleichgesetzt worden ist), *als er die finsternis durchschnitten, himmel und erde gesondert hatte, sein eignes haupt abzuschlagen, und das blut in die erde rinnen zu lassen; hieraus entsprang der vernünftige mensch.*

VI 2. i)   Die nostratische Ymir-Mythe

Durch die Urriesen-Mythen der Ägypter, Semiten (Juden), Harrappa-Elamiter und Kreter wird vor allem die zweifache Muttergöttin, die Diesseits und Jenseits verkörpert, deutlicher in die Urriesen-Mythe miteinbezogen.

> Am Anfang war das Urwasser, das die Muttergöttin war. Sie war zweifach: Eine ihrer Seiten war das Diesseits und die andere das Jenseits. Aus diesen Wassern erhob sich am Anfang der Zeit das erste erschaffene Wesen: ein Mensch, der riesengroß war.
>
> Er hatte ein Rind als Begleiter und trug selber Hörner auf seinem Kopf, da er der Urahn im Jenseits war: Für ihn war bei seiner Bestattung ein Stier geopfert worden, um seine Zeugungskraft zu sichern, die er bei der Wiederzeugung brauchte, die seiner Wiedergeburt durch die Muttergöttin vorausging. Die Muttergöttin wurde oft als Kuh dargestellt, um ihre Fruchtbarkeit zu versinnbildlichen.
>
> Das Erste Wesen erschuf aus sich heraus das Zweite Wesen, das sein ihm meistens feindlich gesonnener Zwillingsbruder oder seine mit ihm als Frau verbundene Zwillingsschwester war. Diese Zwillingsschwester wird ursprünglich die

Jenseitsgöttin gewesen sein, die den Urriesen wie alle Ahnen im Jenseits wiedergeboren hatte.

Der eine der beiden Ersten Menschen blieb mit der Unterwelt und mit der Erde verbunden – aus ihm wurde die gesamte Welt erschaffen. Nach seinem Tod wurde er der gehörnte Herr der Unterwelt.

Der zweite der beiden Ersten Menschen stand als Steinsäule in der Mitte der Welt und wurde riesengroß, sodaß er Himmel und Erde, Diesseits und Jenseits in der Mitte der Welt miteinander verband. Schließlich wurde er jedoch umgestürzt, sodaß die ursprüngliche Verbindung zwischen Diesseits und Jenseits unterbrochen wurde und die Menschen daher sterblich wurden.

Der Himmel wurde zusätzlich in den vier Richtungen von je einem hilfreichen Wesen gestützt.

Der zweite Mensch wurde manchmal auch zu dem König der Menschen im Diesseits – so wie der Erste Mensch zum König der Toten im Jenseits geworden war.

Der Kinder des zweiten der beiden Zwillinge waren selber Riesen, deren Kinder die Götter waren, die dann wiederum die Menschen zeugten.

Aus den Körperteilen des Ersten Wesens, das als Urgöttin oder als Urriese erscheint, wurde die Welt erschaffen.

VI 3. Der Urriese bei den borealischen Völkern

Der Kreis der Völker, deren Mythen man auf Ymir-Themen hin untersuchen kann, läßt sich noch ein weiteres Mal erweitern. Von den altsteinzeitlichen Rentierjägern in der Tundra vor dem südlichen Rand der Gletscher der letzten Eiszeit in Europa und Asien stammen die Völker ab, deren Sprache heute Eurasiatisch oder Borealisch („Nördliche Sprache") genannt wird.

Sie sind die gemeinsamen Vorfahren u.a. der nostratischen Völker, der Chinesen und der Indianer. Der Zeitpunkt der Trennung in Einzelvölker läßt sich nicht mehr ganz genau bestimmen, aber sie muß spätestens um 14.000 v.Chr. stattgefunden haben, d.h. gegen Ende der Eiszeit, als die Rentierjäger in Südfrankreich und in Nordspanien bereits seit 20.000 Jahren in den tiefen Höhlen in ihren Jagdgebieten Malereien angebracht haben.

Vermutlich liegt diese Trennung in Einzelvölker jedoch schon sehr viel weiter zurück, da die damaligen Menschen nicht ständig von der Pazifikküste bis nach Spanien und zurück gewandert sein werden. Diese Differenzierung kann jedoch auch nicht vor 50.000 v.Chr. liegen, da der Homo sapiens erst um diese Zeit von Afrika her in Eurasien eingewandert ist. Da der Homo sapiens um ca. 30.000 v.Chr. Australien besiedelt hat, wird diese Differenzierung wohl um ca. 40.000 v.Chr. stattgefunden haben.

Auch bei den borealischen Völkern lassen sich „Ymir-Mythen" finden – insbesondere bei den Chinesen und bei den Indianern. Dies mag auch daran liegen, daß die Mythen dieser beiden Volksgruppen besonders gut bekannt sind, da die schriftliche Überlieferung bei den Chinesen weit zurückreicht und die Indianer bis in die historische Zeit hinein zumindestens in Nordamerika eine weitgehend altsteinzeitliche Kultur und somit auch altsteinzeitliche Mythen bewahrt haben.

Das Verwandtschaftsverhältnis innerhalb der eurasiatischen Völker ist in der Übersicht auf der folgenden Seite dargestellt. In dieser Liste sind die Völker, von denen Ymir-Mythen bekannt sind, wieder grau hinterlegt und ebenso die Vorgänger-Völker bis zurück zu der gemeinsamen Wurzel dieser Völker mit Urriesen-Mythen.

Die weite Verbreitung dieser Mythen bei den verschiedensten Zweigen der borealischen Völker macht es sehr wahrscheinlich, daß die Wurzeln der Ymir-Mythe bis weit in die Altsteinzeit zurückreichen.

Da der Homo sapiens erst um 100.000 v.Chr. entstanden ist und er sich erst ab ca. 50.000 v.Chr. stärker in Einzelvölker differenziert hat, läßt sich die Geschichte der mythologischen Motive in der Regel nicht weiter als bis in die späte Altsteinzeit um ca. 50.000 v.Chr. zurückverfolgen.

Die Zahlen in der folgenden Tabelle geben an, wann eine Sprache und somit auch ein Volk selbständig geworden ist, d.h. wann sich das Vorgänger-Volk in zwei Völker aufgeteilt hat, wodurch dann die beiden Nachfolger-Völker entstanden sind.

Borealisch spätestens -14.000	Ostborealisch -10.500	Austrisch -7.000	Austro-Thai -5.000					Thai
								Austronesisch (Madagaskar/Indonesien)
			-6.500					Miao-Yao (Südchina)
								Austroasiatisch (Südostasien)
		Dene-Kaukasisch 9.000						Eyak-Athapasken (Indianer)
			-8.000					Baskisch
				-6.000				Nordkaukasisch
					-5000			Yeniselisch (Zentralsibirien)
								Chinesisch/Tibetisch
Nostratisch (Westborealisch) -13.000	Eurasiatisch -10.000							Kartwelisch (Georgien)
			-9.000					Indogermanisch
				-7.000				Uralisch (Finnisch, Ungarisch u.a.)
					-6.500			Elamo-Drawidisch
						-6.000		Altaisch (Türkisch, Mongolisch u.a.)
							Paläo-Sibirisch -5.500	Eskimo-Aleutisch -2.000	Aleuten
									Eskimos
								-4.000	Nivkh (Westsibirien)
								-3.000	Tschuktscho-Kamtschaktisch (Nordostsibirien)
									Yukaghir (Ostsibirien)
	Afroasiatisch -10.000							Omotisch (Äthiopien)
			-9.500					Kuschitisch (Nubien)
								Sumerisch
				-7.000				Semiten
					-6.500			Chadisch (Westafrika)
						-5.500		Berber
								Ägypter

VI 3. a) China

Das Erste Lebewesen in den chinesischen Mythen ist der Urriese Pan Gu, dessen Name „uralter, wassergefüllter Abgrund" bedeutet. Vor ihm existierte nur das Wasser der Urgöttin. Er ist gehörnt und in Felle gekleidet.

In den Urwassern schwamm am Anfang der Zeit nur das Ei des Tao, das in sich in vollkommenem Gleichgewicht die beiden Gegensatzergänzungen Yin (Erde) und Yang (Himmel) enthielt. Als Yin und Yang aufeinandertrafen, entstand Pan Gu. Er wuchs 18.000 Jahre lang jeden Tag 3m und wurde dadurch nach und nach zur Himmelssäule, die Himmel (Yang) und Erde (Yin) trennte, die während dieser Zeit ebenfalls täglich 3m wuchsen.

Falls die Chinesen von einem gleichmäßigen Wachstum in Länge und Breite ausgegangen sein sollten, ergibt sich daraus eine Erdoberfläche mit einer Seitenlänge von 18.000 (Jahren) · 365 (Tage) · 3m = 389.000km². Dies liegt erstaunlich nah an der tatsächlichen Größe der Erdoberfläche von 506.000km².

Bei diesem Wachstum der Welt halfen vier Tiere in den vier Himmelsrichtungen dem Pan Gu dabei, den Himmel stabil zu halten: eine Schildkröte, ein Qilin (Giraffe), ein Phönix (Kranich) und ein Drache. Diese vier Tiere entsprechen den vier tier- und menschenköpfigen Horussöhnen bei den Ägyptern sowie den vier Zwergen bei den Germanen, die ebenfalls in den vier Himmelsrichtungen den Himmel stützen.

Yin und Yang entsprechen bei den Germanen Niflheim und Muspelheim und bei den Ägyptern und den Semiten Erde und Wasser. Letztlich stellen diese Gegensätze alle das Diesseits und das Jenseits dar.

Der Ur-Ergänzungsgegensatz: Diesseits und Jenseits		
Volk	*Diesseits*	*Jenseits*
Germanen	Muspelheim (belebendes Feuer)	Niflheim (Unterweltswasser)
Ägypter	Urinsel (Atum)	Urwasser (Muttergöttin)
Semiten	Erde	Wasser
Chinesen	Yin (Erde)	Yang (Himmel)

Pan Gu wurde zerstückelt und aus seinen Teilen die Welt erschaffen. In anderen Versionen legte er sich einfach nieder – so wie in der hurritsch-hethitischen Mythe der steinerne Säulenriese Ullikummi schließlich umgestoßen wurde. Durch dieses Bild wird beschrieben, daß Diesseits und Jenseits ursprünglich einmal verbunden gewesen sind, aber schon früh getrennt wurden. Dieses Motiv ist auch von den Ägyptern bekannt, die als Ursache für diese Trennung zum einen die Geburt des Himmelssäulengottes Shu berichten, der seine Eltern Geb (Erde) und Nut (Himmel) zu Beginn der Zeit trennte. In späteren ägyptischen Mythen wurde eine Aufstand der Menschen gegen die Göttern als Ursache für diese Trennung verantwortlich gemacht.

Das Urbild für diese Mythe wird wohl das Durchtrennen der Nabelschnur nach der Geburt eines Kindes sein.

Solche Trennungsmythen von Himmel und Erde am Anfang der Zeit sind auf der ganzen Erde bekannt und werden daher wohl zu den altsteinzeitlichen Vorstellungen über die Welt gehören.

Die Ähnlichkeit der Erschaffung der Welt aus den Gliedern des Pan Gu mit der Erschaffung der Welt aus dem zerstückelten Ymir ist deutlich:

Ymir und Pan-Gu		
Körperteil	*wird zu*	
	Ymir	*Pan Gu*
Knochen	Berge	wertvolle Metalle
Knochenmark		Diamanten
Zähne, Kiefer, Knochenstückchen	Steine	
Fleisch	Erde	Berge
Muskeln		Erde
Schädel	Himmel	Himmel
Blut („Schweiß")	Wasser, Meer	Flüsse
Hirn	Wolken	
Haar	Bäume	Wälder, Gebüsch
linkes Auge		Sonne
rechtes Auge		Mond
Brauen	(Wall rings um) Midgart	
Atem		Wind
Bart		Sterne, Milchstraße
Stimme		Donner
Flöhe im Pelz		Tiere, Fische
Blut, Knochen; Maden in Ymir	Zwerge	

VI 3. b) Indianer

Das Motiv des Brüderpaares ist in den indianischen Mythen sehr häufig. In den Mythen der Indianervölker der Algonkingruppe im Norden der USA und im Süden Kanadas gibt es oft einen Weißen Manitou und einen Schwarzen Manitou, die das Leben und den Tod darstellen. Beide „Großen Geister" wurden als Zwillinge aufgefaßt.

Die Dakotas haben eine Weltordnung, in der sich die ursprüngliche Einheit zunächst in einen Urgegensatz, diese wiederum in je zwei weitere Gegensätze, also vier Grundprinzipien, und diese schließlich zu den sechzehn grundlegenden Dingen, aus der die Welt besteht, aufteilt. Dieses Konzept hat eine sehr große Ähnlichkeit mit der Yin-Yang-Lehre der Chinesen, die diesen Gegensatz auch durch eine schrittweise Teilung des Urgegensatzes von Yin und Yang in eine Gruppe von vier, acht und schließlich vierundsechzig Grundprinzipien aufteilt, die die Hexagramme des I Gings sind. Der Gegensatz als Urprinzip ist in beiden Kulturen zu dem wesentlichen Konzept der Beschreibung der Welt geworden.

Bei den Hopis wirkten bei der Erschaffung der Welt die Zwillingsbrüder Po-okan-hoya und Palo-ngao-hoya mit.

Bei den Sumo-Indianern erschafft der Urmensch Papang zusammen mit seinem jüngeren Bruder Hügel, Wälder und Flüsse und wird schließlich selber zur Sonne.

In dem Buch Popul Vuh der Mayas wird beschrieben, wie die Zwillingsbrüder Hunahpu und Xbalanque in die Unterwelt reisen, um dort die Götter des Todes zu besiegen. Nachdem ihnen dies gelungen war, wurden sie schließlich in Sonne und Mond verwandelt.

Bei den Azteken reisten die gefiederte Schlange Quetzalcoatl und ihr Zwillingsbruder, der Hundegott Xolotl in die Unterwelt, um aus den Knochen der in einer Sintflut vernichteten Menschen diese neu zu erschaffen. Dies ist die indianische Variante der biblischen Sintflut und des aus Ymir herausfließenden Blutmeeres, in dem fast alle Riesen ertranken. Auch diese Flut ist offenbar ein altsteinzeitliches Motiv, das möglicherweise auch durch das Fruchtwasser in der Gebärmutter mitinspiriert worden ist.
Die Entsprechung bei den Mayas zu dieser Mythe wird in dem Buch Popol Vuh beschrieben, in dem die Zwillinge Hunahpu und Xbalanque in die Unterwelt reisen.
Der Urgott der Azteken hieß Ometeotl („Zwei-Gott"). Er bestand aus den Zwillingen Ometecutli („Zwei-Herr") und Ometehuatl („Zwei-Herrin"). Als erstes erschuf Ometeotl vier Götter, die den vier Himmelsrichtungen entsprechen und die die vier Tezcatlipocas genannt werden. Sie werden ursprünglich vier Aspekte eines einzigen

Gottes gewesen sein.

Tezcatlipoca bedeutet „Rauchender Spiegel", was sich darauf bezieht, daß man beim Hellsehen, bei dessen Erlernen auch die Azteken Kristallkugeln, Spiegel u.ä. benutzten, anfangs oft einen milchigweißen Nebel („Lebenskraft") sieht, der von den Indianern allgemein „Rauch" genannt wird. Als hellsichtiger Gott konnte Tezcatlipoca in die Herzen der Menschen und in die Zukunft sehen. Sein Jaguarfell ist ein Hinweis darauf, daß Tezcatlipoca eng mit dem Schamanismus verbunden ist, da das Fell des Großraubtiers bei fast allen Völkern ein Symbol für die magische Stärke des Schamanen ist.

Tezcatlipoca ist auch der Gott des Nordens, der Nacht und der schönen Frauen, was ein Hinweise darauf sein wird, daß er ein Gott des Jenseits war, da der Weltenbaum bei den Azteken wie bei den Indogermanen im Norden unter dem Polarstern stand, die Nacht ein Symbol des Jenseits war und die schönen Frauen evtl. die Göttin der Wiedergeburt (und der Wiederzeugung) sein könnten. Dieser Jenseitsbezug paßt auch zu der Auffassung des Tezcatlipoca als Schamanengott, da ein Schamane vor allem ein Mensch ist, der bewußt in das Jenseits reisen kann.

Tezcatlipoca war die Einheit von vier Tezcatlipoca-Göttern, die den vier Himmelsrichtungen entsprachen:

Die vier Tezcatlipoca-Götter				
Name	*Bedeutung*	*Richtung*	*Farbe*	*Charakter*
Quetzalcoatl	„Federschlange"	Westen	gelb	erschuf die Menschen; Wächter der Weisheit; Mais, Licht, Leben, Fülle
Xipe-Totec	„Herr Geschundener"	Osten	rot	Frühling, Wiedergeburt
Tonahtiu	„Sonne"	Süden	blau	Sonnengott, Kampf in der Unterwelt
Mictlantecuhtli	„Herr der Toten"	Norden	schwarz	Nacht, Tod

Am Anfang der Zeit wurde in jeder der vier Himmelsrichtungen ein Baum gepflanzt, der den Himmel trug – und wohl auch unter dem Schutz dieser vier Gottheiten stand. Diese vier Götter entsprechen offensichtlich den vier Zwergen bei den Germanen, den vier Horussöhnen der Ägypter und den vier Tieren der Chinesen.

Die Mitte des Himmelsjenseits Topan befand sich dort, wo der Polarstern steht, also direkt über dem Nordpol. Auch diese mythologische Geographie ist sowohl von den

Indogermanen als auch von den Ägyptern gut bekannt. Offenbar ist bereits in der Altsteinzeit anhand der scheinbaren Bewegung der Fixsterne die Erdachse bzw. die „scheinbare Himmelsachse" erkannt worden, woraus man geschlossen hat, daß sich dort die Verbindung zwischen Himmel und Erde befinden muß.

Diese vier Tezcatlipoca-Götter erschufen zunächst das Wasser und den Drachen Tlaltecuhtli, der eine Mischung aus Schlange, Frosch und Krokodil war und auch als Frau erscheinen konnte. Sie schwamm in einer „Lücke des Nichts", die sehr an das germanische Ginnungagap („gähnender Abgrund") erinnert. Diese „Lücke" ist letztlich die Trennlinie zwischen dem Reich der Lebenden und dem Reich der Toten.

In der anfänglichen Dunkelheit erschufen die vier Tezcatlipoca-Götter die Riesen – dieses Motiv ist vor allem von den Germanen und den Griechen gut bekannt. Es ergab sich von selber aus dem Motiv des Urriesen bzw. der Erdgöttin, denn die Kinder des Urriesen bzw. der Urgöttin mußten ähnlich groß wie dieses Urwesen selber sein, aber allmählich an Größe und Macht abnehmen, bis aus ihnen schließlich die Menschen wurden.

Ometecutli und Ometehuatl erschufen auch die Welt und die Seelen der Menschen. Sie herrschten zusammen über Omeyocan („Zwei-Welt"), das aus dem Diesseits Cemanahuatl („Erdfrau") und aus dem Jenseits Topan („Himmel") bestand.

Als Totengott wurde Ometeotl als der Skelettgott Huitzilopochtli dargestellt. Sein Name bedeutet „Kolibri des Südens" und bezieht sich zum einen auf den Süden als der Richtung, in der der Eingang ins Jenseits liegt, und zum anderen auf die Seele, die allgemein als Vogel angesehen wird.

Das weltweit verbreitete Seelenvogel-Motiv ist dadurch entstanden, daß man beim Nahtod-Erlebnis seinen eigenen Körper verläßt, über ihm schwebt und den eigenen materiellen Körper unter sich liegen sieht („Astralreise", „out of body"). Die Menschen, die nach einem solchen Erlebnis erlernten, willentlich ihren Körper zu verlassen und dadurch im Bereich der Seelen („Astralkörper") bewußt und souverän handeln zu können, erlangten dadurch die Fähigkeit, Kontakt mit den verstorbenen Ahnen herzustellen. Solche Menschen finden sich in allen frühen Religionen als Schamanen.

In einer alten Mythe wird berichtet, daß Quetzalcoatl und Tezcatlipoca nach der Großen Flut die Welt neuerschaffen wollten und nur ein riesiges Wasser vorfanden, in dem das Ungeheuer Tlaltecuhtli schwamm, das eine Mischung aus Krokodil, Kröte und Schlange war. Es hockte manchmal auch in der Gestalt einer gebärenden Frau in den Wassern und hatte ein weit aufgerissenes Maul mit Feuersteinmessern als Zähne und einer langen Zunge. Aus ihrem Mund floß Blut. Sie hatte auch an ihren Ellbogen und an ihren Knien und an anderen Stellen ihres Körpers Mäuler, die wie Totenköpfe aussahen und sie hielt in ihren beiden Händen je einen Totenkopf. An ihren Händen und Füßen hatte sie lange Krallen.

In einer Erzählung wird berichtet, daß Quetzalcoatl und Tezcatlipoca zunächst vier große Bäume erschufen, um mit ihnen Himmel und Erde zu trennen. Dann ließ Tezcatlipoca einen seiner Füße als Köder für Tlaltecuhtli ins Wasser hängen. Tlaltecuhtli biß den Fuß ab, aber Tezcatlipoca ergriff den Drachen, der in dem folgenden Kampf seinen Unterkiefer verlor und daher nicht mehr unter Wasser tauchen konnte. Dann erschufen die beiden Götter auf dem Rücken des Drachen die Erde.

In einer anderen Mythe versuchten die beiden Götter in diesem Urwasser die Welt zu erschaffen, aber die gefräßige Tlaltecuhtli zerstörte sofort alles wieder, sodaß sie Schlangengestalt annahmen und den Drachen zerrissen.

In einer dritten Überlieferung verwandelten sich Quetzalcoatl und Tezcatlipoca in zwei Riesenschlangen und zogen Tlaltecuhtli an ihren Händen und Füßen aus dem Wasser heraus, um aus ihrem Körper die Erde zu erschaffen. Sie zogen jedoch so heftig, daß Tlaltecuhtli Hals zerriß und sie in zwei Teile zerbrach.

Nun erschufen Quetzalcoatl und Tezcatlipoca aus den Teilen der Tlaltecuhtli die Welt: aus ihren Schultern entstanden die Berge; aus ihrer Nase die Bergtäler; ihr Mund wurde zu den Flüssen und großen Höhlen; ihre Augen wurden zu Quellen und kleinen Höhlen; aus ihren Haaren entstanden die Bäume, das Gras und die Blumen; aus den feinen Haaren auf ihrer Haut entstand das feine Gras und die kleinen Blumen; aus ihrem Kopf erschufen die beiden Götter den Himmel; aus ihrem Mund heraus wuchs der Baum des Lebens, in dessen Wipfel ein (Seelen-)Vogel sitzt, von dem Flammen oder Rauch (Lebenskraft) aufsteigt. Bei den Mayas wächst der Weltenbaum nicht aus dem Mund des Krokodils, sondern entsteht aus seinem Schwanz. Aus Tlaltecuhtli entstanden alle Dinge – auch die Tiere, die Menschen, die Ungeheuer und die Sterne.

Obwohl die Urgöttin zerstückelt worden war, lebte sie trotzdem weiter: Sie ist die Gesamtheit der Welt. Dies wird auch durch ihren Namen deutlich, der „Herr(-in) Erde" bedeutet.

Die Welt befindet sich somit im Inneren des Drachen Tlaltecuhtli, der im Urwasser schwimmt – die aztekische Urgöttin ist zugleich das Erschaffene und trägt das Erschaffene in sich. Darin gleicht sie der babylonischen Göttin Tiamat.

Tlaltecuhtli gebiert (wie die ägyptische Göttin Nut) jeden Morgen die Sonne und verschlingt sie am Abend wieder. Der Diesseits-Aspekt Tlaltecuhtlis zeigt sich auch darin, daß sie von den Hebammen bei schwierigen Geburten um Hilfe angerufen wurde. Ihr Jenseits-Aspekt wird u.a. dadurch deutlich, daß sie z.T. auf den 4m·3,5m großen Deckplatten auf den Grabkammern der aztekischen Königen dargestellt wurde.

Sie ist allgemein die Göttin des Lebens und des Todes – daher gehört bei den Azteken die Zahl „2" zu ihr: Diesseits und Jenseits. Die Zuordnung der „2" zu Tlaltecuhtli weist u.a. darauf hin, daß sie als Göttin des Diesseits und des Jenseits auch der Ursprung des Ometeotl („Zwei-Gott") ist, der aus Ometecutli („Zwei-Her") und Ometehuatl („Zwei-Herrin") bestand, die zusammen Omeyocan („Zwei-Welt") erschufen: das Diesseits Cemanahuatl („Erdfrau") und das Jenseits Topan („Himmel"). Der Name „Cemanahuatl" („Erdfrau") ist zudem mit dem Namen „Tlaltecuhtli" („Herr(-in) Erde") fast identisch.

Die meisten Darstellungen der Tlaltecuhtli wurden vergraben oder befinden sich auf der Unterseite von Statuen o.ä. Da Tlaltecuhtli die Erde selber ist, sollten ihre Darstellungen mit der Erde in Kontakt sein und den Dingen, auf denen sie dargestellt wurden, ein sicheres Fundament geben.

Dieser Mythe liegt vermutlich das Bild der Welt als Urgöttin zugrunde, das seinen rituellen Ausdruck in den Zeremonien in der Schwitzhütte findet, die den Bauch der Großen Mutter verkörpert. Dieses Ritual wird in Mittelamerika noch heute durchgeführt.

Die Zerstückelung der Urgöttin hat ihren Ursprung wahrscheinlich in der Zerstückelung des Urriesen. Es ist bemerkenswert, daß in der aztekischen Mythe betont wird, daß Tlaltecuhtli auch nach ihrer Zerstückelung noch immer lebt. Dies macht deutlich, daß dem Bild der Welt als der zerstückelten Großen Mutter das Bild der Welt als der lebenden Großen Mutter vorausgegangen sein muß.

Diese Entwicklung läßt sich am besten dadurch erklären, daß es zunächst das Bild der Welt als Urgöttin gegeben hat und daß dann, als die Menschen selbstbewußter und eigenständiger wurden, der Urahn an die Stelle der Großen Mutter trat und das Motiv der Zerstückelung mit in die neu entstehende Mythe einbrachte. Diese mythologische Szene stammte aus dem Bestattungsritual (Schädelkult, Kannibalismus).

Der Übergang von der Großen Mutter als Zentrum auf den Urahn/Urriesen als Zentrum des Weltbildes wird vermutlich zum Beginn der Jungsteinzeit stattgefunden haben. Dies wird daran gelegen haben, daß die Menschen durch die Erfindung des Ackerbaues, der damit verbundenen Erschaffung von „Kultur-Inseln" in der Natur, und der Entstehung größerer Gemeinschaften eine deutlich größere Eigenständigkeit, Unabhängigkeit von der Natur und allgemein eine größere Macht erlangt haben.

Im Gegensatz zu Mittelamerika, wo die Indianer den Schritt aus der Altsteinzeit in die Jungsteinzeit und weiter zum Königtum gemacht haben, sind die Indianer in Nordamerika altsteinzeitliche Jäger geblieben. Entsprechend haben sie auch das Bild der Großen Mutter bewahrt, die in den Ritualen durch die Schwitzhütte verkörpert wird.

Die Zerstückelung des Urwesens selber konnten nur die Nachkommen der Urmutter bzw. des Urriesen, die später zu den Göttern wurden, durchgeführt worden sein. In dieser Form ist die Mythe von den Azteken überliefert worden.

Die Schlangen-, Frosch- oder Krokodilgestalt wird Tlaltecuhtli dadurch erhalten haben, daß die Unterwelt ein Großes Wasser gewesen ist. Diese drei Tiere könnten zudem sowohl Symbole des Jenseitsweges, Helfer auf diesem Weg als auch die Jenseitsreisenden selber gewesen sein. Da sich in den Mythen oft der Weg und das Ziel miteinander verbinden, könnte die Große Mutter auch die Gestalt des Weges zu ihr bzw. der Wesen auf diesem Weg übernommen haben und so zur Schlangen-, Krokodil- und Froschgöttin geworden sein. Auf dieselbe Weise wird Tlaltecuhtli auch die Gestalt einer Baumgöttin erhalten haben, denn der Weltenbaum als Weg ins Jenseits ist auch der Weg zu der Großen Mutter.

Tlaltecuhtlis Darstellung als ein schreckenerregendes Wesen wird vermutlich aus der Zeit stammen, in der sich bereits das Motiv des Kampfes der Götter mit ihr ausgebildet hatte.

Bei der Entstehung des schrecklichen Aussehens der Tlaltecuhtli wird auch die Angst vor dem Tod eine Rolle gespielt haben, die auf der ganzen Erde die auf der Reise ins Jenseits helfenden Wesen nach und nach zu gefürchteten Wesen hat werden lassen. Auf diese Weise ist bei den Germanen aus dem Wolf, der die Toten ins Jenseits führt, der Fenris-Wolf und der Höllenhund Garm geworden und aus demselben Grund hat sich auch die germanische Jenseitsgöttin in die „gute" Freya und die „böse" Hel aufgespalten.

Entstehung des Motivs der „zerstückelten Urgöttin"				
Altsteinzeit		·=>	*Jungsteinzeit*	
„Menschen in der Großen Mutter": - die Große Mutter ist die Welt, - Ritual: Schwitzhütte = Große Mutter		·=>	die Welt entsteht aus der zerstückelten Großen Mutter (Tiamat, Tlaltecuhtli u.a)	Kampf der Götter mit Tlaltecuhtli
Ahnen wurden zerstückelt: - Aufbewahrung des Totenschädels, - ritueller Kannibalismus, d.h. Verspeisen des Toten, um dessen Kraft für die Sippe zu erhalten	·=>	der zerstückelte Urahn wird den Teilen der Welt gleichgesetzt (Ymir, Pan Gu u.a.)		·=>

In der folgenden Übersicht werden die vier Zuordnungen der Körperteile des Urwesens zu den Bestandteilen der Welt, die von den Germanen, den Babyloniern, den Chinesen und den Azteken überliefert worden sind, verglichen.

Dabei wird noch einmal deutlich, daß die Körperteile der Urriesen, also Ymir und Pan Gu auf eine eher „technische" Weise einzeln ihrem Charakter nach den Teilen der Welt gleichgesetzt worden sind, während die Große Mutter als „Große Frau" auf eine organische Weise insgesamt der Welt verglichen worden ist.

Die Entstehung der Welt aus einem Urwesen			
Körperteil	*wird zu:*		
	Große Mutter		*Urahn (Urriese)*	
	Tiamat	*Tlaltecuhtli*	*Ymir*	*Pan Gu*
Rücken	Erde (unten)			
Schultern		Berge		
Knochen			Berge	edle Metalle
linke Rippenreihe	Osthimmel			
rechte Rippenreihe	Westhimmel			
Zähne, Kiefer, Knochenstückchen			Steine	
Knochenmark				Diamanten
Fleisch			Erde	Berge
Muskeln				Erde
Schädel, Kopf	Berge im Norden	Himmel	Himmel	Himmel
linkes Auge	Quelle des Tigris	Quellen, kleine Höhlen		Sonne
rechtes Auge	Quelle des Euphrat	Quellen, kleine Höhlen		Mond
Brauen			(Wall rings um) Midgart	
Nase		Bergtäler		
Haar		Bäume, Gras, Blumen	Bäume	Wälder, Gebüsch
kleine Haare auf der Haut		feines Gras und kleine Blumen		
Bart				Sterne, Milchstraße

Körperteil	wird zu:			
	Große Mutter		Urahn (Urriese)	
	Tiamat	*Tlaltecuhtli*	*Ymir*	*Pan Gu*
Mund, Speichel	Wolken, Regen, Nebel	Flüsse, große Höhlen; aus ihm wächst der Weltenbaum		
Blut („Schweiß")			Wasser, Meer	Flüsse
Hirn			Wolken	
Gebärmutter	Himmelsstütze			
Leber	Polarstern			
Brüste	Quellen der Tigris-Nebenflüsse			
Schwanz (Schlange/Krokodil)	Milchstraße	Weltenbaum		
Atem				Wind
Stimme				Donner
Blut, Knochen; Maden in Ymir			Zwerge	
Flöhe im Pelz				Tiere, Fische
?	zwölf Tierkreis-Sternbilder			
?	Sonne und Mond			
?		Tiere		
?		Ungeheuer		
?		Menschen		
?		Sterne		

Diese aufgrund ihrer Länge etwas „unübersichtliche Übersicht" wird leichter zu erfassen, wenn man die feinen Differenzierungen und die unbekannten Zuordnungen fortläßt und Gruppen von ähnlichen Körperteilen wie z.B. Knochen zusammenfaßt:

Die Entstehung der Welt aus einem Urwesen
(vereinfachte Übersicht)

Körperteil	wird zu:			
	Große Mutter		*Urahn (Urriese)*	
	Tiamat	**Tlaltecuhtli**	**Ymir**	**Pan Gu**
Rücken	Erde (unten)			
Schultern, Knochen, Zähne		Berge	Berge, Steine	edle Metalle
linke Rippenreihe	Osthimmel			
rechte Rippenreihe	Westhimmel			
Knochenmark				Diamanten
Fleisch, Muskeln			Erde	Erde, Berge
Schädel, Kopf	Berge im Norden	Himmel	Himmel	Himmel
Augen	Quellen	Quellen, Höhlen		Sonne, Mond
Brauen			Midgart-Wall	
Nase		Bergtäler		
Haar		Pflanzen	Bäume	Wälder, Büsche
Bart				Sterne
Mund, Speichel	Wolken, Regen	Flüsse, Höhlen		
Brüste	Quellen			
Blut („Schweiß")			Wasser, Meer	Flüsse
Hirn			Wolken	
Gebärmutter	Himmelsstütze			
Leber	Polarstern			
Schwanz	Milchstraße	Weltenbaum		
Atem				Wind
Stimme				Donner
Maden in Ymir			Zwerge	
Flöhe im Pelz				Tiere, Fische

Es gibt folgende Übereinstimmungen bei diesen Zuordnungen:

Übereinstimmungen		
	Körperteil	*Teil der Welt*
4 von 4 stimmen überein	-	-
3 von 4 stimmen überein	Knochen	Felsen und Berge
	Kopf, Schädel	Himmel
	Haare	Pflanzen
2 von 4 stimmen überein	Welt	Große Mutter (ursprünglich heil)
	Welt	zerstückelter Urriese
	Fleisch, Muskeln	Erde
	Augen	Quellen
	Speichel	Wasser

Die naheliegenden Zuordnungen, die sich aus der Form der Körperteile ergeben, sind am häufigsten. Die Ähnlichkeit zwischen den beiden Urriesen ist am größten. Die beiden Urgöttinnen sind sich am zweitähnlichsten. Es ist auch auffällig, daß sowohl Tiamat als auch Tlaltecuhtli als ein im Urwasser lebendes Ungeheuer dargestellt werden. Offenbar ist auch die Assoziation zwischen der Großen Mutter, der Wasserunterwelt und der Schlange als Weg in die Unterwelt schon sehr alt.

Insgesamt kann man aber vor allem erkennen, daß das Motiv der Großen Mutter als der Welt als Ganzes und die Erschaffung der Welt aus einem zerstückelten Urriesen Motive sind, die noch aus der Altsteinzeit stammen.

Ddie Zuordnung zwischen den Körperteilen des Urwesens und den Teilen der Welt scheint aus der Altsteinzeit zu stammen. Für diese Annahme spricht auch, daß der Vergleich der Welt mit dem Körper eines Menschen sehr archaisch ist und einer sehr einfachen Lebensweise entspricht.

VI 3. c)   Jakob Grimm: Deutsche Mythologie

Cochinchinesische überlieferungen melden, Buddha habe die welt aus dem leib des riesen Banio geschaffen, aus dem schädel den himmel, aus den augen sonne und mond, aus dem fleisch die erde, aus den knochen felsen und berge, aus den haaren pflanzen und gewächse.

Ähnliche macrocosmen begegnen auf Japan und Ceylon. kalmukische gedichte schildern, wie aus verwandlung einer bergriesin die erde, aus ihrem blut das meer hervorgetreten sei.

... ...

Selbst ein caraibischer mythus läßt Luguo, den himmel, auf die erde steigen und die stammeltern der menschen aus seinem nabel und schenkel, in welchen er einen schnitt gemacht hatte, hervorgehn.

VI 3. d)   Zusammenfassung

VI 3. d) α   Die borealische Ymir-Mythe

Durch den Vergleich der Mythen der nostratischen Völker mit denen der Chinesen und der Indianer zeigt sich, daß es in der späten Altsteinzeit, d.h. bei den borealischen Völkern die Vorstellung gegeben hat, daß die Welt der Leib der Große Mutter ist. Zu Beginn der Jungsteinzeit hat sich sowohl bei den nostratischen (westborealischen) als auch bei den ostborealischen Völkern ein größeres Selbstbewußtsein der Menschen ergeben. Dies führte dazu, daß nicht mehr die Große Mutter das Zentrum der Weltanschauung bildete, sondern der Mensch selber.

Dadurch trat der Urahn der Menschen an die Stelle der Großen Mutter und wurde zum Urriesen. Da der Urahn ein Toter im Jenseits war, verbanden sich auch die Bestattungsbräuche mit dem Urahn/Urriesen.

Aufgrund der Zerstückelung der Toten beim Kannibalismus und beim Abtrennen, Reinigen und Aufbewahren des Totenschädels veränderte sich die Mythe des Urwesens in einem wesentlichen Punkt: Während die Große Mutter als Welt ein heiles, ganzes lebendes Wesen war, das überall präsent war, war der Urriese ein Toter, dessen zerstückelte Teile die Welt bildeten.

In dieser Entwicklung spiegelt sich eine wesentliche Bewußtseinsveränderung der Menschen beim Übergang von der altsteinzeitlichen Jägerkultur zum jungsteinzeitlichen Ackerbau: Die Jäger leben als ein Teil der Natur in der Natur, während sich die Ackerbauern ihr gegenüberstellen und sie nach ihrem Willen formen. Der zerstückelte Urriese spiegelt die neugewonnene Distanz der Menschen gegenüber ihrer Umwelt wider.

Der Urriese wurde jedoch nicht zerstückelt, damit aus ihm die Welt erschaffen werden konnte, sondern er war aufgrund der Bestattungsbräuche bereits zerstückelt, weshalb seine einzelnen Körperteile den Teilen der Welt zugeordnet wurden. Trotzdem ist dies ein Übergang von einer „ganzheitlichen" zu einer „analytischen" Betrachtungsweise der Welt.

Das Motiv der Zerstückelung wurde auch auf den Anbau des Getreides übertragen, wodurch der bei der Ernte getötete und zerstückelte Korngott wie der ägyptische Osiris oder der sumerische Tammuz entstand.

Die Analogie zwischen den Teilen des menschlichen Körpers und der Welt hat sich insgesamt auf vielfache Weise weiterentwickelt.

Bei den Ägyptern wurde daraus u.a. eine Zuordnung der ägyptischen Gottheiten zu den Teilen des menschlichen Körpers. Sie wurden bei der Mumifizierung angerufen und mithilfe von miteingewickelten Amuletten herbeigebeten, damit sie jedes Körperteil der Mumie beschützten. Dies ist ein Beispiel für die unsystematische Zuordnung wie bei den Urriesen, die nur von Ähnlichkeiten ausgehen.

Eine etwas abstraktere Analogie ist die Zuordnung der zwölf astrologischen Häuser (die den Tierkreiszeichen entsprechen) zu den Teilen des menschlichen Körpers. Diese Analogie beginnt beim 1. Haus (Widder) mit dem Kopf, geht weiter mit dem 2. Haus (Stier), dem der Hals entspricht usw. und kommt schließlich über die dem 11. Haus entsprechenden Unterschenkel des 11. Hauses (Wassermann) zu dem 12. Haus (Fische), die zu den Füßen gehören. Dies ist daher ein Beispiel für eine systematische Zuordnung wie bei der Großen Mutter, die von dem Bild eines heilen, lebendigen Menschen ausgeht.

Der Ursprung der Ymir-Mythe in der Jägerkultur der Altsteinzeit wird auch durch einige Merkmale dieser Mythe bestätigt:

> Das Zerstückeln eines Lebewesens ist in einer Jägerkultur ein alltäglicher Vorgang (Jagdbeute) und daher dafür geeignet, die Welt zu beschreiben.

> Die Beschreibung der Welt mit dem Menschen selber bzw. mit seinen Körperteilen spricht für ein sehr einfaches Weltbild, in dem der Mensch und nicht kulturelle Errungenschaften wie z.B. der Getreideanbau im Mittelpunkt stehen.

> Der Urmensch selber wird als in Felle gekleidet dargestellt, was ein Merkmal von Jägerkulturen und von sehr einfachen Bauernkulturen ist.

> Der Kern der Mythe enthält nur sehr einfache, archaische Bilder: den Menschen, Feuer und Wasser bzw. Erde und Wasser, den Urgegensatz Diesseits und Jenseits sowie das Zerstückeln als einfache Dynamik.

Das Motiv der Feindschaft zwischen den beiden Zwillingsbrüdern scheint ein Motiv zu sein, daß auf die nostratischen Völker begrenzt ist, denn bei den ostborealischen Völkern (Chinesen, Indianer) ist es nicht zu finden. Diese Feindschaft könnte durch die Analogie zwischen dem Diesseits und dem Kulturland bzw. dem Jenseits und der Wildnis entstanden sein, da die damaligen Menschen der Wildnis das Kulturland abringen mußten. Der Zwillings-Kampf (Remus und Romulus; Kain und Abel; Seth und Osiris u.a.) ist eine „Erfindung" der frühen jungsteinzeitlichen, d.h. der nostratischen Völker in Mesopotamien.

Die großen Veränderungen in den Mythen begannen erst mit dem Ende der Eiszeit vor 12.500 Jahren, als die Jagd aufgrund der in dem wärmeren Klima deutlich größeren Tierherden leichter wurde und die Menschen den Ackerbau erfanden und daraufhin die Kultur der Menschen immer komplexer wurde.

Die Wurzeln der Ymir-Mythe		
Altsteinzeit	*Jungsteinzeit*	*Königtum*
bis 10.500 v.Chr.	*10.000 – 3.000 v.Chr.*	*ab 3.000 v.Chr.*
borealische Sprachen	**nostratische Sprache**	**indogermanische Sprachen**
Borealisch	Nostratisch (Ostborealisch)	Indogermanisch
		Elamisch
		Ägyptisch
		Semitisch
		u.a.
	Westborealisch	Chinesisch
		Sibirisch
		Indianisch
		Kaukasisch
		u.a.
Welt = die lebende Große Mutter; Bestattungen: Schädelkult und Kannibalismus	Welt = der tote zerstückelte Urriese; der zerstückelte Korngott	die Götter zerstückeln den Urriesen bzw. die Urgöttin und herrschen anschließend über die Erde

Wenn die in der Tabelle dargestellten Zusammenhänge sich wirklich so abgespielt haben, dann hat es ein oder zwei Parallelentwicklungen gegeben.

Der nostratische Urriese (Ymir u.a.) und der chinesische Pan Gu müssen eigentlich unabhängig voneinander entstanden sein, da sich die nostratischen (westborealischen) Völker und die ostborealischen Völker schon vor dem Beginn der Jungsteinzeit getrennt haben. Die Grundlage dieser Parallelentwicklung wären dann die beiden Motive der Großen Mutter als Welt und die Bestattungsbräuche gewesen. Sie müßten bei beiden Volksgruppen zu einem zerstückelten Urriesen kombiniert worden sein. Die treibende Kraft in dieser Entwicklung von der „Die Welt ist die Großen Mutter." zu „Die Welt ist der zerstückelte Urahn-Riese." ist die größere Selbständigkeit der Menschen und das Gestalten ihrer Umwelt durch sie zu Beginn der Jungsteinzeit gewesen.

Da die Trennung der west- und ostborealischen Völker jedoch möglicherweise erst kurz vor dem Ende der Eiszeit erfolgt ist, könnten Ymir und Pan Gu evtl. doch einen gemeinsamen Ursprung haben. Das gemeinsame Motiv, aus dem sie dann hervorgegangen sein könnten, könnte der Totempfahl gewesen sein, der als Symbol von „Mensch und Seele" einen guten Kristallisationspunkt für ein selbstbewußteres Menschenbild und somit auch für einen „Großen Urahn" gewesen sein könnte. Für diese Annahme spricht auch, daß die Zuordnungen der Körperteile zu den Teilen der Welt bei Ymir und Pan Gu recht gut übereinstimmen (siehe auch: Eilenstein – „Totempfähle").

Bei der babylonischen Tiamat und der aztekischen Tlaltecuhtli liegt recht sicher eine Parallelentwicklung vor, da sich die zerstückelte Urmutter erst aus der Kombination der Motive des zerstückelten Urriesen und der Großen Mutter als Welt hat bilden können. Die Motivation für die Kombination dieser beiden Motive liegt zudem am Anfang des Königtums, als der dem König nachgebildete Götterkönig die Herrschaft über alle Wesen übernahm und dabei u.a. auch die Urmutter unterwarf.

Der Beginn der Epoche des Königtums ist daher generell auch der Übergang von der Mutter-orientierten Kultur zum Patriarchat.

Aus den bisherigen Betrachtungen läßt sich die borealische Mythe des Urwesens herleiten, wie sie in der späten Altsteinzeit vermutlich ausgesehen hat:

Am Anfang war das Urwasser, in dem die Muttergöttin war. Sie war zweifach: Eine ihrer Seiten war das Diesseits und die andere das Jenseits. Diese beiden Seiten waren der Ur-Ergänzungsgegensatz, aus dem heraus sich mit der Zeit die ganze Welt entwickelte. Die Große Mutter war die ganze Welt, die daher ein einziges großes Lebewesen war.

Sie hatte die Gestalt einer Kuh, einer Hindin, einer Stute o.ä., die ihre Fruchtbarkeit ausdrückte. Sie hatte auch die Gestalt einer Schlange, da der Weg zu ihr in die Unterwelt einer Schlange verglichen wurde. Sie hatte auch die gEstalt eines Krokodiles, eines Frosches oder eines anderen Wassertieres, weil sie in den Tiefen des Großen Wassers lebte.

Im Ritual wurde die Große Mutter durch die Schwitzhütte verkörpert, in der die Menschen auf dieselbe Weise geborgen waren wie in der Natur als Ganzer.

VI 3. d) β Vergleich der Urriesen-Zwillinge

Aus der folgenden Übersicht sind die vielen übereinstimmenden Elemente in den Mythen der Riesen-Urgottheiten ersichtlich.

Das „(X)" in der Übersicht bedeutet, daß es das betreffende Thema zwar gibt, daß es aber nicht detailliert ausformuliert worden ist, wie z.B. das Urwasser bei Adam, das sich in dem Motiv des Geistes Gottes findet, der am Anfang über den Wassern schwebte. Möglicherweise ist das betreffende Thema in dieser Mythe im Laufe der Zeit in den Hintergrund getreten.

Wenn man alle Mythen der borealischen Völker nach allen „Ymir-Motiven" durchsuchen würde, erhielte man eine Übersicht, die wesentlich mehr „X" enthielte. So findet sich die Urpolarität im Gegensatz zu den drei in der Liste angeführten Indianer-völkern z.B. bei den Dakota-Indianern sehr deutlich ausformuliert.

Gott		Atum, Hand	Adam, Eva	Tia-mat	Ymir	Yama, Yami	Yi-ma	Pan Gu	Ometecutli, Ometehuatl	Papang, Bruder	Hunahpu, Xbalanque
Gott = Erde	er ist die Erde	X	(X)	X	(X)	(X)	(X)	X			
	er ist aus Lehm		X								
	er wird zerstückelt			X	X			X			
	er wird zur Welt			X	X			X	(X)		
	Urriese	X			X			X	(X)		
1. Mensch		X	X		X	X	(X)	X	(X)	(X)	
Urwasser		X	(X)	X	(X)			X	X		
„2"	Zwillingsbruder				(X)		(X)			X	X
	Zwillingsschwester	(X)	(X)			X			X		
	Urgegensatz	(X)	(X)	X	X			X			
Tod	Totengott	(X)			X			X			
	Büffel, gehörnt			X	X		X				
	unsterblich	X	(X)		X	X	X	X			X
	Jenseits	X			X	(X)		X			X
	Wiedergeburt	X									
Sonne	Augen = Sonne/Mond	(X)		X			X				
	Verwandlung in Sonne/Mond	X								X	X

125

VI 3. d) γ Die Tierhelfer des Urriesen

In einigen Mythen erscheinen vier Wesen, die dem Urriesen helfen, den Himmel emporzuheben bzw. ihn anschließend zu tragen.

Bei den Chinesen sind dies der Phönix, der Drache, der Giraffe und die Schildkröte. Sie waren wichtige Wesen aus der Mythologie.

- Den Phönix als Vogel kann man sicherlich als den Seelenvogel auffassen, der nach dem Tod oder bei der Jenseitsreise des Schamanen zum Himmel emporfliegt.
- Der Drache als Schlange ist ein Symbol für die Ahnen und für den Weg zwischen Diesseits und Jenseits und ist daher auch eng mit der Himmelssäule verbunden, durch die das Jenseits von dem Bereich unter der Erde in den Himmel verlegt wird.
- Die Giraffe ist aufgrund ihres langen Halses nicht nur bei den Chinesen, sondern auch bei den Ägyptern, den Sumeren und den Elamitern zu einem Tier geworden, daß den Seelenvögeln den Weltenbaum hinauf zum Himmel hilft. In Ägypten, Sumer und Elam hat sich die Giraffe oft mit dem Panther zu dem sogenannten „Schlangenhalspanther" verbunden, der eigentlich „Giraffenhalspanther" heißen müßte. Auch sie helfen auf den meisten Abbildungen einem Seelenvogel den Weltenbaum hinauf. Die Giraffe als Helfer auf der Reise empor zum Himmelsjenseits scheint somit ein recht altes Motiv zu sein, daß allerdings aufgrund seiner Einfachheit Größe auch an mehreren Orten unabhängig voneinander entstanden sein könnte.
- Von vielen nordamerikanischen Indianern wird die Erde als der Schild einer riesigen Schildkröte aufgefaßt. Vermutlich sahen auch die Chinesen die Erde als eine Schildkröte an, sodaß sie in den Kreis der vier Himmelsträger-Tiere mitaufgenommen wurde. Wahrscheinlich wird dieses Motiv der Chinesen und der Indianer eine gemeinsame Wurzel bei den ostborealischen Völkern der späten Altsteinzeit haben.

In den indianischen Schwitzhüttenzeremonien werden bei den meisten Stämmen der Adler aus dem Osten, die Schlange aus dem Westen, der Bär aus dem Norden und die Büffelfrau aus dem Süden zu dem Ritual gerufen. Es ist recht wahrscheinlich, daß auch diese vier Tiere schon eine lange Tradition haben:

- Der Adler ist das Symbol der Seele.
- Die Schlange ist das Symbol der Ahnen und der Jenseitsreise.

- Die Weiße Büffelfrau ist die Große Mutter, deren Fruchtbarkeit durch ihre Kuhgestalt ausgedrückt wird.
- Der Bär ist wie der Panther, der Löwe, der Puma, der Leopard, der Tiger und bei einigen Völkern der Orca das Symbol der Stärke.

Diese vier Tiere erscheinen also nicht primär als Himmelsträger, sondern stellen die vier wichtigsten Themen der Altsteinzeit dar und sind erst sekundär den vier Himmelsrichtungen zugeordnet worden: die Seele (Adler), die Verbindung zu den Ahnen im Jenseits (Schlange), die Kraft, die den Lebenden von den Ahnen gesendet wird (Raubtier) sowie die Fruchtbarkeit, durch die sich der Stamm vermehren kann (Rind).
Diese vier Tiere lassen sich in so gut wie jeder Mythologie wiederfinden.

Bei den alten Ägyptern waren die vier Horussöhne die Himmelsträger. Sie hatten die Gestalt von menschlichen Mumien mit vier unterschiedlichen Köpfen.

- Mesti: Sein Menschenkopf entspricht der jungsteinzeitlichen Auffassung des Himmelsträgers als eines riesigen Menschen in der Mitte der Welt.
- Hapi: Sein Paviankopf ist ein Hinweis auf die Analogie zwischen der Wiedergeburt und dem Sonnenaufgang, da die Ägypter das morgendliche Schreien der Paviane als eine Begrüßung der wiedergeborenen Sonne auffaßten.
- Tuamutef: Sein Schakalkopf weist ihn als Jenseitsführer aus. Der Schakalgott Anubis leitete die Mumifizierung.
- Qebsenuf: Sein Falkenkopf kennzeichnet ihn als Seelenvogel.

Bei den Horussöhnen findet sich in erster Linie die Bestattungssymbolik. Dies liegt daran, daß sie vor allem die Eingeweide der Mumie enthielten, die gesondert bestattet wurden, um die Mumie haltbarer zu machen.

In den aztekischen Mythen steht in jeder der vier Himmelsrichtungen eine Gottheit, die neben einem Baum steht, der den Himmel stützt.

- Quetzalcoatl: Die Federschlange ist die Kombination der Schlange als Jenseitsweg und des Vogels als der Seele. Diese Vereinigung ist auch die Wurzel der europäischen (Flügel-)Drachen.
- Xipe-Totec: Er ist die Vergöttlichung der Toten.
- Tonahtiu: Er ist die Sonne, deren abendlicher Untergang und deren morgendlicher Aufgang bei fast allen Völkern ein Gleichnis für den Tod und die Wiedergeburt des Menschen war.

- Mictlantecuhtli: Der „Herr der Toten" ist der Jenseitskönig-Aspekt des Urriesen, der sich z.B. auch bei dem persischen Yima und dem ägyptischen Atum bzw. Osiris findet.

Das germanische Motiv der vier Hörner, die den Schädel des Ymir tragen und von je einem Zwerg bewacht werden, stammen vermutlich aus der engen Verbindung des Ymir als „gehörntem Urahn im Jenseits" mit der Urkuh Audhumbla.
Auch der chinesische Pan Gu ist gehörnt.

Das einzige Tier, das sich unter diesen Himmelsträger-Helfern häufig findet, ist der Vogel. Dies liegt sicherlich daran, das die Seele in jeder Art von religiösem und mythologischem Szenario eine wichtige Rolle spielt. Zudem ist es der Seelenvogel, für den die Himmelsstütze am wichtigsten ist, da diese Himmelssäule, dieser Götterberg oder dieser Weltenbaum der Weg zwischen dem Diesseits und dem Jenseits war, den die Seele bei der Zeugung eines Menschen und bei dessen Tod sowie bei den Jenseitsreisen der Schamanen entlang flog.

Die Verschiedenheit der Himmelsträger zeigt, daß es keine alte Tradition von bestimmten Himmelsträger-Tieren gegeben hat – zumindestens keine besonders stabile. Für eine solche beständige Tradition fehlte allerdings auch ein eindeutiger Bezug wie z.B. der zwischen der Stärke und dem Raubtier, der eine solche Tradition hätte aufrecht erhalten können.

Die Vierzahl der Himmelsträger ist hingegen vollkommen einheitlich. Auch der griechische Atlas, der im Westen den Himmel stützt, wird ursprünglich einmal nicht der einzige, sondern nur der westliche von vier Himmelsträgern gewesen sein.

Diese Symbolik der „4" wird eng mit den Himmelsrichtungen und daher auch mit der Sonne verbunden gewesen sein, da die Himmelsrichtungen in der Steinzeit nur mithilfe des Sonnenstandes erkannt werden konnten.

Die „senkrechten Dinge" in der Welt wie der Baum, die Säule und der Berg sind in den meisten Mythen der Welt als Verbindung zwischen Himmel und Erde zu finden.

Die Tabelle auf der nächsten Seite faßt die verschiedenen Himmelsträger-Tiere noch einmal zusammen.

Volk	Mensch		Vo-gel	Horn/ Rind	Giraf-fe	Schlange/ Drache	Scha-kal	Pavi-an	Schild-kröte	Bär u.ä.
	Zwerg	Mensch								
Germanen	4			4						
Ägypter		1	1				1	1		
Chinesen			⅓		1	1 ⅓			1	⅓
Dakota			1	1		1				1
Azteken		3	½			½				
gesamt	4	4	3 ⅚	5	1	2 ⅚	1	1	1	1 ⅓
	8		16							

Die vier Tier-Helfer des Urriesen

Die vier ½ bzw. ⅓ in der Liste sind dadurch entstanden, daß Quatzalcoatl ein Schlangen-Vogel-Mischwesen und der chinesische Drache ein Schlangen-Tiger-Vogel-Mischwesen ist.

VII   Archäologische Funde

Die Schrift wurde um ca. 3.250 v.Chr. zugleich in Ägypten am Nil (Hieroglyphen) und in Sumer am Euphrat und Tigris (Keilschrift) erfunden. Die Notwendigkeit dazu hatte sich aus der Entstehung der großen Stadtstaaten in Mesopotamien bzw. durch die Gründung des ersten Königreiches in Ägypten ergeben, denn die Zentralverwaltung benötigte eine gut funktionierende Buchhaltung, wozu Listen mit den vorhandenen Getreidevorräten, der Anzahl der Menschen, der Zahl der Rinder u.ä. benötigt wurden. Dafür brauchte man zum einen Symbole für Mengen und zum anderen Symbole für das Bezeichnete. Von da aus war es dann kein großer Schritt mehr, für alle Worte Zeichen zu ersinnen.

Da die Schrift erst um 3.250 v.Chr. erfunden worden ist, stehen für die Zeit davor als direkte Hinweise nur archäologische Funde zum Verständnis der frühen Kultur zur Verfügung.

Der wichtigste Fundort aus der Jungsteinzeit, der auch am meisten zu dem Verständnis des Urriesen Ymir beiträgt, ist Göbekli Tepe am Oberlauf des Euphrats in der Nähe der heutigen Grenze zwischen Syrien und der Türkei.

VII 1.   Göbekli Tepe

Die Tempel von Göbekli Tepe wurden von den jungsteinzeitlichen Jägersippen gleich nach dem Ende der Eiszeit errichtet. Die Möglichkeit dazu war dadurch entstanden, daß durch das wärmere Klima ab 10.500 v.Chr die Jagd sehr viel einfacher und effektiver geworden war, da sich damals nach dem Ende der Eiszeit große Herden an Antilopen, Wildeseln, Rindern u.ä. gebildet hatten. Dadurch konnten die Menschen halbseßhaft werden und mußten nicht mehr stets den Rentierherden hinterherziehen.

Durch diese neuen Lebensumstände bildeten sich sehr viel größere Gemeinschaften. Während in der Altsteinzeit nur ca. ein Dutzend Menschen zusammenlebten und in der Mittelsteinzeit (späte Altsteinzeit) ca. 50 Menschen, konnten sich nun Siedlungen bilden, die so nah beieinanderlagen lagen, daß es möglich wurde, daß sich zum Bau der Tempel auf dem Berg Göbekli Tepe und in den umliegenden Kultorten 2.000 Menschen und mehr trafen.

Es sind deutlich über 100 dieser jungsteinzeitlichen Tempel bekannt. Die meisten von ihnen stehen auf dem Berg Göbekli Tepe am Nordende einer großen Ebene im Grenzgebiet zwischen der Türkei und Syrien, durch die der Belich, ein Nebenfluß des Euphrats, fließt.

Eine genauere Darstellung findet sich in meinem Buch „Göbekli Tepe". Zu den Schwitzhütten siehe mein Buch „Schwitzhütten".

Tempel (von oben)

Tempel (Rekonstruktion)
(der Tempel wurde durch Äste und Felle gedeckt)

Tempeltor
(Rekonstruktion)

Die Tempel von Göbekli Tepe und den umliegenden Orten aus derselben Zeit bestehen aus folgenden Elementen:

- einem geschlossenen inneren Mauerkreis von ca. 2m Höhe mit einem Durchmesser von ca. 15m;
- einer umlaufenden Bank innen an dieser inneren Tempelmauer, auf der maximal dreißig Personen Platz finden konnten;
- einem äußeren Mauerkreis von gleicher Höhe im Abstand von ca. 1,5m um den inneren Mauerkreis;
- einem schmalen, ca. 7m langen Gang zwischen zwei Mauern von ebenfalls 2m Höhe, der in den äußeren Mauerkreis übergeht, sodaß man durch diesen Gang in den Zwischenraum zwischen den beiden Mauerkreisen gelangt;
- einer Verbindungsmauer zwischen den beiden Mauerkreisen, durch die der Umgang zwischen ihnen unterbrochen wird;
- einem Lochstein am Anfang des Ganges, d.h. einer „Tempeltor"-Steinplatte, in der sich ein ca. 0,60m breites und 1,70m hohes Eingangsloch befindet;
- einem „U-Stein" vor dem Lochstein, dessen „Bogen" in der Erde steckt und dessen beide „Linien" oben in je einem Panther enden;
- meistens acht, seltener zwölf T-förmige Steinplatten in der inneren Tem-

pelmauer;
- zwei ebensolche T-Pfeiler freistehend in der Mitte des Tempels, die deutlich größer sind als die in der Tempelmauer;
- Reliefs auf diesen T-Pfeilern;
- der innere Raum (innere Mauerkreis) wurde von einem Dach aus Ästen und Fellen gedeckt;
- der äußere Raum (äußerer Mauerkreis) wurde mitsamt dem inneren Raum von einem zweiten Holz-Felle-Dach gedeckt (es gibt Skizzen von diesen doppelten Dach auf Steinplatten).

Man betrat diese Tempel, indem man zwischen den beiden Panthern des U-Steins hindurchging und durch den gleich dahinter stehenden Lochstein trat, dann den Gang entlangging und schließlich mithilfe einer Leiter o.ä. über die innere Mauer in den inneren Tempel stieg.

An der Wand befanden sich Vorsprünge, auf denen Öllämpchen aufgestellt wurden, um das Innere des Tempels zu erhellen.

Der Tempel als Ganzes stellt die Große Mutter dar:

- der äußere Mauerkreis mit dem äußeren Dach ist ihre Gebärmutter,
- der innere Mauerkreis mit dem inneren Dach ist ihr Kind, d.h. die Menschen im Tempel,
- die Verbindungsmauer zwischen beiden Mauern ist die Nabelschnur,
- der Gang ist ihre Vagina,
- der Lochstein ist ihr Schoß.

Man befand sich im Tempel daher im Inneren der Großen Mutter. Dies entspricht den Menschen in einer Schwitzhütte, der Welt in der aztekischen Urgöttin Tlaltecuhtli und der Welt im Inneren der babylonischen Göttin Tiamat.

Aufgrund der Wiedergeburtssymbolik war das Innere des Tempels (der Uterus der Großen Mutter) auch das Jenseits. Das Tempeltor (der Schoß der Großen Mutter) war entsprechend ein Symbol für den Eingang ins Jenseits. Letztlich ist natürlich jeder Tempel ein Tor zu der Welt der Seelen und somit auch zu der Welt der Götter, die nach und nach während der Jungsteinzeit aus den Seelen der Ahnen entstanden sind.

ein 5,4m hoher T-Pfeiler in der Mitte eines Tempels; oben in der Rinne sind Symbole; in der Mitte ein Gürtel mit einem Fuchsfell; darüber die Hände; ganz oben der stark stilisierte „kubische" Kopf des Urriesen	*T-Pfeiler; oben: drei Tempel; darunter: die Große Mutter als Geier (Mutter der Seelenvögel) mit der Sonne; unten ein Skorpion und ein kopfloser Mann, der einen Vogelkopf ergreift (Wiedergeburt)*	*T-Pfeiler: oben: Seelenvögel im Jenseits; vorne: Rinne (Jenseitsweg) mit Schlangen und Spinnen; links: Schlangen kriechen nach vorne (Jenseitsweg), darauf zwei Kraniche mit Menschenbeinen (Schamanen)*

Die T-Pfeiler stellen Menschen dar, wie ihre stark stilisierten Köpfe und die Arme und Hände an ihren Seiten sowie die Gürtel um ihre Hüften zeigen. An manchen kleineren T-Pfeiler-Statuetten, die wohl für den Gebrauch auf den Hausaltären bestimmt gewesen sind, lassen sich auch Ansätze zu naturalistischeren Köpfen erkennen.

In der damaligen Zeit fertigte man von den Verstorbenen oft Statuen aus Ton an. Durch sie ist bekannt, daß Gürtel damals nur von Männern getragen wurden.

Aus dem Gesagten ergibt sich, daß die beiden großen T-förmigen Pfeiler in der Mitte der Tempel zwei wichtige, gleichartige Männer im Jenseits darstellen. Sie sind offensichtlich die Vorfahren des späteren Zwillings-Urriesen bzw. der beiden Zwillinge am Anfang der Zeit. Man wird diese beiden Pfeiler daher als Urahnen und als die Ersten Menschen auffassen können.

In genau demselben Gebiet, in dem zwischen ca. 10.500 v.Chr. und 7.500 v.Chr. die T-Pfeiler-Tempel errichtet wurden, lebten 4.500 Jahre später die Hurriter, von denen die Hethiter die Namen der beiden Urriesen übernahmen: der „Träumende Gott" Upelluri, der am Boden des Meeres in der Unterwelt lag, und Ullikummi, der „Steinsäulen-Gott", der auf Upelluri stand und bis in den Himmel hinaufragte.

Es ist recht wahrscheinlich, daß diese beiden Riesen und auch ihre Namen letztlich von den beiden Mittelpfeilern in den Tempeln von Göbekli Tepe und den umliegenden Orten abstammen. Dies ermöglicht eine Unterscheidung der beiden Zwillinge: Der eine befindet sich in der Wasserunterwelt (Upelluri, Ymir), während der andere die Verbindung der Welten miteinander darstellt (Ullikummi, Skambia, Shu, Atlas).

Die beiden Mittelpfeiler wurden auch in Göbekli Tepe selber unterschieden. Einige von ihnen trugen an ihrem Hals ein eingraviertes Symbol an einem zweifachen Band: der eine der beiden Mittelpfeiler trägt an dem Band ein Bukranium, also einen stilisierten Stierkopf, während an dem Band des anderen ein dreiteiliges Symbol hängt.

Dieser Stierkopf ist sicherlich der Vorläufer der späteren mythologischen Rinder: die Kuh Audhumbla, die zusammen mit Ymir erscheint; der den Osiris begleitende Apis-Stier; die Hörner am Kopf des Yama, des indischen Totengottes, sowie der ihn begleitenden Büffels u.a. Dieser mit dem Stier assoziierte Mittelpfeiler ist der Vorläufer der ganzen späteren gehörnten Ahnen im Jenseits, von denen der griechische Pan, der keltische Cernunnos, der römische Faunus und der christliche Teufel vermutlich die bekanntesten sind.

Die Grundlage dieser Symbolik ist die Vorstellung, daß der Wiedergeburt eine Wiederzeugung vorausgeht, für die die (männlichen) Toten ihre Zeugungskraft benötigten. Diese Zeugungskraft wurde dadurch magisch gesichert, daß man für die Toten ein (gehörntes) männliches Herdentier opferte und dessen Zeugungskraft durch Identifizierung des Herdentieres mit dem Toten auf den Toten übertrug. Die Herdentiere waren offensichtlich sehr fruchtbar und zeugungskräftig sein, denn sonst hätten sie nicht so viele, d.h. eine Herde sein können.

Diese Symbolik muß bis in die Altsteinzeit zurückreichen, da sie sich auch bei dem chinesischen Pan Gu findet, der ebenfalls ein gehörnter Gott ist.

„H", Kreis und Sichel an einem breiten Lederband

Das dreiteilige Symbol an dem Halsband des anderen Mittelpfeiler-Menschen bestand aus einem „H", das sich aus zwei miteinander verbundenen „I" zusammensetzt, sowie einem „○" und einem „◡". Das „H" stellt recht sicher die beiden Mittelpfeiler selber dar, die offensichtlich miteinander verbunden waren, da sich die beiden „I", aus denen das „H" besteht, geradezu die Hände zu reichen scheinen.

Die Deutung des „○" und des „◡" ist mehrschichtig:

Es könnte sich um Sonne und Mond handeln, aber auch um den inneren und den äußeren Mauerkreis der Tempel. Der Mond würde dann die Sonne „halten", was nahelegt, daß der Mond die Große Mutter sowie die Sonne das Urbild der damaligen Menschen gewesen ist.

Das „◡" könnte auch den äußere Mauerkreis und der schützende Halt bei der Großen Mutter darstellen; der „o" müßte dann der innere Mauerkreis und auch der Kreis der Menschen sein, die im Inneren des Tempels auf der innen an der Mauer umlaufenden Bank sitzen.

Da es schon damals die Analogie zwischen dem Sonnenaufgang und der Geburt gegeben hat, sind diese beiden Deutungen der Symbole letztlich dieselbe Aussage: Die Menschen sitzen in dem Tempelinneren in der Gebärmutter der Großen Mutter, die sie im Diesseits und im Jenseits gebiert beziehungsweise wiedergebiert – so wie jeden Morgen die Sonne.

Das Leben wurde dem Lauf der Sonne verglichen: Sonnenaufgang = Geburt; Mittag = Leben; Sonnenuntergang = Tod; Nacht = Ahnen im Jenseits.

Die beiden „I", die sich zu einem „H" zusammenfügen, werden schließlich die beiden großen T-Pfeiler in der Mitte des Tempels sein.

Das „Händereichen" der beiden „I", durch das sie zum „H" werden, scheint die zentrale Aussage in dem T-Pfeiler-Tempel zu sein, da sie die Dynamik zwischen den beiden Mittelpfeilern darstellen.

Das „H" erscheint auf den T-Pfeilern auch in einer liegenden Variante: „⊥". Dieses Zeichen stellt sehr wahrscheinlich oben die Oberwelt, darunter die Unterwelt und dazwischen die senkrechte Verbindung der beiden dar. Diese senkrechte Verbindungslinie zwischen den beiden waagerechten Linien des „⊥" entspricht somit den beiden Mittelpfeilern und auch dem „H"-Symbol, aus dem dann später der Himmelssäulen-Gott wurde.

Die Reliefs auf den T-Pfeilern folgen einem bestimmten „mythologischen Lageplan". Da die beiden mittleren T-Pfeiler stets zu dem Tempeleingang im Süden blicken, entsprechen ihre Seiten den Himmelsrichtungen.

> Vorderseite, Süden *(schmale Seite)*: eine Rinne, die die Verbindung von Welt und Unterwelt darstellt, auf der sich daher die Schlangen als Symbole des Weges in die Unterwelt unter der Erde bzw. der Jenseitsreisenden (Ahnen, Schama-nen) befinden;

> Vorderseite, Süden – Gesicht: der Panther, dessen Kraft die damaligen Jäger von ihren Ahnen gesandt erhalten wollten – das Gesicht stellt das Ziel der Vor-gänge auf den T-Pfeilern dar;

> Rücken, Norden *(schmale Seite)*: das Symbol der Großen Mutter, das dem Pfeiler-Wesen „den Rücken stärkt" und ihm Rückhalt gibt;

> linke Seite, Osten *(breite Seite)*: das Diesseits mit den Jagdtieren.

<u>rechte Seite, Westen</u> *(breite Seite)*: das Jenseits mit den Seelenvögeln und den Vorgängen im Jenseits.

Durch die Reliefs auf den T-Pfeilern werden die Grundzüge der Mythen der damaligen Menschen sichtbar:

- Die Welt ist in ein Diesseits und in ein Jenseits aufgeteilt, die beide durch die Tempel bzw. die Mittelpfeiler-Urahnen miteinander verbunden sind.

- Die Menschen haben eine Seele, die nach dem Tod weiterexistiert. Sie hat die Gestalt eines Vogels. Da das Jenseits eine Wasserunterwelt ist, sind die Seelenvögel Wasservögel (Kranich).

- Die Welt als Ganzes ist die Große Mutter, die die Menschen in ihr sowohl im Diesseits als auch im Jenseits beschützt. Der Tempel ist symbolisch der Leib der Großen Mutter. Vermutlich wurde auch die Welt als Ganzes als der Leib der Großen Mutter aufgefaßt.

- Die Große Mutter wurde als Mutter der Seelenvögel auch selber als Vogel dargestellt. Aufgrund ihrer Wichtigkeit war sie der größte Vogel, d.h. ein Geierweibchen. In dieser Gestalt gebar sie vermutlich auch die Sonne.

- Die Mittelpfeiler-Zwillinge sind der Urahn und zugleich die Verbindung zwischen Diesseits und Jenseits. Das wichtigste, das in dieser „Nabelschnur" zwischen den beiden Welten bzw. zwischen den Menschen und der Großen Mutter stattfand, war das Senden der Pantherkraft von der Großen Mutter bzw. den Ahnen zu den Lebenden, damit diese erfolgreich jagen konnten.

- Die Mittelpfeiler-Zwillinge ruhten in der Großen Mutter, da sie sich in der Mitte ihres Tempels, d.h. in ihrer Gebärmutter befanden.

- Ein wichtiges Gleichnis war die Analogie zwischen dem Sonnenaufgang und der Wiedergeburt.

Es gab auf den T-Pfeilern in den Tempeln von Göbekli Tepe folgende wichtige Symbole:

Symbole von Göbekli Tepe	
Symbol	*Bedeutung*
Kranich	Seele(-nvogel)
Panther	Stärke
Rinder, Wildschweine	Fruchtbarkeit, Zeugungskraft
Schlange	Jenseitsweg, Jenseitsreisende, Ahnen
Skorpion	Verwandlung in einen Seelenvogel
„T"	Diesseits, Jenseits und ihre Verbindung
„H"	die beiden Mittelpfeiler als Verbindung der beiden Welten
„o"	Sonne, Tempelinneres, Menschen im Tempel
„u"	Mond, Rückhalt bei der Großen Mutter

Ein wichtiges Element dieser Weltanschauung ist die Seele, die aufgrund der Nahtod-Erlebnisse als Vogel dargestellt wird. Aus diesem Erlebnis ergab sich, daß jeder Mensch eine Seele hat.

Wie die Abbildungen auf den T-Pfeilern zeigen, gab es im Zusammenhang mit der Seele komplexe Vorstellungen. Es hat insgesamt drei Bestattungen gegeben, die jeweils mit einer bestimmten Symbolik und Funktion verbunden gewesen sind.

Diese komplexen Bestattungsbräuche werden verständlich, wenn man bedenkt, daß damals die Eltern die einzigen waren, von denen ein Kind lernte „wie Leben geht" – es gab keine Schulen, Lehren oder ähnliches. Daher war das Verhalten der Eltern die grundlegende Orientierung in der Welt. Wenn die eigenen Eltern starben, verlor man diese Orientierung, was erklärlich macht, daß damals der „Ahnenkult" so wichtig war, denn dadurch behielt man nach dem Tod der eigenen Eltern zumindest in einer veränderten Form weiterhin den Kontakt zu ihnen und somit auch die Orientierung durch sie.

Die Hauptaufgabe der Schamanen war es daher, den Kontakt zwischen den Lebenden und ihren Vorfahren im Jenseits aufrechtzuerhalten. Die Bestattungssitten waren ganz von diesem Bestreben geprägt:

<u>Erstbestattung</u>: Sie fand kurz nach dem Tod des betreffenden Menschen statt.

Bei diesem Ritual wurde ein männliches Herdentier getötet, das dem Verstorbenen (wenn es ein Mann war) die Zeugungskraft dieses Herdentieres gab, damit er sich im Jenseits erfolgreich mit der Großen Mutter, die dabei auch die Gestalt dieses Herdentieres annahm, wiederzeugen konnte.

Zweitbestattung: Nach dem Ende der „Jenseitsschwangerschaft", also vermutlich nach neun Monaten, wurde der Leichnam ausgegraben und sein Schädel entfernt. Der Schädel wurde gereinigt und auf ihm häufig mit Lehm möglichst naturalistisch das Gesicht des Toten nachplastiziert. Manchmal wurden auch lebensgroße Statuen aus Ton angefertigt. Die bekannteste dieser Totenmasken ist sicherlich die Goldmaske des Tutanchamun. Der Totenschädel mit der evtl. auf ihm befindlichen Lehmmaske wurde im Wohnhaus aufbewahrt, damit die Lebenden jederzeit mit Hilfe dieses Schädels den Kontakt zu dem Toten aufnehmen konnten.

ein kopfloser Mann (rechts unten) mit erigiertem Penis (Toter im Jenseits) greift nach einem Vogelkopf (Seelenvogel)

Bei der Wiedergeburt im Jenseits, die während dieser Zweitbestattung stattfand, war der Tote kopflos, da ihm ja im Diesseits sein Schädel entfernt worden war. Er erhielt stattdessen den Kopf eines Vogels und nahm dann ganz die Gestalt eines (Seelen-)Vogels an. Diese Szene findet sich auf einem der T-Pfeiler von Göbekli Tepe dargestellt.

Drittbestattung: Wenn der letzte Mensch starb, der sich noch persönlich an den Toten erinnern konnte, wurde der Schädel bzw. die Totenstatue und evtl. auch das Skelett des Toten in die Gemeinschaftsgruft gelegt.

Der Tote war jetzt nur noch anonym einer der vielen Ahnen, der keinen direkten Bezug mehr zu einem der Lebenden hatte.

Die Benutzung des Schädels eines Verstorbenen als Verbindung zu ihm hat sich auch bei den Indogermanen lange gehalten:

- Odin spricht mit dem Schädel des Riesen Mimir, um die Geheimnisse des Jenseits zu erfahren;
- der Schädel des keltischen Königs Bran warnte die Kelten vor Gefahren (sein Schädel liegt heute im White Tower in London);
- der Kopf des Orpheus sang auch nach seinem Tod noch weiter bis ihm Apollon zu schweigen gebot;
- die Skythen überzogen die Schädel ihrer Ahnen mit Gold und bewahrten sie als Verbindung zu ihnen auf.

Der Mittelpfeiler mit dem Stier-Symbol am Halsband ist der Urahn – der erste gehörnte Tote im Jenseits. Der „Stier-Mittelpfeiler" stellt den Körper des Urahn dar und gehört demnach zu dem Jenseits. Die ursprüngliche Bedeutung des Jenseits-Aspektes des anderen Mittelpfeilers, der durch ein „H" als Verbindung zum Jenseits gekennzeichnet ist, sollte demnach die Seele des Urahns sein.

ein Toter und seine Seele (Ägypten)

Die Seele und der Körper sind anscheinend im Zusammenhang mit den Mittelpfeilern als Zwillinge aufgefaßt worden. Dies lag nahe, da man sich, wenn man z.B. bei einem Nahtod-Erlebnis seinen Körper verläßt, sich selber als ein durchscheinendes, milchig-weißes, nebliges Duplikat seines materiellen Körpers erlebt. Aufgrund dieser Erlebnisse wird der Astralkörper, d.h. die Seele, die den Körper verlassen hat, häufig auch „Doppelgänger" genannt – was fast dasselbe Wort wie „Zwilling" ist.

Aus der hellsichtigen Wahrnehmung eines solchen milchig-weiß leuchtenden Astralkörpers eines Toten ist die weitverbreitete Vorstellung der „Bettlaken-Gespenster" entstanden.

Da die Seele bzw. ihre Wahrnehmung eng mit dem Schamanismus verbunden ist, lag es nahe, den „Seelen-Mittelpfeiler" mit den Schamanen zu assoziieren. Dadurch entwickelte sich der „Stier-Mittelpfeiler" zum eher passiven Urahn in der Unterwelt, der bei den Hurritern und Hethitern später zu Upelluri, dem liegenden „Träumenden Gott" in der Wasserunterwelt wurde, während der „Seelen/Schamanen-Mittelpfeiler" zu dem eher aktiven Himmelspfeiler-Gott wurde, der bei den Hurritern und den Hethitern zu Ullikummi, dem „Steinsäulen-Gott" wurde, der auf Upelluri stand und Himmel und Erde verband.

Der liegende Upelluri und der auf ihm stehende Ullikummi sind im Grunde der Körper des toten Urriesen, über dem seine Seele schwebt.

Aus dem „Stier-Mittelpfeiler" entwickelte sich der zerstückelte Gott, der Urriese und der gehörnte Totengott in der Unterwelt, während aus dem „Seelen/Schamanen-Mittelpfeiler" der Himmelspfeiler-Gott, der Schamanengott und der Kulturbringer entstanden sind.

Es lag nahe, den Stier-Urahn in der Unterwelt auch mit der Erde selber gleichzusetzen – insbesondere, nachdem die Erde durch den Ackerbau wichtig geworden war.

Die Symbolik des Urahn-Erdling-Zwillings läßt sich in den Mythen und Ritualen zum Beginn der Jungsteinzeit in Göbekli Tepe vollständig wiederfinden:

„Erdling"	frühe Jungsteinzeit
Atum, Adam, Ymir, Yama, Yima bedeutet „Erd-Mann"	die Ahnen-Statuen wurden meistens aus Lehm gefertigt und die T-Pfeiler in Göbekli Tepe aus Stein
Adam wurde aus Lehm geformt	
Atum ist die Erde	
Atum, Adam, Ymir und Pan Gu waren der Erste Mensch; Yima war der Erste König	die Statuen waren Ahnen; die Mittelpfeiler waren der Urahn (Erster Mensch) und seine Seele
Ymir, Pan Gu und Osiris (sowie Tiamat und Tlaltecuhtli) wurden zerstückelt	den Toten wurde oft der Schädel abgetrennt, um durch ihn mit dem Verstorbenen weiterhin sprechen zu können
„sprechende Schädel": Mimir, Bran, Orpheus u.a.	
aus dem Schädel von Ymirm Brahma bzw. Pan Gu wurde der Himmel erschaffen	der Jenseitstempel Göbekli Tepe liegt auf einem Berg und weist daher auch auf eine religiöse Bedeutung des „oben" hin
die Namen Ymir, Yama und Yima haben im Indogermanischen auch die Bedeutung „Zwilling" („Yemo")	die Zentralpfeiler treten stets als ein Paar auf
Ometeotl ist der „zweifache Gott"	
vor dem Urriesen existierte nur das endlose Wasser und die Große Mutter	die Pfeiler-Wesen beziehen sich auf eine Wasserunterwelt

Der germanische Urriese Ymir ist einer der Nachfolger des Stier-Mittelpfeilers aus den Tempeln von Göbekli Tepe:

- er ist ein „toter Riese",
- er lebte als Erstes Wesen (Urahn),
- er ist die Erde bzw. die Unterwelt unter der Erde,
- er ist ein Zwilling (der Urahn und seine Seele),
- er wird von der Kuh Audhumbla begleitet (die Große Mutter),
- sein Kopf wurde abgetrennt, und
- er entstand aus dem Wasser (Niflheim; Urahn in der Wasserunterwelt).

VII 2. Nevali Cori

Die Tempel von Nevali Cori gehören wie die Tempel auf dem Berg Göbekli Tepe zu den T-Pfeiler-Tempeln. In Nevali Cori finden sich jedoch nur Tempel in dem späteren, rechteckigen Baustil, aber keine runden Tempel wie in den früheren Schichten in Göbekli Tepe.

Interessant sind in Nevali Cori vor allem die vielen Kombinationen von Menschenkopf und Vogel. Sie sind eine Variante sowohl der beiden Mittelpfeiler (Mensch und Seele) als auch des Reliefs aus Göbekli Tepe, auf dem ein kopfloser Mensch dargestellt worden ist, der gerade einen Vogelkopf ergreift.

Einer dieser Kopf-Vogel-Statuetten ist wie ein Totempfahl geformt worden.

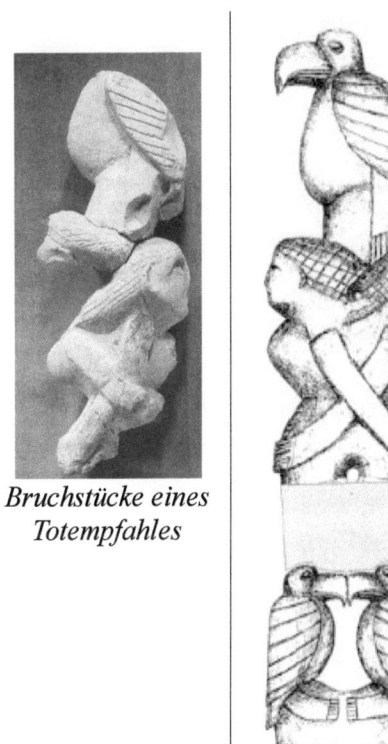

Bruchstücke eines Totempfahles

Rekonstruktion des links abgebildeten Totempfahles

Kopf mit Vogel hinter/über dem Kopf (Vogelbauch über dem Scheitel; Flügel rechts unten)

derselbe Kopf wie links (Flügelansatz oben links; Krallen auf dem Kopf)

(Hinter-)Kopf mit Vogel (Vogelbeine unten außen)

Schädel mit Lehmmaske

Auch aus Göbekli Tepe ist ein Totempfahl bekannt. Auf ihm wird jedoch das Anrufen der Pantherkraft dargestellt.

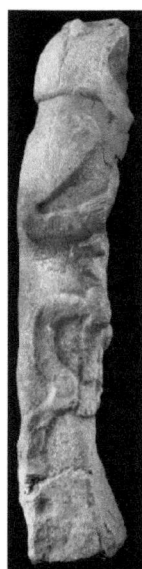

| *Totempfahl in der Tempelmauer* | *Totempfahl: rechte Seite* | *Totempfahl: Vorderseite* | *Totempfahl: linke Seite* |

Der Totempfahl stellt einen großen Mann dar, der einen Pantherkopf hat, wie man an seinen Ohren erkennen kann. Er hat also erfolgreich die Pantherkraft in sich hineingerufen.

Vor dem großen Mann befinden sich zwei weitere Männer. Von dem mittelgroßen Mann in der Mitte sind nur noch die Arme zu erkennen, während der kleine Mann unten noch gut erhalten ist.

Der große Mann legt seine Hände neben/auf den Kopf des mittleren Mannes, der seine Hände wiederum neben/auf den Kopf des kleinen Mannes legt, der seine Hände schließlich auf einen Totenschädel gelegt hat. Hier wird offenbar das Weiterreichen der Pantherkraft die Ahnenreihe entlang von dem Ahnenschädel bis zu dem Großen Mann dargestellt, der ein Jäger im Diesseits ist.

Diese Szene entspricht u.a. Odins Sprechen mit dem Schädel des Riesen Mimir an der Quelle der Nornen unter dem Weltenbaum.

Dieses „Aufsteigen der Pantherkraft" aus dem Jenseits wird auch durch die beiden Schlangen an der linken und der rechten Seite dargestellt, deren Köpfe kurz über dem Kopf des kleinen Mannes nach vorne weisen.

Solche Totempfähle sind vor allen von den Indianern an der Nordostküste der USA und den angrenzenden Gebieten Kanadas bekannt. Auch dort stellen die Totempfähle einen Menschen dar, auf dem oben sein Seelenvogel sitzt. Diese Totempfähle werden durch die Krafttiere des betreffenden Menschen ergänzt.

Es gibt jedoch weltweit außer in Afrika eine reichhaltige Totempfahl-Tradition (siehe auch: Eilenstein - „Totempfähle").

Zu diesen Totempfählen gibt es oft Erzählungen über Astralreisen, also über Erlebnisse der Seele, die den eigenen Körper vorübergehend verlassen hat. So wird z.B. von dem mythischen „Erfinder" der Totempfähle, dem Kwakiutl-Häuptling Wakiasch erzählt, daß er seinen Körper verließ, um die ganze Welt flog und dabei einige Tiere traf, die dann zu seinen Verbündeten („Krafttiere") wurden. Um dieses Erlebnis festzuhalten, schnitzte er den ersten Totempfahl und richtete ihn vor seinem Haus auf.

indianische Totempfähle der Kwakiutl und Quileute aus der Nähe von Vancouver

Die hohe, schlanke Form der Totempfähle von Göbekli Tepe und von Navali Cori zeigt, das es vor diesen steinernen Totempfählen eine Tradition von hölzernen Totempfählen gegeben haben muß, denn es ist eher mühsam und keineswegs naheliegend, aus Stein eine hohe, schlanke Form zu anfertigen, während hölzerne Totempfähle zunächst einmal diese Baumstamm-Form haben. Die steinernen Totempfähle von Göbekli Tepe und Nevali Cori haben daher sehr wahrscheinlich dieselbe Wurzel in der späten Altsteinzeit wie die Totempfähle der Indianer.

Die beiden T-Pfeiler in der Mitte der frühjungsteinzeitlichen Tempel und die T-Pfeiler allgemein werden daher eine Weiterentwicklung der Totempfähle der Altsteinzeit sein. Das bedeutet, daß der Urriese Ymir über den „Stier-Mittelpfeiler" der T-Pfeiler-Tempel auf die Totempfähle in der Altsteinzeit zurückgeht. Die Verdopplung des Totempfahls zu Zwillings-T-Pfeilern, von denen der eine den Körper des Urahns (Stamm des Totempfahls) und der andere die Seele des Urahns (Vogel oben auf dem

Totempfahl) darstellt, wird zu Beginn der Jungsteinzeit, also vor ca. 12.500 Jahren stattgefunden haben, als man die Zwillings-T-Pfeiler als Darstellungsmöglichkeit für „Körper und Seele" erfand.

> Ymir ist einst in der Altsteinzeit bis zum Ende der letzten Eiszeit der Stamm des Totempfahls gewesen, der den Leib des Urahns darstellte. Sein Zwilling, der Seelenvogel, wurde durch die Flügel oben an diesem Pfahl dargestellt.

VII 3. Die Zahlensymbolik der Steinzeit

Die Symbolik der beiden Mittelpfeiler wird noch etwas deutlicher, wenn man betrachtet, wie in der Altsteinzeit und am Anfang der Jungsteinzeit gezählt wurde.

Das einfachste aller Zahlensysteme ist das binäre System, das auch alle Computer benutzen. Im Gegensatz zu dem heute meist üblichen Dezimalsystem hat das binäre System nur eine Sorte von Zahlen: 1, 2, 4, 8, 16, 32 usw. Durch die Kombination dieser Zahlen lassen sich alle Mengen ausdrücken. So ist z.B. die „7" eine „4+2+1" und die „13" eine „8+4+1". Diese Zählmethode eignet sich offensichtlich nur für kleine Mengen – so wie sie in der Altsteinzeit üblicherweise benötigt wurden. Will man jedoch z.B. „1.523" durch Binärzahlen ausdrücken, wird dies sehr unübersichtlich: „1.024+256+128+64+32+8+1".

Daher erfand man in der Jungsteinzeit ein anderes Zahlensystem, das zwei Sorten von Zahlen benutzte: standardisierte Mengen (z.B. 1, 10, 100, 1.000 usw.) und Zählzahlen (z.B. 0, 1, 2, 3 … 8, 9). Die Zahlen wurden nun zwar zu Rechenaufgaben, aber trotzdem leichter erfaßbar: „$1.523 = 1 \cdot 1.000 + 5 \cdot 100 + 2 \cdot 10 + 3 \cdot 1$".

Dadurch, daß es in der Altsteinzeit nur wenige Zahlen gab (vor allem 1, 2, 4 und 8), erhielten diese Zahlen feste Assoziationen, wodurch sie schließlich selber zu Symbolen wurden.

Diese Qualitäten der früheren Zahlen finden sich selbst noch in den schriftlich überlieferten Religionen in einheitlicher Form:

Zahl	Qualität	Beispiele
1	Ursprung	Große Mutter
2	Ur-Ergänzungsgegensatz (Diesseits und Jenseits)	*Germanen*: Feuer und Eis; sehendes und blindes Auge des Odin, Odins zwei Wölfe, seine zwei Raben und sein achtbeiniges „Doppelpferd" (die Zweizahl symbolisiert Diesseits und Jenseits) *Römer*: zweigesichtiger Janus (am Jenseitstor) *Ägypter*: zweigesichtiger Jenseitsfährmann; der Kulturgott Osiris und der Wildnisgott Seth (Zwillinge), Erdgott und Himmelsgöttin (Zwillinge) *Semiten/Hamiten*: Wasser (Urmutter) und Erde (Urriese) *Chinesen*: Yin und Yang *Mittelpfeiler von Göbekli Tepe*: Körper und Seele des Urmenschen, Diesseits und Jenseits

4	vier Himmels-richtungen, Sonne	*Germanen*: vier Hörner und vier Zwerge tragen Ymirs Himmelskuppel-Schädel *Inder*: viergesichtiger Sonnengott Brahma *Balten*: viergesichtiger Sonnengott Svantevit *Griechen*: viergesichtiger Sonnengott Apollo von Klaros *Römer*: viergesichtiger „Janus quadrifrons" *Indogermanen*: vier Gesichter des Sonnengottes (Apollon, Svantevit, Vishnu u.a.) *Ägypter*: vier Himmelstützen, vier Qualitäten des Urgottes Atum, vier Horussöhne *T-Pfeiler-Kultur*: die Sonne wird durch vier konzentrische Kreise dargestellt *Chinesen*: Pan Gu und seine vier Tier-Helfer *Indianer*: vier Tiere in der Schwitzhütte *Azteken*: die vier ersten Göttersöhne tragen den Himmel in den vier Richtungen
8	das Runde/ Ganze/ Richtige	*Indogermanen*: achtspeichiges Rad als Symbol der Richtigkeit (Kelten, Inder, Griechen u.a.) *Indianer*: achtgeteilter Kalender, achtspeichige Medizinräder *Chinesen*: acht Trigramme *Ägypter*: vier Grundqualitäten, die jeweils als Gott-Göttin-Paar, d.h. insgesamt als acht Gottheiten erscheinen

Auf diesem binären Zahlensystem und der Symbolik der Zahlen 1, 2, 4 und 8 beruhen auch einige wichtige mythologisch-spirituelle Systeme.

VII 3. a) Dakota (Indianer)

In dem binären religiösen System der Dakotas ist Inyan-akan, der Erste Gott, der auch die Felsen darstellt, beachtenswert, da er dem mesopotamischen Urriesen-Erdling-Urmenschen Atum-Adam-Ymir entspricht: Beide sind sowohl die Erde als auch der Erste Mensch.

Aus der „1" des Großen Geheimnisses (Wakan tanka) entstehen die zwei Urqualitäten: Jenseits (das Unerschaffene) und Diesseits (das Erschaffene). Sie teilen sich in die vier Grundqualitäten auf. Die Kombination jeder dieser vier Grundqualitäten mit jeder dieser vier Grundqualitäten ergibt die 16 Arten von Wesen.

Das binäre System der Dakota-Indianer

$(2^0 =)$ 1	$(2^1 =)$ 2	$(2^2 =)$ 4	$(4 \times 4 =)$ 16	
Wakan Tanka: das Große Geheimnis	Wakan kin: das Unerschaffene	Wakan ankatu: Erste Götter	Wi (Sonne)	/ Wi-akan (Sonnengott)
			Shkan (Himmel)	/ Nagi tanka (Himmelsgott)
			Maka (Erdscheibe)	/ Maka-akan (Erdgöttin)
			Inyan (Fels)	/ Inyan-akan (Erster Gott)
		Wakan kolayu: Götterkinder	Hanwi (Mondgöttin)	
			Tate (Wind)	
			Wohpe (die Schöne, Harmonie, Vermittlerin)	
			Wakinyan („Geflügelter", „Donnervogel", Gewitter)	
	Taku wakan: das Erschaffene	Wakan kuya: Lebewesen	Tatanka (Büffel)	
			Hunumpa (Zweibeiner = Menschen)	
			Tate tob (die vier Winde)	
			Yumni (Wirbelwind)	
		Wakan lapi: Lebenskraft/ Seele	Nagi (die Seele, die den Körper verlassen kann)	
			Niya (weiß leuchtender Lebenskraftkörper)	
			Nagila (Lebenskraft)	
			Shikun (Geist, Bewußtsein)	

VII 3. b) China

Das bekannteste dieser binär aufgebauten spirituellen Systemen ist sicherlich das I Ging, in dem das Tao (die Einheit des Anfangs) zunächst durch Trennung zwei Gegensätze bildete, die dann wiederum durch Polarisierung zu den vier Elementen werden, die sich dann noch einmal auf dieselbe Weise zu den acht Prinzipien weiterentwickeln.

Durch die Kombination der acht Prinzipien miteinander entstehen schließlich die $8 \cdot 8 = 64$ Zeichen des I Ging. Diese Zeichen werden im Orakel benutzt, das die Entwikklung von einem dieser 64 Zustände zu einem anderen dieser 64 Zustände zu beschreiben, wodurch sich $64 \cdot 64 = 4.096$ Verwandlungsmöglichkeiten ergeben.

\<Das binäre System des I Ging\>				
($2^0 =$) **1**	*($2^1 =$)* **2**	*($2^2 =$)* **4**	*($2^3 =$)* **8**	*(8x8=)* **64**
Ursprung	**Himmel und Erde**	**vier Elemente**	**acht Prinzipien**	**64 Grundzustände**
Tao: *Einheit*	Yang: *Himmel, Licht, Drache, männlich, Kaiser*	Yang-Yang: *Luft*	Yang-Yang-Yang: *Himmel*	64 Hexagramme des I Ging (die Verwandlung eines jeden Hexagramms in jedes andere ergibt insgesamt 4.096 Ereignismöglichkeiten)
			Yang-Yang-Yin: *See*	
		Yang-Yin: *Wasser*	Yang-Yin-Yang: *Feuer*	
			Yang-Yin-Yin: *Donner*	
	Yin: *Erde, Dunkelheit, Tiger, weiblich, Kaiserin*	Yin-Yin: *Erde*	Yin-Yin-Yin: *Erde*	
			Yin-Yin-Yang: *Berg*	
		Yin-Yang: *Feuer*	Yin-Yang-Yin: *Wasser*	
			Yin-Yang-Yang: *Wind*	

VII 3. c) Yoruba (Afrika)

Das binäre Zahlensystem der westafrikanischen Yoruba zeigt sich vor allem in dem Ifa-Orakel, daß als Ausdruck des Einen Gottes Olorun als die Wahrheit selber aufgefaßt wird. Dieses Orakel bildet eine der wichtigsten Wurzel des mittelamerikanischen Voodoo.

Die Welt besteht den Yoruba zufolge aus zwei Teilen: Orun, die unsichtbare Welt, die oft als „Heimat" bezeichnet wird, und Aye, die sichtbare Welt, die oft einer Reise oder einem Marktplatz verglichen wird. Die Aufgabe des Ifa-Orakels ist es, diese beiden Welten, d.h. den Körper eines Menschen (seinen sichtbaren Anteil an Aye) und die Seele eines Menschen (seinen unsichtbaren Anteil an Orun) wieder miteinander zu verbinden.

Diese beiden Welten sind jeweils wieder zweigeteilt: Orun, die unsichtbare Welt, besteht aus den Göttern (Orishas) und den Geistern der Verstorbenen (Egbe-Oro-Iwin); Aye, die sichtbare Welt, besteht aus den Wissenden (Alawo), d.h. denjenigen, die sich mit ihrer inneren Wahrheit, also ihrer Seele wieder bewußt verbunden haben, und den Unwissenden (Ologberi), die sich noch nicht ihrer Seele/Wahrheit bewußt sind oder dies gar nicht anstreben.

Insbesondere die Oirsha (Götter) werden in die Orisha Funfun (weiße, kühle Götter) und in die Orisha Gbigbona (rote, heiße Götter) unterteilt. Der wichtigste „weiße, kühle Gott" ist Obatale, der Gott der Ordnung und der Kultur; der wichtigste „rote, heiße Gott" ist Eshu, der Gott der Wildnis und des Chaos. Diese beiden Qualitäten sind aber auch in der übrigen Welt zu finden. Sie differenzieren die Vierheit von Göttern, Ahnen, Wissenden und Unwissenden in acht Untergruppen.

Die Orakelschale selber, in der das Orakel mithilfe von 8 Samenkapseln des Opele-Baumes durchgeführt wird, ist in 9 Bereiche eingeteilt: 8 (außen) +1 (innen). Die Mitte ist der Ursprung und die „Krone", während die acht Außenpunkte den Gliedmaßen und ihren Handlungen zugeordnet sind. Dieser „mythologische Lageplan" entspricht dem Purusha-Mandala der Inder und dem Ba-Gua aus dem chinesischen Feng-Shui.

Die acht Gruppen werden durch die Unterscheidung in männlich und weiblich zu acht Paaren, die die 16 grundlegenden Qualitäten verkörpern. Sie werden die Haupt-Odu genannt und meist als Gottheiten aufgefaßt. Sie wurden von dem Einen Gott Olorun damit beauftragt, die Welt zu erschaffen.

Aus den Übergängen von diesen 16 Qualitäten zu jeder anderen der 16 Qualitäten ergeben sich 256 denkbare Ereignisse, die alle im Leben möglichen Situationen beschreiben. Die Ähnlichkeit mit dem I Ging der Chinesen ist nicht zu übersehen.

Das binäre System der afrikanischen Yoruba					
$(2^0 =)$ 1	$(2^1 =)$ 2	$(2^2 =)$ 4	$(2^3 =)$ 8	$(2^4 =)$ 16	$(16 \times 16 =)$ 256
ein Gott	2 Welten	4 Arten von Wesen	8 Arten von Charakteren	16 Haupt-Odu: grundlegende Qualitäten	256 Odu
Olorun („Herr des Himmels")	Orun: unsichtbare Welt, „Heimat"	Orishas: Götter	weiß/kühl (Obatale u.a. Götter)	männlich	256 Odu (Beschreibungen aller möglichen Situationen im Leben)
				weiblich	
			rot/heiß (Eshu u.a. Götter)	männlich	
				weiblich	
		Egbe-Oro-Iwin: Ahnen	weiß/kühl	männlich	
				weiblich	
			rot/heiß	männlich	
				weiblich	
	Aye: sichtbare Welt, „Reise, Marktplatz"	Alawo („Wissende")	weiß/kühl	männlich	
				weiblich	
			rot/heiß	männlich	
				weiblich	
		Ologberi („Unwissende")	weiß/kühl	männlich	
				weiblich	
			rot/heiß	männlich	
				weiblich	

VII 3. d) Vergleich

Es ist bemerkenswert, daß das System der Dakotas, das I Ging und das Ifa-Orakel die Grundqualitäten (Dakotas: 4; Chinesen: 8 bzw. 64; Yorubas: 16) durch Verdoppelung entwickeln und dann diese Zahl mit sich selber multiplizieren, da sich im Leben jede dieser Grundqualitäten in jede andere verwandeln kann:

Dakotas: 4x4=   16 Wesen
Chinesen: 8x8=   64 Situationen   bzw. 64x64=4.096 Veränderungen
Yorubas: 16x16= 256 Ereignisse

Diese Qualitäten wurden oft als eine Tabelle dargestellt, die wie ein Schachbrett mit 4x4, 8x8, 16x16 bzw. 256x256 Feldern aussieht.

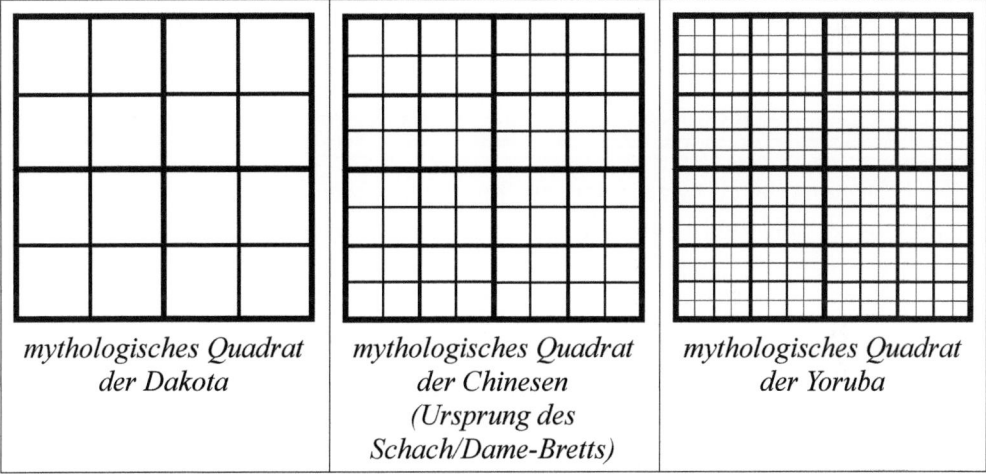

mythologisches Quadrat der Dakota

mythologisches Quadrat der Chinesen (Ursprung des Schach/Dame-Bretts)

mythologisches Quadrat der Yoruba

Es hat den Anschein, daß es eine sehr alte Weltanschauung ist, die Ereignisse in der Welt als die ständige Veränderung zwischen einer begrenzten Anzahl von möglichen Zuständen (4, 8, 16) aufzufassen.

Falls dies zutreffen sollte, werden wohl auch die Erbauer von Göbekli Tepe eine solche Weltanschauung gehabt haben.

Da die gemeinsamen Vorfahren der Dakota, der Chinesen und der Yoruba vor ca. 100.000 Jahren in Nordafrika gelebt haben, stammt das Zählen mithilfe von binären Zahlen und die Auffassung des Lebens als „Verwandlungen innerhalb einer begrenzten Anzahl von Möglichkeiten" möglicherweise noch von dem frühen Homo sapiens, der sich vor 150.000 Jahren in Südafrika aus dem Homo erectus entwickelt hat.

Aus diesen Betrachtungen ergibt sich, daß für die Menschen in der Jungsteinzeit das Konzept des Zwillings nicht isoliert im Raum gestanden hat, sondern ein Ausdruck der allgemeinen „Diesseits-Jenseits"-Symbolik der „2" gewesen ist, die sich auch bei der zweifachen Großen Mutter, also der Mutter der Geburt im Diesseits und der Mutter der Wiedergeburt im Jenseits findet.

Diesseits und Jenseits waren in gewisser Weise Spiegelbilder voneinander – so wie der Körper ein Spiegelbild („Zwilling") der Seele ist.

Die Symbolik der „2"	
Diesseits	Jenseits
Geburt	Tod
Körper	Seele
Stamm des Totempfahles	Flügel (Seelenvogel) des Totempfahles
Erster Mensch	Seele des Ersten Menschen
Erde	Säule: Verbindung zum Jenseits

Die Bedeutung der „2" war zudem ein Teil der gesamten Zahlensymbolik, die auch die „1", die „4" und die „8" umfaßte.

III 4. Das Mittelpfeiler-Mandala

Die beiden Mittelpfeiler in den jungsteinzeitlichen T-Pfeiler-Tempeln (10.500 – 7.500 v.Chr.) blicken stets nach Süden. Dadurch stehen sie auf eine festgelegte Weise in der Welt, d.h. daß sie sich an den vier Himmelsrichtungen orientieren, die den vier Seiten der T-Pfeilern auch eine symbolische Bedeutung verleihen. Daraus ergibt sich ein komplexes Mandala, aus dem sich auch die bereits dargestellte Platzierung der verschiedenen Tiere und Szenen auf den T-Pfeilern erklären läßt.

Von einem nach Süden blickenden Mittelpfeiler aus gesehen steht die mittägliche Sonne im Zentrum der Aufmerksamkeit. Dies ist naheliegend, da es die Wärme nach der langen Eiszeit war, die die großen Herden von Antilopen u.a. Jagdtieren entstehen ließ und den damaligen Jägern ein relativ sicheres Leben ermöglichte. Die Sonne war möglicherweise auch ein Symbol von Stärke und Bewußtheit.

Im Westen, also auf der rechten Seite der Mittelpfeiler (von dem Mittelpfeiler aus gesehen), geht die Sonne unter, d.h. dort starb sie symbolisch. Diese Seite war daher die Jenseitsseite der T-Pfeiler, auf denen sich folglich die Seelenvögel, der Fuchs als Jenseitsführer, die Herdentiere als Opfertiere bei der Bestattung und die Skorpione als Symbole der Verwandlung in einen Seelenvogel befinden.

Im Osten, also auf der linken Seite des Mittelpfeilers (von dem Mittelpfeiler aus gesehen), geht die Sonne auf, d.h. dort begann das Leben. Daher wurde auf der rechten Seite des Mittelpfeilers das Wichtigste aus dem Diesseits abgebildet: das Jagdwild.

Diese Qualitäten von links und rechts findet sich noch heute in der menschlichen Psyche: links ist die Vergangenheit (Sonnenaufgang) und rechts die Zukunft (Sonnenuntergang).

Im Norden, also auf der Rückseite der Mittelpfeiler, war die Sonne nie zu sehen – dort mußte demnach die Unterwelt sein. Daher wurde auf der Rückseite der Pfeiler das Symbol der Großen Mutter angebracht, die alle Menschen im Jenseits wiedergebiert. Sie gab den Menschen im Diesseits zusammen mit den Ahnen den nötigen „Rückhalt" für das Leben.

Es gab offensichtlich bereits das Gleichnis zwischen der Sonne und den Menschen:

Das Gleichnis zwischen Sonne und Menschen	
Menschen	*Sonne*
Geburt	Sonnenaufgang
Leben	Hochstand am Mittag
Tod	Sonnenuntergang
Ahn im Jenseits	Nacht

Auf der Vorderseite der Mittelpfeiler, also an ihrer Südseite, befand sich eine senkrechte Rinne, die den Weg von der Unterwelt in das Diesseits darstellt. In dieser Rinne wurden Reliefs von Schlangen als Symbole des Jenseitsweges und auch der Jenseitsreisenden angebracht. Die Herdentiere in dieser Rinne weisen auf das Opfer bei der Bestattung hin, während der Panther das Ziel der Rituale ist: die Kraft des Großen Raubtiers, die sich die Jäger für ihre Jagd wünschten, um nicht hungern zu müssen.

Diese Vorderseite ist auch das Gesicht, das Ziel und somit der bewußteste Teil des Mittelpfeilers, der das darstellt, wozu die T-Pfeiler errichtet worden sind: das Herbeirufen der Stärke des Panthers von den Ahnen. Die Vorderseite dieser „Pfeiler-Menschen" ist wie bei normalen Menschen auch der Bereich, in dem sich Wahrnehmung und Tätigkeit befinden.

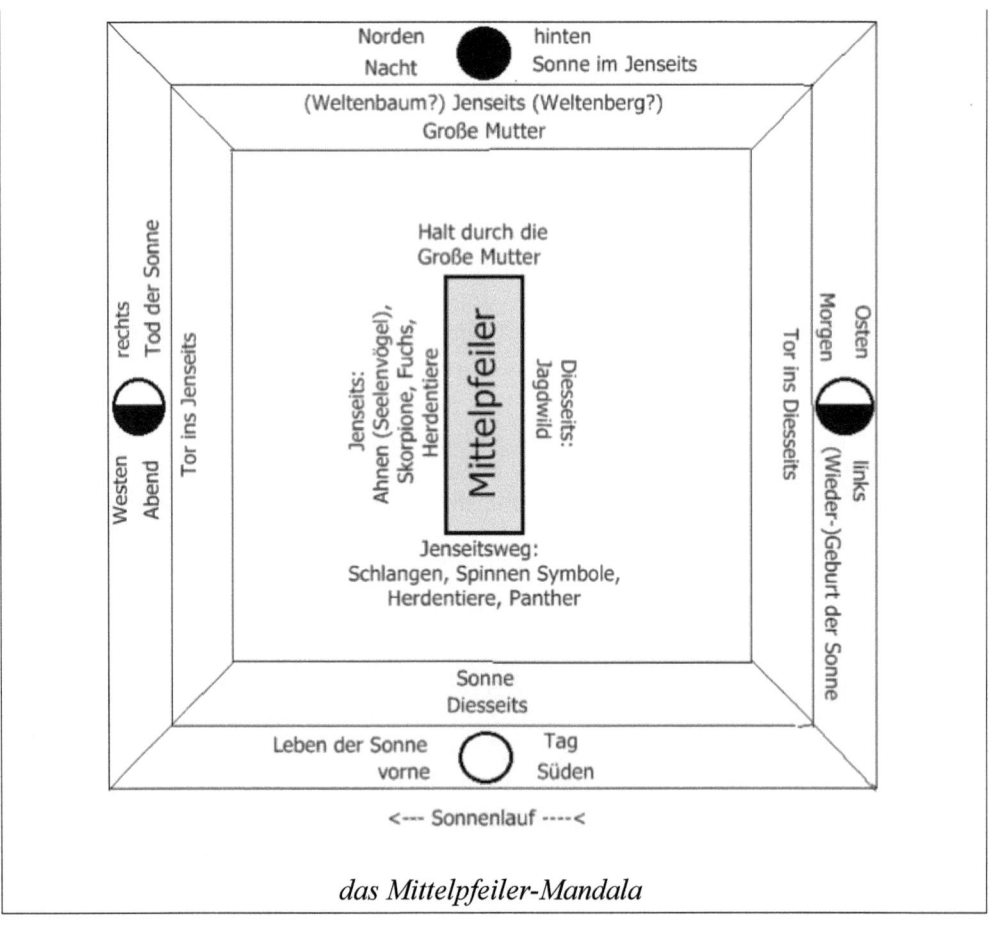

das Mittelpfeiler-Mandala

Dieses Mandala hat eine große Ähnlichkeit mit dem Aufbau einer Schwitzhütte und den Bedeutungen der einzelnen Bestandteile der Schwitzhütte sowie den Himmelsrichtungen in ihr. Diese Übereinstimmung liegt darin begründet, daß die jungsteinzeitlichen T-Pfeiler-Tempel eine Weiterentwicklung der altsteinzeitlichen Schwitzhütten sind.

Vergleich: Schwitzhütte und T-Pfeiler-Tempel

Schwitzhütte
(ohne Felle auf dem Gerüst)

T-Pfeilertempel in Göbekli Tepe
(ohne Dach)

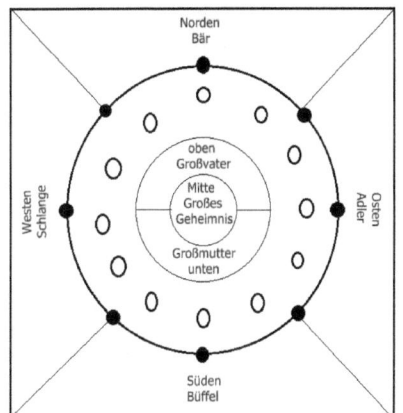

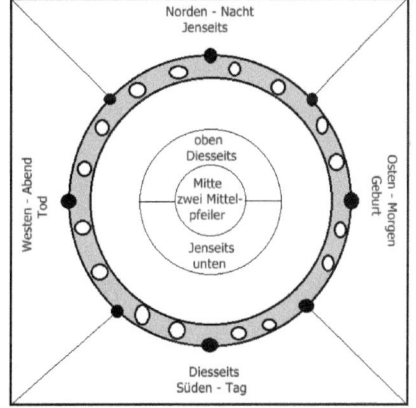

großer Kreis: Schwitzhütte

weiße Kreise: Ritualteilnehmer
schwarze Kreise: Stäbe/Ahnen
Mitte: Loch für die glühenden Steine
oben: Großvater Himmel (Diesseits)
unten: Großmutter Erde (Jenseits)

großer Kreis: Tempelmauer
grauer Kreisring: Bank
weiße Kreise: Ritualteilnehmer
schwarze Kreise: T-Pfeiler
Mitte: die beiden Mittelpfeiler
oben: Diesseits
unten: Jenseits

Sowohl in der Schwitzhütte als auch in den T-Pfeiler-Tempeln finden sich vier Gleichsetzungen:

solare Analogien			
Himmelsrichtung	*Sonnenstand*	*Leben*	*Ort*
Osten	Sonnenaufgang	Geburt	Diesseits
Süden	Tag	Leben	Diesseits
Westen	Abend	Tod	Jenseits
Norden	Nacht	Ahnen	Jenseits

Da sich diese Symbolik jedoch vollständig aus der Sonnenbezogenheit ergibt, ist dies keine Vielzahl von verschiedenen Übereinstimmungen – man kann lediglich feststellen, daß sich sowohl die indianische Schwitzhütte als auch die T-Pfeiler-Tempel auf die Sonne beziehen.

Diese Übereinstimmung erhält aber dadurch mehr Gewicht, daß die Kultur der Indianer zumindest in Nordamerika (im Unterschied zu den Hochkulturen in Mittelamerika) generell ein steinzeitliches Niveau bewahrt hat, das sich auch in der Lebensweise, der Ernährung vor allem durch die Jagd, das Wohnen in Zelten oder Rundhütten, der Kleidung, den Totempfählen und eben auch in der Schwitzhüttenzeremonie zeigt.

Etwas vereinfacht und veranschaulichend gesagt waren die Erbauer von Göbekli Tepe „Indianer".

In den T-Pfeiler-Tempeln und in den Schwitzhütten zeigt sich auch die altsteinzeitliche Zahlensymbolik, die zum größten Teil auch noch in der Ymir-Mythe wiederzufinden ist:

Zahlensymbolik

Zahl	Bedeutung	Schwitzhütte	T-Pfeiler-Tempel	Ymir-Mythe
1	Quelle, Mitte	"Großes Geheimnis"	Große Mutter = Tempel	Urriese Ymir
2	Diesseits und Jenseits	Großvater Himmel und Großmutter Erde	Himmel und Erde; zwei Mittelpfeiler = Körper und Seele	„Ymir" hat auch die Bedeutung „Zwilling"; Nifelheim (Jenseits) und Muspelheim (Diesseits)
4	vier Richtungen, Sonne	Schlange, Bär, Adler und Büffel in den vier Richtungen	Symbolik der vier Richtungen: Rückhalt, Diesseits, Jenseits, Handlung	vier Zwerge und vier Hörner
8	rund, vollkommen, richtig	acht (oder 12) Stäbe des Schwitzhütten-gestells	acht (oder 12) T-Pfeiler in der Tempelmauer	(acht Elemente, aus denen Adam erschaffen wurde)

VII 5.   Der Mensch als Erde – die Erde als Mensch

Das Motiv der Erde, die aus einem Menschen erschaffen wurde, hat sich in den Mythen zu vielen verschiedene Varianten weiterentwickelt.

VII 5. a)   Die Erde als Große Mutter

Das älteste Bild wird die Auffassung der Welt als Große Mutter sein, in deren Innerem sich die Natur und die Menschen befinden. Dieses Bild ist von der Schwitzhüttenzeremonie, von der aztekischen Urmutter Tlaltecuhtli und von der babylonischen Urgöttin Tiamat bekannt.

VII 5. b)   Die Erde als Wassertier

Neben den meist zerstückelten Urriesen wie Ymir und Pan Gu, die zur Erde selber wurden, gibt es auch Bilder, die die Erde als ein anderes Wesen auffaßten. So ist z.B. bei den Indianern in Nordamerika das Bild der Welt als der Rücken einer riesigen, im Wasser schwimmenden Schildkröte weit verbreitet. Diese Schildkröte wird vermutlich eine Gestalt der Großen Mutter sein. Auch die Urgöttin Tlaltecuhtli der Azteken konnte nicht nur als Frau erscheinen, sondern auch die Gestalt eines Krokodiles, einer Schlange oder eines Frosches annehmen.

Die Urgöttin könnte vermutlich deshalb auch als diese im Wasser lebenden Tiere erscheinen, weil sie Hinweise auf die Wasserunterwelt gewesen sind. Vielleicht gab es auch die Vorstellung, daß die Toten diese Tiergestalten annahmen – zumindestens von den Schlangen ist dies gut bekannt.

Bei den Azteken gibt es die Mythe, das die beiden Götter Quetzalcoatl und Tezcatlipoca auf dem Rücken des Tlaltecuhtli-Krokodiles die Erde errichten wollten.

Auch die babylonische Tiamat wurde auch als ein im Wasser lebendes Tier mit Schwanz, also als Schlange oder Krokodil angesehen.

Ähnliche Vorstellungen sind auch von dem ägyptischen Krokodilgott Sobek bekannt: Er war der erste Gott, der aus den Urwassern auftauchte, um die Erde zu erschaffen.

Generell eigneten sich alle Tiere, die im Wasser lebten und manchmal aus ihm auftauchten, als Gleichnis für die ursprüngliche Entstehung der Welt, die bei fast allen Völkern als ein Auftauchen aus den Urwassern angesehen wird.

VII 5. c)   Die Entstehung der Erde aus einem Menschen

Der Urriese, aus dem die Welt erschaffen wurde, wird aus dem Stier-Mittelpfeiler der frühjungsteinzeitlichen Tempel von Göbekli Tepe bzw. aus dem ihm vorausgegangenen Totempfahl, der den Urahn und seine Seele darstellte, entstanden sein. Der beiden wichtigsten dieser zerstückelten Urriesen sind der germanische Ymir und der chinesische Pan Gu.

Das Motiv der Zerstückelung selber stammt aus den Bestattungsbräuchen (Kannibalismus, Schädelkult).

VII 5. d)   Die Erde als Mensch

Von der Mythe der Erschaffung der Welt aus einem riesigen Menschen war es nur ein kleiner Schritt zu der Auffassung der Erde als eines riesigen Menschen, d.h. eines Erdgottes – zumal es bereits das Bild der Welt als Leib der Großen Mutter gab.

Dabei hat sicherlich das Bild von der Unterwelt unter der Erde mitgewirkt, durch das ebenfalls eine Assoziation zwischen der Erde und den Menschen entstanden war. Vermutlich ist es der Stier-Mittelpfeiler der jungsteinzeitlichen Tempel, also der Urahn gewesen, der „so groß" geworden war, daß er als die Erde selber aufgefaßt werden konnte. Dafür spricht auch, daß sich bei dem Erdgott sehr oft das Motiv der Vereinigung mit der Himmelsgöttin findet, das recht sicher auf die Vorstellungen über die Wiederzeugung und die Wiedergeburt zurückgeht, die von der Entstehung des Seelenvogels im Jenseits auf die Entstehung der Erde im Diesseits übertragen wurde. Dadurch wurde auch die Entstehung der Erde zu einer Geburt.

Zu den Erdgöttern dieser Art, die alle zugleich auch Unterweltsgötter, Totengötter und Jenseitsrichter sind, gehören u.a. der ägyptische Atum, der ägyptische Geb, der sumerische Enki und vermutlich auch der hurritsch-hethitische „Träumende Gott" Upelluri.

Bei diesen Göttern ist der Ahnen-Aspekt des Stier-Mittelpfeilers prägender geblieben als der Erd-Aspekt, wodurch der Erdgott fast immer auch der „Großer Urahn" geblieben ist.

VII 5. e)   Die Himmelssäule als Mensch

Die als riesiger Mensch aufgefaßte Himmelssäule ist aus dem Seelenvogel/Schamanen-Mittelpfeiler der Tempel der frühen Jungsteinzeit entstanden. Die Himmelssäule ist der Weg zum Himmel, also zu dem Himmelsjenseits und der Himmelsgöttin. Die

Himmelssäule ist oft auch die Verkörperung derjenigen, die von der Erde zum Himmel reist: die Seelenvögel und die Schamanen.

Zu diesen Himmelssäulen-Göttern gehören u.a. der ägyptische Shu, der indische Skambia, der hurritisch-hethitische Ullikummi und der griechische Atlas. Sie sind oft der Sohn des Erdgottes und der Himmelsgöttin. Dies ergibt sich aus ihrer Entstehungsgeschichte: Der Tote, der später zum Erdgott wurde, zeugt im Jenseits zusammen mit der Großen Mutter, die später zur Himmelsgöttin wurde, den Seelenvogel des Toten, der dann zur Himmelssäule wurde. Im Bild der Himmelssäule hat sich vor allem das Motiv der T-Pfeiler aus den Tempeln von Göbekli Tepe erhalten.

Ein Aspekt des Himmelssäulen-Menschen ist es, daß er Himmel und Erde trennte. Dieses Motiv findet sich in den Mythen als das Wachsen der Himmelssäule, als Vertreibung aus dem Paradies, als Sintflut und als Streit zwischen den Menschen und ihren Ahnen/Göttern.

VII 5. f) Die Himmelssäule im Menschen

Dies ist eine Verallgemeinerung des Motivs des Menschen als Himmelssäule. Die Ausweitung dieses mythologischen Motivs ergab sich aus einer naheliegenden Überlegung: Wenn die Welt aus einem Menschen entstanden ist, dann sollten sich alle Strukturen, die sich in der Welt finden, auch im Menschen wiederfinden. Dies ist sozusagen die Umkehrung des Verfahrens, die den Schädel des Urriesen zur Himmelskuppel, seine Knochen zu den Felsen, sein Blut zum Meer usw. werden ließ.

Die wichtigste Zuordnung dieser Art ist die der Himmelssäule zu dem Rückgrat des Menschen.

Sie findet sich in einfacher Form bei Osiris, dessen Rückgrat als Djed-Pfeiler den Weltenbaum in der Gestalt einer Palme symbolisierte.

Eine detailliertere Zuordnung findet sich im indischen Yoga, in dem dieser Weltenbaum im Menschen die Sushumna ist, also der zentrale Lebenskraftfluß, der im Wurzelchakra zwischen Genitalien und After beginnt und von dort aus in der Körpermitte aufsteigt, am Scheitel austritt, sich über dem Kopf zu einer Fontäne entfaltet und dann außen um den Körper herum wieder nach unten fließt, um sich schließlich wieder im Wurzelchakra zu sammeln und erneut aufzusteigen. Die Lebenskraft bildet somit eine Konvektionsströmung. An dem „Stamm" dieses Lebenskraftflusses befinden sich sieben „Äste": die Chakren, die man als die Organe des Lebenskraftkörpers auffassen kann.

Ein ähnliches System findet sich in dem kabbalistischen Lebensbaum, der das zentrale Symbol der jüdischen Mystik ist. Er besteht aus drei Säulen, an denen unten die Erde, in der Mitte die sieben Planeten und das Firmament und schließlich ganz oben Gott selber angeordnet sind. Die Mittlere Säule repräsentiert auch hier das Rückgrat und die Sushumna („Lebenskraftfluß"). Die sieben Planeten entsprechen den sieben Chakren des indischen Yoga.

Im Zusammenhang mit dieser Introjektion der mythologischen Himmelssäule in den Menschen spielt die Schlange eine große Rolle, da sie als Jenseitsweg zu dem Symbol der in der Himmelssäule fließenden Lebenskraft geworden ist. Am bekanntesten ist sie als Kundalini. Man kann sie in der Meditation als im Körperinneren aufsteigende intensive Hitze erleben.

kahlgeschorener Hinterkopf eines Schamanen mit aufsteigender (Kundalini-)Schlange; Nevali Cori, ca. 8.500 v.Chr.

Das wichtigste Erlebnis und die wichtigste Fähigkeit der Schamanen ist die Astralreise, also das willentliche Verlassen des eigenen Körpers, wodurch der Kontakt zu den Ahnen möglich wird. Beim Üben dieser Astralreise erlebt man meistens auch die Innere Hitze. Ebenso erlebt man beim willentlichen Erwecken dieser Inneren Hitze fast immer auch die Astralreise. Beide Erlebnisse sind also für den, der sie praktisch zu erlernen versucht, eng miteinander verbunden. Daher findet sich bereits in Nevali Cori der Kopf eines Schamanen, an dem eine Schlange emporsteigt.

Diese Feuerschlange, aus der später durch die Kombination mit den Flügeln und den Beinen des Seelenvogels, dem Kopf des Panthers oder Löwen und den Hörnern des Herdentieres der feuerspeiende Drache als Gesamtsymbol der Jenseitsreise wurde, ist eins der wichtigsten religiösen Motive.

Die Feuerschlange sitzt als Uräus an der Stirn des Osiris und des Pharaos, sie ist der Begleiter des babylonischen Sonnengottes Marduk und des keltischen Schamanengottes Cernunnos, sie ist das Symbol des Jenseitsführers Hermes-Merkur und des Arztes Äskulap, sie ist als Federschlange Quetzalcoatl in ganz Mittelamerika das Symbol der Jenseitsreise usw.

VII 5. g) Die Menschen-Himmelssäule als vollkommener Mensch

Der Urmensch als der „Vater aller Väter" war der Kulturgründer und die größtmögliche aller Autoritäten. Er mußte daher vollkommen gewesen sein.

Als sich der Stier/Ahn-Mittelpfeiler und der Seelenvogel/Schamanen-Mittelpfeiler nicht mehr als Paar, sondern einzeln weiterentwickelten, blieb das Motiv des idealen Menschen nicht bei dem eher passiven Stier/Ahn-Mittelpfeiler, sondern bei dem aktiveren Seelenvogel/Schamanen-Mittelpfeiler.

So kommt es, daß die Himmelspfeiler-Götter manchmal auch den vollkommenen Menschen darstellen.

Am deutlichsten ist dieser Gedanke in der jüdischen Mystik ausgearbeitet worden, in der der Lebensbaum-Mensch den ursprünglichen, vollkommenen Menschen darstellt: Adam Kadmon. Der Lebensbaum ist wie der Mittelpfeiler die Verbindung zwischen Himmel und Erde, zwischen Gott und Menschen.

Auch Osiris, der zerstückelte und wiedergeborene Korngott, der die Himmelssäule als sein Rückgrat („Djed") in sich trug, war das Ideal aller Ägypter. Er trug an seiner Stirn die feuerspeiende Uräus-Schlange als Symbol dafür, daß er wiedergeboren ist, daß in ihm die Lebenskraft („Ankh") ungehindert fließt und daß er vollkommen („in Ma'at") ist.

Im indischen Yoga und in den tibetischen Meditationen gibt es ebenfalls Bilder des vollkommenen Menschen, in dem die Lebenskraft („Kundalini") ungehindert fließt und alle Chakren erwacht sind. Oft wird dieser vollkommene Mensch durch eine Form von Krishna, Shiva oder Buddha dargestellt.

VII 5. h) Die strukturelle Gleichheit von Mensch und Welt

Die Beschreibung der Erde als Mensch bzw. die Auffassung der Erde als Mensch führte schließlich dazu, daß Welt und Mensch als genau Analogie zueinander aufgefaßt wurden.

Die bekannteste Formulierung für diesen Zusammenhang stammt aus der „Tabula Smaragdina" des Hermes Trismegistos: „Wie oben, so unten." Mit dem „oben" ist der Himmel und die Götter gemeint und mit dem „unten" die Erde und die Menschen. Eine andere weitverbreitete Beschreibung dieses Zusammenhanges zwischen Urbild/Idee und konkretem Ding ist die Formulierung „Makrokosmos = Mikrokosmos". Der Makrokosmos ist die Welt und der Mikrokosmos der Mensch.

Eine der praktischen Anwendungen dieses Prinzipes ist die Astrologie, die aufgrund der Analogie zwischen Welt und Einzelwesen den Lebensstil jedes Menschen, Tieres oder auch jedes Unternehmens mithilfe des Planetenstandes zum Zeitpunkt der Geburt dieses Lebewesens bzw. der Gründung dieser Unternehmung treffend beschreiben kann.

Dieses Analogieprinzip liegt auch allen anderen Orakeln zugrunde. Die Gesamtheit der Symbole eines Orakelsystems wie z.B. des Tarots oder des I Gings stellen die Gesamtheit der Welt bzw. der möglichen Zustände und Vorgänge in ihr dar – in diesem Sinne ist z.B. ein Set Tarotkarten die Gesamtheit der Körperteile des Ymir. Da die Gesamtheit der Symbole eines Orakelsystems ein Abbild der Welt ist, stehen sie auch in Analogie und in Resonanz mit der Welt. Deshalb spiegeln diese Symbole innerhalb eines Orakelvorganges den Zustand der Welt wieder.

VII 5. i) Das Getreide als Mensch

Die Auffassung des Getreides als Mensch lag nahe, da das Getreide ein „Kind der Erde" war. Zudem war das Ernten des Getreides eine Entsprechung zum Zerstückeln des Urriesen. Solche Getreidegötter sind z.B. der ägyptische Osiris, der babylonische Tammuz, der anatolische Attis, aber auch der Maisgott Tzinteotl der Azteken und der Maisgott Yom Xac der Mayas.

Das Leben der Menschen und das Schicksal des Getreides entsprechen sich bis ins Detail:

Mensch-Getreide-Gleichnis	
Mensch	*Getreide*
Zeugung	Aussaat
Geburt	Keimen
Leben	Wachsen
Alter	Reife
Tod	Ernten
Aufenthalt im Jenseits	Lagern
Wiederzeugung	Aussaat
Wiedergeburt	Keimen

Aus der Gleichsetzung von Ernte und Tod ist u.a. das Symbol des Sensenmannes entstanden: ein Skelett mit einer Sense in seiner Hand.

VII 5. j) Der Himmel als Mensch

Der Himmel als Mensch ist ein relativ neues Bild. In der Jungsteinzeit war zunächst die Große Mutter der Himmel. Sie war das Himmelsmeer, das Himmelsjenseits und die Himmelskuh. Erst gegen Ende der Jungsteinzeit hat sich aus dem Urahn im Himmel auch ein Himmelsgott entwickelt. Dabei wirkte das Motiv des die Pflanzen „zeugenden" Regens mit, wegen dem der Himmel männlich sein mußte.

Solch ein Himmelsgott ist z.B. der sumerisch-babylonische Ani, aus dem später u.a. der griechische Uranos entstand.

Das Bild des Himmelsgottes findet sich auch bei den Indianern und bei den Chinesen. Es wurde insbesondere in der Epoche des Königtums sehr beliebt, in der der Himmelsgott die Entsprechung zu dem König auf Erden war: „Gott im Himmel". Der König war folglich der „Sohn des Himmels", der „Sohn der Sonne" oder der „Gottessohn".

VII 5. k) Zusammenfassung

In der folgenden Übersicht sind diese verschiedenen Formen der Verbindung von Erde und Mensch zusammengefaßt dargestellt:

das Beschriebene	die Gestalt des Beschriebenen	
	ist ein Mensch	*ist im Menschen*
Himmel und Erde	die Welt als Frau: *Große Mutter (Tiamat, Tlaltecuhtli u.a.)*	die Welt als Frau: *Große Mutter (Tiamat, Tlaltecuhtli u.a.)*
Erde	die Erde als Mensch: *Erdgott (Geb, Atum, Enki u.a.)*	
	die Erde aus einem Menschen erschaffen: *Urriese (Ymir, Upelluri, Purusa, Pan Gu u.a.)*	
Himmelssäule	die Himmelssäule als Mensch: *Himmelsträger (Ullikummi, Shu, Atlas u.a.)*	die Himmelssäule im Menschen: *Chakren im Yoga, Djed-Pfeiler des Osiris u.a.*
		der vollkommene Mensch: *Adam Kadmon*
Himmel	der Himmel als Mensch: *Himmelsgöttin (Nut, Hathor, Inanna, Dana u.a.)*	
	der Himmel als Mensch: *später auch als Himmelsgott (Ani, Uranos u.a.)*	
Welt	Welt = Mensch: *Astrologie, „Makrokosmos = Mikrokosmos", „Wie oben, so unten." u.a.*	
Getreide	das Getreide als Mensch: *Korngott (Osiris, Tammuz, Attis u.a.)*; Mensch und Getreide haben dasselbe Schicksal	

VIII Altsteinzeit

Das hohe Alter des Urriesen-Zwillings-Motives läßt sich nicht nur aus seiner weiten Verbreitung erschließen, sondern auch ganz direkt bis in die Eiszeit zurückverfolgen – bis in die Zeit, in der die Menschen in der Tundra vor den Gletschern im Norden Eurasiens das Rentier und noch früher das Mammut gejagt haben.

Das Motiv „Mensch und Vogel" findet sich bereits in den Höhlenmalerein der späten Altsteinzeit, also in der Zeit von 35.000 v.Chr. bis 10.000 v.Chr. In der Höhle von Lascaux in Südfrankreich ist ein Jagdunfall dargestellt worden, bei dem der Jäger offenbar ein Nahtod-Erlebnis hatte, da sich neben dem liegenden Mann ein Vogel auf einem Stab befindet. Dieser „Stab mit Vogel" wird der Ursprung der Totempfähle gewesen sein, die vor allem einen Menschen und dessen Seelenvogel darstellten.

älteste Darstellung eines Nahtod-Erlebnisses: rechts ein verwundete Auerochse, unten Mitte der Speer (?) des Jägers, links der Beinahe-Tote mit Vogelkopf und links unten der Seelenvogel auf einem Stab; Lascaux, ca. 15.300 v.Chr.

 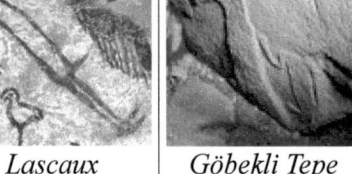

Lascaux   *Göbekli Tepe*

Der Tote mit dem Vogelkopf entspricht dem kopflosen Mann auf dem T-Pfeiler von Göbekli Tepe, der gerade einen Vogelkopf ergreift. Beides illustriert die Verwandlung in einen Seelenvogel, ursprünglich also das Nahtod-Erlebnis, bei dem man über seinem eigenen Körper schwebt.

Der erigierte Penis des Mannes von Lascaux könnte evtl. auf die Wiederzeugung hinweisen – aber das ist recht unsicher.

Solche Vogelstäbe wie der, der in der Höhle von Lascaux dargestellt worden ist, sind auch zur Zeit der T-Pfeiler-Tempel in der frühen Jungsteinzeit noch in Gebrauch gewesen.

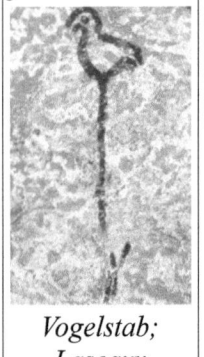				
Vogelstab; Lascaux 15.300 v.Chr.	zwei Mittelpfeiler (im Vordergrund): Körper und Seelenvogel; Göbekli Tepe ca. 9.500 v.Chr.	Mensch und Vogel; Nevali Cori ca. 8.500 v.Chr.	Vogelstab; Nemrik ca. 8.000 v.Chr.	Totempfahl der Kwakiutl-Indianer
Altsteinzeit	Jungsteinzeit: T-Pfeiler-Tempel			heute

Der Vogelstab reicht bis mindestens zu den frühen Homo sapiens zurück, da er auch in Afrika weit verbreitet ist. Während der Vogelstab auf allen Kontinenten zu finden ist und daher noch von dem frühen Homo sapiens (100.000 v.Chr. In Afrika) stammen muß, ist der Totempfahl von dem Homo sapiens erst nach der Ausweitung seines Lebensbereiches auf Eurasien (50.000 v.Chr.) entwickelt worden und findet sich daher zwar in Europa, Asien, Australien und Amerika, aber nicht in Afrika, das seine Kultur südlich der Sahara weitgehend unberührt von den frühen „Auswanderern" bewahrt hat.

Die Aufteilung der Welt in ein Diesseits und in ein Jenseits wurde in der altsteinzeitlichen Höhle von Laussel sehr anschaulich dargestellt: eine zweifache Frau, die wie auf der Abbildung einer Skatkarte einen nach oben gerichteten Oberkörper und einen nach unten gerichteten Oberkörper hat – die Mutter, die alle Wesen im Diesseits gebiert und alle Wesen im Jenseits wiedergebiert.

In derselben Höhle ist die Große Mutter auch mehrfach mit einem Füllhorn dargestellt worden. Noch deutlicher wird die Assoziation zwischen der Großen Mutter und der Kuh in den Frau-Kuh-Mischformen.

Diese altsteinzeitliche Assoziation zwischen der Großen Mutter und der Kuh drückte sozusagen als „bildhaftes Adjektiv" die Fruchtbarkeit der Großen Mutter aus.

Indirekt kann man daraus schließen, daß auch schon damals die Toten im Jenseits Hörner trugen, da sie als „Kälbchen" o.ä. von der Kuh-Frau im Jenseits wiedergeboren wurden. Die Schamanen als die Kontaktpersonen zu den (gehörnten) Ahnen im Jenseits werden daher die Hörner auf ihrem Kopf als „Berufsabzeichen" erhalten haben.

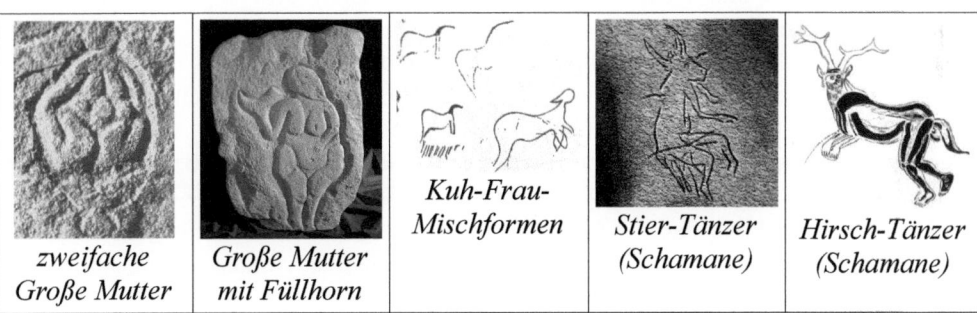

| zweifache Große Mutter | Große Mutter mit Füllhorn | Kuh-Frau-Mischformen | Stier-Tänzer (Schamane) | Hirsch-Tänzer (Schamane) |

Diese Rinder-Symbolik scheint sehr alt zu sein, da in Bilzingsleben in Thüringen ein 300.000 Jahre alter Altar mit einem Auerochsenschädel gefunden wurde. Der Altar ist ein großer Steinblock am Rand eines gepflasterten Platzes, an dessen Westseite drei, runde, kuppelförmige Wohnhütten standen. Etwas weiter von der gepflasterten Fläche entfernt befand sich ein Platz, an dem Steinwerkzeuge hergestellt wurden sowie ein Schlachtplatz, sodaß die gepflasterte Fläche diese beiden Funktionen nicht gehabt haben kann. Neben dem Steinblock mit dem Auerochsenschädel lagen zudem einige Bruchstücke von menschlichen Schädeln. Es hat daher wohl auch schon vor 300.000 Jahren bei dem Homo erectus eine Assoziation zwischen den Ahnen und den Rindern gegeben, die sich vermutlich auf die Fruchtbarkeit der Großen Mutter und somit auf die Wiedergeburt bezogen haben wird.

Die ältesten bekannten Gräber sind 280.000 Jahre alt. Da das Vorhandensein von Gräbern es recht wahrscheinlich macht, daß es auch schon die Vorstellung einer Seele gegeben haben wird, kann man wohl davon ausgehen, daß die Schädelbruchstücke neben dem Auerochsen-Altar die Verbindung zu den Ahnen im Jenseits gewesen sind.

Der Ursprung des Paares „Ymir und Audhumbla" liegt folglich mindestens 300.000 Jahre weit in der Vergangenheit in einer Zeit, in der es den Homo sapiens noch gar nicht gegeben hat. Dieses religiöse Motiv wurde bereits von dem Homo erectus ersonnen.

Durch die Funde von menschlichen Knochen aus der Altsteinzeit, die mit Steinwerkzeugen aufgebrochen wurden um ihnen das Knochenmark entnehmen zu können, ergibt sich, daß es bereits damals Kannibalismus gegeben hat.

Der aus historischer Zeit bekannte Kannibalismus hat überall eine rituelle Funktion. Dabei wurde in der Regel der Leib der Toten, die für die Sippe eine wichtige Rolle gespielt hatten, von dessen Verwandten bzw. der Sippe verspeist, um die Kraft, die Weisheit und die Fähigkeiten dieses Toten für die Sippe zu erhalten.

Die „Kannibalismushymne" aus den ägyptischen Pyramidentexten ist der älteste lange Text, der bisher gefunden worden ist. In ihm wird beschrieben, wie der Pharao die Götter verspeist und dadurch deren Kraft erhält. Genau dies ist ganz allgemein die Funktion des Kannibalismus.

Der griechische Geschichtsschreiber Herodot berichtet um 450 v.Chr. über die (indogermanischen) Skythen, daß sie das Fleisch von wichtigen Toten zusammen mit dem Fleisch von Opfertieren kochten und dann verspeisten. Herodot war keineswegs entsetzt über diesen Brauch, sondern tief beeindruckt über die tiefe Religiosität der Skythen und ihre enge Verbindung zu ihren Vorfahren.

Es ist somit denkbar, daß die Germanen das Zerstückeln des Ymir nicht als einen Mord aufgefaßt haben, sondern als die dem Kannibalismus vorausgehende Zerstückelung des Toten. Statt den Toten zu verspeisen haben die Götter im Fall von Ymir aus ihm die Welt erschaffen.

Diese Auffassung des Zerstückelns erklärt auch, warum gesagt wird, daß sowohl Pan Gu als auch Tlaltecuhtli nach ihrer Zerstückelung trotzdem noch immer lebten: So wie die verspeisten Toten zum einen im Jenseits als Seele und zum anderen im Diesseits in der Sippe, die sie verspeist hatte, weiterlebten, so existierten auch Pan Gu und Tlaltecuhtli in der aus ihnen erschaffenen Welt weiter. Dasselbe wird auch für Ymir und Tiamat zutreffen.

Daher kann man paradoxerweise sagen, daß Ymir, obwohl er zerstückelt worden ist, noch immer lebt und die Welt als Ganzes sein Körper ist. In gewisser Weise ist seine Zerstückelung kein Tod, sondern nur eine Umformung: Ymirs Verwandlung vom Menschen zur Welt.

Die Auffassung der Zerstückelung des Urriesen bzw. der Urgöttin als eines Mordes ist vermutlich eine relativ späte Entwicklung aus dem Beginn der Epoche des Königtums, in der der Sonnengott sich selber zum Götterkönig ernannte und sich alle anderen Götter unterwarf.

Die Erkenntnis, daß es eine Seele gibt, wird vor allem durch das Erlebnis des Verlassens des eigenen Körpers bei einem Nahtod entstanden sein. Da die Chance, so etwas zu erleben für die damaligen von der Jagd lebenden Menschen wohl recht groß gewesen sein wird, kann man davon ausgehen, daß die Seelen-Vorstellung bis weit in die Altsteinzeit zurückreicht. Vermutlich ist die Vorstellung von der Existenz einer Seele so alt wie die menschliche Sprache, die es ermöglichte, anderen von einem Nahtod-Erlebnis zu erzählen.

Der Vogel als das naheliegende Symbol der über dem materiellen Körper schwebenden Seele wird vermutlich in etwa ebenso alt sein: der Vogelstab.

Schließlich wird es in der Altsteinzeit bereits Schwitzhütten gegeben haben. Sie werden auch damals schon vor allem eine Verkörperung der Großen Mutter gewesen sein, in deren Bauch die Lebenden und auch die Ahnen Schutz und Geborgenheit gefunden haben.

Dies kann man daraus schließen, daß es

    1. seit 600.000 Jahren, also seit die Menschen in das kalte Nordeurasien zogen, Hütten gab,
    2. die (Große) Mutter die zentrale Gestalt im Leben war und
    3. die Ahnen eine große Bedeutung hatten.

Die Kombination dieser drei Elemente zusammen mit der archaischen Heiztechnik mithilfe von glühenden Steinen, die man auf einem Feuer vor der Hütte erhitzt und dann in die Mitte der Hütte legt, ergibt bereits den vollständigen Rahmen der Schwitzhüttenzeremonien, bei denen man sich wieder mit der Großen Mutter und den Ahnen verbindet.

Diese Zeremonie findet sich bei vielen der Völker, die von den nordeurasiatischen Steinzeitjägern abstammen: bei den Indianern, Chinesen, Japanern, Kretern, Finnen, Indern, Skythen und Griechen.

Das „bildhafte Adjektiv" der Herdentiere für „Fruchtbarkeit/Zeugungskraft" ist schon in der Altsteinzeit verwendet worden. Aus dieser Zeit stammt die Kuhgestalt der Großen Mutter und die Stier-, Hirsch- und Ziegenbockgestalt der Ahnen. Diese Vorstellungen sind die Wurzel der Audhumbla als Begleitung des Ymir sowie die vier Hörner, die den Schädel-Himmel tragen. Diese Hörner werden ursprünglich die Hörner des Ymir als Urahn gewesen sein.

Die Menschen erneuerten ihren bewußten Kontakt zu der Großen Mutter mithilfe der Schwitzhüttenzeremonie. Diese Hütten stellten den Körper der Großen Mutter dar. Vermutlich wurde auch die Welt als Ganzes bereits als Leib der Großen Mutter aufgefaßt.

Die Vorstellung einer Seele, die als Vogel dargestellt wurde, stammt ebenfalls bereits aus der Altsteinzeit. Das Erlebnis der eigenen Seele wurde als „Vogel auf einem Stab" dargestellt, woraus dann später der Totempfahl wurde.

Aus diesem Vogelstab als Illustration für die Existenz der Seelen der Menschen hat sich vermutlich schließlich das Urbild des Menschen entwickelt. Dieses Urbild wurde zum Beginn der Jungsteinzeit zum Urriesen und trat an die Stelle der Großen Mutter als Bild für die Welt.

Der Kannibalismus diente dem Bewahren der Kraft, der Weisheit und der Fähigkeiten des Toten für die Sippe. Daher ist das Zerstückeln des Urriesen zunächst kein Mord, sondern eine Bestattung gewesen. Die Zerstückelung bei der Bestattung war das naheliegende Bild, um die Entstehung der Welt aus dem Urahn zu beschreiben.

Diese Zerstückelung ist erst mit dem Beginn des Königtums zu einem Mord durch den Sonnengott umgedeutet worden.

Diese Betrachtungen zu der Entwicklung des Urriesen könnte man etwas vereinfacht mit zwei Worten zusammenfassen: „Ymir lebt!"

IX Die fünf Epochen

Die Entwicklung des Ymir wird noch einmal klarer verständlich, wenn man sie vor dem Hintergrund der fünf bisherigen Epochen in der Geschichte der Menschen betrachtet.

Diese fünf Epochen und auch die beiden in Zukunft noch folgenden Epochen entsprechen der Entwicklung eines einzelnen Menschen.

1. Epoche

In der oralen Phase des Säuglings (0 – 1 Jahr) lebt der Mensch in Symbiose mit seiner Mutter, ist weitgehend ein Teil von ihr, vertraut ihr vollständig und nimmt von ihr alles an. Man könnte diese Phase durch ein „Ja" charakterisieren.

Sie entspricht der Lebensform in der Altsteinzeit: als ein Teil der Natur in der Natur leben.

Die prägende Gestalt ist die Große Mutter.

2. Epoche

Der nächste Schritt in der Entwicklung des Individuums ist die anale Phase des Kleinkindes (1 – 3 Jahre): das Erlernen der Sprache und des Laufens und vor allem des „Nein!". Wie die Menschen in der frühen Jungsteinzeit stellt sich auch das Kleinkind der Welt (und seiner Mutter) gegenüber und beginnt zu urteilen: Was will ich und was will ich nicht?

Dies entspricht sowohl dem Bau von Häusern als auch dem frühen Ackerbau und der Viehzucht, die die Welt in Kultur und Natur unterteilten, also in „von mir gewollt" und in „das andere".

Die prägenden Gottheiten sind neben der Großen Mutter der Gott der Kultur (Korngott) und der Gott der Wildnis und der Tiere.

3. Epoche

Der dritte Entwicklungsschritt des Individuums ist die Entdeckung des „Ich!!!" in der phallischen Phase (ab 3 Jahre).

Sie entspricht unverkennbar dem Königtum, das um 3.000 v.Chr. entstand: die völlige Unterordnung des Ganzen unter ein sie leitendes Zentrum – unter das Ich bzw. den König.

Die prägende Gestalt ist der Sonnengott, der auch der Götterkönig ist.

4. Epoche

In der genitalen Phase, die besser als Pubertät bekannt ist, richtet sich der Mensch nach außen und prüft die Welt, seine Fähigkeiten, seine Mitmenschen und sucht letztlich nach dem „Du?", also nach einer Beziehung.

In diesem Forschen und Erproben und ersten eigenständigen Erschaffen läßt sich leicht der Materialismus mit seinen Forschungen, Erfindungen, Produktionen, Industrien, Eroberungen und Machtkämpfen wiederfinden.

Die prägende Gestalt in dieser Phase ist der Mensch selber.

5. Epoche

Nach diesen vier von Sigmund Freud für den einzelnen Menschen beschriebenen Phasen schließt sich als fünfte die adulte Phase an, in der der Einzelne sich auf eine Beziehung festlegt, einen Hausstand gründet und selber Vater oder Mutter wird.

Diese Phase ist im Gegensatz zu der Pubertät mit ihrem Wettbewerb und Wettkampf durch Kooperation geprägt: Der Einzelne hat das Ganze im Blick – er fördert durch sein verantwortungsvolles Handeln das Ganze und er wird auf das Ganze vertrauend von ihm getragen. Dies ist auch das Ziel des derzeit neu entstehenden globalen Denkens und Handelns, das aus der Wertschätzung des Individuellen und der Kooperation aller Individuen miteinander besteht.

Auf das „Ja" der oralen Phase und der Altsteinzeit folgte das „Nein!" der analen Phase und der Jungsteinzeit, die zusammen die Entstehung des „Ich!!!" der phallischen Phase und des Königtums ermöglichten. Auf der Grundlage dieses „Ich!!!" wurde es in der Pubertät und dem Materialismus möglich, sich dem „Du?" zuzuwenden, was schließlich zu dem „Wir." des Erwachsenseins und der derzeit beginnenden globalen Phase führte.

Die prägende „Gestalt" ist die Gemeinschaft.

6. Epoche

Die nächste, sechste Epoche liegt kollektiv gesehen noch in der Zukunft. Sie entspricht in der individuellen Biographie der Zeit, in der die Kinder aus dem Haus gegangen sind und in der man sich einen sicheren Lebensunterhalt erworben hat und auch ansonsten alle Dinge in geordneten und sicheren Bahnen verlaufen. In dieser

Phase hat der reife Erwachsene mehr Zeit und Erfahrung als je zuvor und kann diese zum einen für neue Entdeckungen, Forschungen, Begegnungen u.ä. nutzen und genießen und er kann seine Erfahrungen zum anderen an Jüngere weitergeben. Daher könnte man diesen Abschnitt „tutorale Phase" nennen.

Da sie kollektiv gesehen noch in der Zukunft liegt, ist es nicht verwunderlich, daß sie vor allem in Science-Fiction-Romanen immer wieder beschrieben worden ist: der Planet der Weisen, die in Frieden mit sich und der Natur leben und in der Regel spirituell hochstehende Wesen sind.

Die prägende Gestalt könnte der Weise sein.

7. Epoche

Die letzte, siebte Entwicklungsstufe ist schließlich das hohe Alter. In dieser „geronten Phase" erlangt man Weisheit und erkennt das Wesen der Welt.

Dies liegt kollektiv gesehen aber noch in ferner Zukunft.

Die prägende Gestalt könnte der Erleuchtete sein.

In den fünf bisherigen Epochen hat der Urriese Ymir verschiedene Gestalten angenommen, durch die er den Ersten Menschen und seine Entstehung, das Ideal eines Menschen und die Erde als Mensch verdeutlicht hat.

In der 1. Epoche (Altsteinzeit) war Ymir noch ein Bild für die Menschen, das vermutlich mit dem Vogelstab und dem Totemstab verbunden war, die Symbole für die Erkenntnis waren, daß die Menschen eine Seele haben. Die Welt wurde zu dieser Zeit noch als die Große Mutter angesehen.

In der 2. Epoche (Jungsteinzeit) war Ymir der Urahn (Erster Mensch), die Welt und der zum Zweck des Kannibalismus zerstückelte Urriesen – sowie vermutlich auch das Idealbild des Menschen. Er ist zu dieser Zeit noch ein „lebender Gott".

In der 3. Epoche (Königtum) ist Ymir durch den Sonnengott bzw. die Asen getötet worden, die aus ihm die Welt erschaffen – Ymir ist zu der „toten Substanz" der Welt geworden.

In der 4. Epoche (Materialismus) ist Ymir weitgehend in Vergessenheit geraten, da die Religion als prägende Weltanschauung durch die Wissenschaft abgelöst wurde.

In der 5. Epoche (heute) könnte Ymir zu einem Symbol oder einer Gottheit des globalen Bewußtseins und somit auch zu einem Bild für Vertrauen und Verantwortung werden – ähnlich wie die Erdgöttin Gaia.

Die wichtigsten Bilder des Ymir und allgemein der Urriesen sind in der folgenden Tabelle zusammengestellt:

Die Bilder des Urriesen				
Epoche	*Biographie*	*Qualität*	*Urbild*	*Urriese*
Altsteinzeit	orale Phase: Baby	Teil des Ganzen: „Ja"	Große Mutter	Urahn, Erster Mensch; Jäger mit der Panther-Kraft; Totempfahl (Körper und Seele); die Auffassung der Erde als Mensch oder Urmutter
Jungsteinzeit	anale Phase: Kleinkind	Abgrenzung: „Nein!"	Korngott und Wildnisgott	Korngott, Totengott; getrennte Weiterentwicklung von Körperaspekt (=Erde) und Seelenaspekt (Himmelssäule) des Urriesen
Königtum	phallische Phase: Kind	Zentrierung: „Ich!!!"	Sonnengott	Königsgott; der Eine Gott; vollkommener Mensch
Materialismus	genitale Phase: Jugendlicher	Begeg-nung: „Du?"	Mensch	die Erde und der Mensch als Objekt
heute	adulte Phase: Erwachsener	Verbindung: „Wir."	Gemeinschaft	die Erde als Lebewesen; der Mensch als Teil der Erde
Zukunft I	tutorale Phase: Reife	Lehren	Weiser	?
Zukunft II	geronte Phase: Weisheit	Eins-Sein	Erleuchteter	?

X   Die Biographie des Ymir

Aufgrund der Betrachtungen über den germanischen Urriesen Ymir läßt sich nun seine Biographie verfassen, die seine Entwicklung beschreibt.

1. Kapitel: Altsteinzeit

Die früheste Wurzel des Ymir liegt in der Entdeckung der Seele in der Altsteinzeit, also in dem Erlebnis der Astralreise. Dadurch entstand die Vorstellung eines „unsichtbaren Zwillings" eines jeden Menschen, der nach dem Tod weiterlebte und der auch schon während des Lebens den materiellen Körper vorübergehend verlassen kann. Der Name „Ymir", der ursprünglich „Erdling", aber schon früh auch „Zwilling" bedeutet hat, ist vermutlich schon sehr alt. Dieser Name hat in der späten Altsteinzeit wahrscheinlich „dug-mänu", d.h. „Erd-Mensch/Mann" gelautet, was sich am ehesten mit „Erdling" übersetzen läßt.

Die einfachste Darstellung dieser frühesten religiösen Erkenntnis war ein Stab mit einem Vogel an seiner Spitze: der erste Totempfahl.

Durch das Erlebnis der Astralreise ergab sich das Bild einer zweifachen Welt: einem sichtbaren Diesseits und einem unsichtbaren Jenseits. Das Diesseits war die Welt des materiellen Körpers und das Jenseits war die Welt der Seele, die als Vogel dargestellt wurde.

In Analogie zu der Ankunft im Diesseits durch eine Geburt wurde die Ankunft im Jenseits als eine „zweite Geburt", also eine „Wiedergeburt" aufgefaßt. Da die Fruchtbarkeit der Großen Mutter durch das Bild der Kuh ausgedrückt wurde, ergab sich für die Wiedergeborenen im Jenseits das Bild eines Kälbchens. Durch dieses Motiv wurden die Ahnen im Jenseits zu Rinder-Menschen, Hirsch-Menschen u.ä., also zu Gehörnten.

Auch die Schamanen trugen Hörner, da sie die Kontaktpersonen zu den gehörnten Ahnen waren und auch selber ins Jenseits reisen konnten.

Man scheint auch schon früh die Schädel der Verstorbenen aufbewahrt zu haben, um mit ihrer Hilfe weiterhin Kontakt zu ihnen aufnehmen zu können. Durch diesen „Schädelkult" ergab es sich, daß auch die Schamanen bisweilen kahlköpfig, also „Totenkopf-ähnlich" waren.

Der nächste Entwicklungsschritt bestand darin, daß das Astralreise-Erlebnis auf die Tiere ausgedehnt wurde, die als Lebewesen auch eine Seele besitzen mußten: die Tiergeister. Es war nur eine Frage der Zeit, bis diese Seelenvorstellung auf die ganze Welt ausgedehnt wurde. Es stellte sich dann auch die Frage, was denn wohl die Gesamtheit aller Seelen sein mochte. Es lag nahe, diese Gesamtheit als Mensch aufzufassen – einfach deshalb, weil es Menschen waren, die hierüber nachdachten.

Dieser Mensch, der alle Dinge und auch die Seele in allen Dingen war, wird die Große Mutter gewesen sein, da sie die prägende Gestalt gewesen ist. Dies zeigt sich u.a. an den Hunderten von Statuetten von Frauen, die aufgrund ihrer Körperfülle wohl „fruchtbare und nährende Mütter" darstellen.

Die Menschen lebten in der Natur, die sie als die Große Mutter ansahen. Im Ritual wurde die Große Mutter durch die Schwitzhütte verkörpert, in der sich die altsteinzeitliche Sippe versammelte, um den bewußten Kontakt zu ihr wiederherzustellen.

2. Kapitel: Jungsteinzeit

Zu Beginn der Jungsteinzeit wuchs das Selbstbewußtsein der Menschen, als sie immer größere Jagdgemeinschaften bildeten, seßhaft wurden, mit dem Ackerbau begannen und die ersten Tempel errichten – sie fingen an, „sich die Erde untertan" zu machen und Inseln der Zivilisation in der Wildnis zu erschaffen.

Dieses gewachsene Selbstbewußtsein drückte sich auch darin aus, daß der Urahn allmählich an die Stelle der Großen Mutter trat und schließlich auch zu dem Bild für die Erde selber wurde. Aufgrund des Kannibalismus bei den Bestattungen wurde der Urahn, der schließlich ein Toter in ferner Vergangenheit war, als zerstückelt angesehen.

Dieser Urahn und seine Seele wurden durch die beiden Mittelpfeiler in den Tempeln dargestellt – eine Weiterentwicklung des altsteinzeitlichen Totempfahls. Der zerstückelte Urriese ist ein Bild dafür, daß sich die Menschen allmählich von der Großen Mutter zu unterscheiden begannen und eigenständig wurden.

Nachdem dieses Bild erst einmal entstanden war, ergaben sich die differenzierteren Assoziationen zwischen Schädel und Himmel, Knochen und Steinen, Fleisch und Erde, Blut und Wasser, Atem und Wind usw. fast von selber.

Am Anfang war nur die Große Mutter, die den Ersten Menschen (den späteren Urriesen) gebar. Als Analogie zu dem Fruchtwasser bei der Geburt kam nur das Meer in Frage, aus dem das Bild der Wasserunterwelt entstand.

Durch diese „Erste Geburt" entstand die Welt, d.h. sie erlangte Größe und Weite. Dann wurden Himmel und Erde getrennt: das Diesseits und das Jenseits verloren ihre Verbindung zueinander, die Nabelschnur zur Großen Mutter löste sich auf, die Menschen wurden sterblich … Auch dieser Schritt entspricht der Selbständigwerdung der Menschen in der frühen Jungsteinzeit.

Als Erster Mensch war der Urriese auch der Urahn aller Menschen: der Vater aller Väter. Da die Menschen in der Steinzeit nur von ihren Eltern lernen konnten, „wie Leben geht", waren die Eltern die einzige Autorität – und der Urriese folglich die Quelle aller Weisheit und aller Kraft und des richtigen Verhaltens. Der Urriese-Urahn war somit auch der vollkommene, ideale Mensch.

Da der Urriese eben so groß wie die ganze Erde gewesen ist und die Menschen seine fernen Nachkommen sind, müssen die Kinder des Urriesen zunächst „normalgroße Riesen" gewesen sein, die dann immer kleiner wurden bis sie die übliche menschliche Größe erreichten. So entstand die Vorstellung von dem Geschlecht der Riesen in der Urzeit.

Vor der Geburt des Urriesen aus den Wassern der Großen Mutter heraus lag die Zeit, in der die Große Mutter mit der Welt schwanger war und die Welt und somit die Menschen in völliger Geborgenheit lebten. Aus diesem Motiv der „kollektiven pränatalen Harmonie" ist dann später das Goldene Zeitalter und das Paradies geworden.

Zu Beginn der Jungsteinzeit, als der Ackerbau erfunden wurde, wurden die nun wichtigen „großen Dinge" wie z.B. der Himmel durch den Vergleich mit den „kleinen Dingen" beschrieben. Der Himmel wurde zum Himmelsmeer, zur Himmelsgöttin und zur Himmelskuh, Sonne und Mond zu den Augen der Himmelsgöttin oder des Urriesen, die Verbindung in der Mitte der Welt wurde zum Weltenbaum, der Weltensäule, dem Weltenberg usw.

Bei den nostratischen Völkern in Mesopotamien, also bei den frühen Ackerbauern in der Jungsteinzeit, hat sich dabei eine Dreiheit von mythologischen Wesen herausgebildet: Die Große Mutter wurde zur Himmelsgöttin, der Körper-Aspekt des Urriesen zu der Erde und der Seelen-Aspekt des Urriesen zu der Himmelssäule in der Mitte der Welt.

Durch den Ackerbau wurde der zerstückelte Urriese auch mit dem geernteten Getreide gleichgesetzt. Schließlich entwickelte sich eine komplexe Analogie zwischen dem Getreide und dem Menschen. Da der zerstückelte Urriese der Urahn in der Unterwelt war, entstand aus dem Mensch-Getreide-Gleichnis schließlich der Getreide- und Totengott.

Der Name des Urriesen wird zu Beginn der Jungsteinzeit „dug-mäno", d.h. „Erdling" gewesen sein. Im Verlauf der in Mesopotamien und in den angrenzenden Gebieten 7000 Jahre dauernden Jungsteinzeit vereinfachte sich dieser Name im Norden bei den Indogermanen zu „Yemo" und im Süden bei den Semiten und Ägyptern zu „Adam/Atum".

3. Kapitel: Indogermanen

Die Vorfahren der Indogermanen wanderten ungefähr in der Mitte der Jungsteinzeit (ca. 7.000 v.Chr) von Mesopotamien aus über den Kaukasus in die südrussische Steppe, wo sie vor allem von der Viehzucht lebten. Daher gingen in den indogermanischen Mythen die ursprünglichen Getreidegötter verloren.

Der Urriese, der Kampf zwischen den Göttergenerationen und die Sintflut waren ihnen jedoch gut bekannt. Der aus dem Seelenvogel-Mittelpfeiler entstandene Säulengott trat im Vergleich zu dem Erd-Urriesen, der aus dem Stier-Mittelpfeiler entstanden war, in den indogermanischen Mythen deutlich in den Hintergrund.

Die ostindogermanischen Völker übertrugen das Urriesen-Motiv zum Teil auch auf das Königtum: der persische Yima, der der Erste König gewesen ist, und der indische Yama, der zu dem König der Unterwelt wurde. Auch außerhalb der Indogermanen gab es diese Entwicklung: So wurde Osiris, der Toten- und Korngott der Ägypter, auch zu dem Ersten Pharao und nach seinem Tod zu dem König der Unterwelt.

Aus dem ursprünglichen Namen „Yemo" wurde bei den Ost-Indogermanen „Yima" (Perser) und „Yama (Inder), während der sich bei den West-Indogermanen zu „Ymir" (Germanen) weiterentwickelt hat.

4. Kapitel: Westindogermanen

Bei den Westindogermanen hat sich die Generationenfolge „Urriese – Riesen – Götter – Menschen" deutlicher erhalten als bei den östlichen Indogermanen wie z.B. den Persern oder Indern.

Bei den Westindogermanen ist das Urriesen-Motiv zudem archaischer geblieben als bei dem östlichen Teil der Indogermanen: Er blieb der Urriese und wurde weder zum Totengott noch zum Ersten König. Dies lag sicher vor allem daran, daß die westlichen Stämme der Indogermanen im Gegensatz zu den östlichen Stämmen zunächst einmal kein Königtum entwickelten, sondern ihre Stammesorganisation beibehielten.

Besonders auffällig ist dieser Einfluß des Königtums bei den Persern, bei denen Yima zum Erste König wurde und sogar die Assoziation zu dem Rind und die Hörner auf seinem Kopf ganz verlor. Der indische Yama behielt hingegen sowohl seine Hörner als auch den Büffel als Begleiter.

Die Westindogermanen bestanden aus den Slawen, den Balten, den Tocharern, den Germanen, den Römern und den Kelten. Als erstes trennten sich die Slawen und die Balten von den übrigen Westindogermanen. Von ihnen sind keine Urriesen-Mythen bekannt. Von den Tocharern, die kurze Zeit später die übrigen westindogermanischen Stämme verließen und nach Osten bis in die Würste Gobi zogen, sind keinerlei Mythen überliefert, da ihre ersten Schriftzeugnisse aus einer Epoche stammen, in der sie bereits zum Buddhismus übergetreten waren.

5. Kapitel: Germanen

Es blieben nun noch die gemeinsamen Vorfahren der Germanen, der Kelten und der Römer übrig. Die Germanen trennten sich von den beiden anderen und zogen nach Norden nach Skandinavien. Sie bewahrten die archaischste Urriesen-Mythe: Ymir wurde zerstückelt, er trug vermutlich Hörner, die man dann als Himmelsstützen verwendete, er war mit der Urkuh Audhumbla verbunden, wurde von der folgenden Generation, d.h. den Asen getötet; und er war kein König und auch kein Totengott.

In den Ymir-Mythen findet sich auch noch der Urgegensatz von Diesseits (Muspelheim/Feuer) und Jenseits (Nifelheim/Wasser), die Trennung von beidem (Ginnungagap/Abgrund) und die Entstehung des Urriesen durch die Verbindung der beiden Gegensätze (das Feuer schmilzt und belebt das Eis).

Schließlich wurde der von den Asen getötete Ymir als Hymir dem alten, von Thor getöteten Tyr, d.h. dem Tyr-Riesen in der Unterwelt gleichgesetzt – (H)Ymir war der zeitlich gesehen erste aller Riesen und Tyr war der rangmäßig gesehen erste aller Riesen.

Bei den Kelten und den Römern findet sich das Urriesen-Motiv nicht mehr. Es könnt lediglich sein, daß der keltische Riesenkönig Balor bzw. Yspadadden ursprünglich einmal der Urriese gewesen ist – aber er gleicht doch deutlich mehr dem Tyr-Riesen im Jenseits als dem Urriesen Ymir.

XI Das Aussehen des Ymir

Über das Aussehen des Ymir läßt sich nicht allzuviel sagen. Er war so groß wie die ganze spätere Erde und das Meer zusammen.

Vermutlich trug er Hörner auf seinem Kopf und eine „altsteinzeitliche" Fellkleidung.

Es ist auch recht wahrscheinlich, daß er von der Urkuh Audhumbla begleitet wurde, die letztlich die Große Mutter war, die ihn gebar.

Seine Urtümlichkeit legt nahe, ihn sich mit einem Faustkeil oder ähnlichen einfachen Steinwerkzeugen vorzustellen – auch wenn solch ein Motiv vermutlich nicht in dem germanischen Ymir-Bild enthalten gewesen ist.

Wahrscheinlich kann man ihn sich als eher einfachen oder gar groben Menschen vorstellen. Es wird jedoch wohl schon sprechen gekonnt haben und er wird bereits von der Existenz der Seele gewußt haben.

Ymir ist zwar eher ein Symbol für ein die ganze Erde umfassendes Bewußtsein als ein Mensch, der diese Form von Bewußtsein besitzt, aber man wird sich Ymir wohl trotzdem als einen Riesen, der sich in diesem Bewußtsein befindet, vorstellen können – schließlich ist die gesamte Welt Ymirs Körper, sodaß er auch wissen wird, was in seinem Körper, d.h. in der ganzen Welt geschieht.

XII Meditationen und Rituale

Es gibt eine Vielzahl von Ritualen, Meditationen u.ä., durch die man den Kontakt zu Ymir herstellen kann.

Traumreise

Die einfachste Methode ist die Traumreise. Sie ist technisch gesehen die Koordination bzw. Integration von Wachbewußtsein und Traumbewußtsein. Dies klingt evtl. ungewohnt, aber dieser Zustand ist fast jedem bekannt: der Tagtraum, aus dem man plötzlich erwacht und sich in der U-Bahn wiederfindet oder auch morgens das Ende eines Traumes, in dem man bereits aufgewacht ist, aber noch eine halbe Minute wie im Kino zuschaut.

Um die Traumreise zu erlernen ist es am einfachsten, sie zusammen mit einem Menschen, dem diese Methode bereits geläufig ist, durchzuführen. Man kann sich jedoch auch einfach bequem hinsetzten oder -legen, sich auf Ymir konzentrieren oder ihn mit einer Hymne oder auch improvisiert rufen und dann schauen, welche Bilder und Eindrücke im Inneren erscheinen. (Eine ausführlichere Anleitung findet sich in meinem „Handbuch für Zauberlehrlinge".)

Solch eine Traumreise kann man auch zu Adam Kadmon (Kabbala), Atum (Ägypten), Pan Gu (China) oder einem der anderen Urriesen unternehmen – die Ergebnisse werden sich ähneln, aber nicht genau gleich sein.

Kontakt zur Erde

Eine sehr schlichte Möglichkeit des Kontaktes zu Ymir ist es, sich in der freien Natur auf die Erde zu legen oder draußen langsam barfuß zu gehen und dabei bewußt die Erde zu spüren. Was man dabei erlebt, läßt sich nicht vorhersagen, aber es lohnt sich fast immer.

Das Legen auf die Erde ist auch eine bekannte Erste-Hilfe-Maßnahme bei Schock-Zuständen, heftigen Emotionen und ähnlichem, denn der Kontakt zu der Erde entsteht sofort, wenn man sich z.B. auf einen Rasen oder auf den Waldboden legt.

Diese Methode kann erweitert und intensiviert werden, indem man in der eigenen Vorstellung entweder in die Erde hineinsinkt oder sich in die Erde hinein auflöst.

Der Drache

Eine etwas speziellere Weise, den Kontakt zur Erde aufzunehmen, besteht darin, das eigene Wurzelchakra mit dem Wurzelchakra der Erde zu verbinden – was eigentlich der Normalzustand ist, aber oft in der einen oder anderen Weise unterbrochen ist.

Um diese Verbindung wiederherzustellen bzw. zu verstärken sendet man in der inneren Vorstellung einen weißen Lichtstrahl von seinem eigenen Wurzelchakra in die Erde hinab bis zum weißglühenden Erdkern (in der Mitte der Erde ist es hell) und bittet dort den eigenen Drachen herbeizukommen. Dieser Drache ist der eigene Anteil an der Lebenskraft der Erde bzw. die eigene Verbindung zur Lebenskraft zur Erde. Zusammen mit diesem Drachen steigt man dann wieder auf und läßt die Lebenskraft, d.h. den Drachen im eigenen Körper aufsteigen, sich über dem Scheitel zu einer Fontäne entfalten, außen wieder herabfließen und dann erneut von unten her wieder durch den Körper aufsteigen.

Dies ist auch eine gute Hilfe bei Kundalini-Meditationen. Diese Konvektionsströmung der Lebenskraft im eigenen Körper hat dieselbe Form wie die Konvektionsströmungen in der Erde, die u.a. die Kontinentalverschiebungen verursachen. So wie die Hitze im Erdkern die Ursache für die Konvektionsströmungen in der Erde ist, so ist die Hitze im untersten Chakra die Ursache für das Aufsteigen der Kundalini, für die der eigene Drache nur ein anderes Bild ist. Dem Druck in der Erdmitte entspricht in der Meditation die Konzentration auf das unterste Chakra.

Die glühende Erdmitte ist das Wurzelchakra der Erde und somit auch das des Ymir. Durch die Verbindung des eigenen Wurzelchakras mit dem Mittelpunkt der Erde, der Ymirs Wurzelchakra ist, wird auch das eigene Wurzelchakra und somit die eigene Lebendigkeit angeregt.

Ymir ist auch der vollkommene Mensch: sein Wurzelchakra könnte kaum noch intensiver glühen … Daher ist diese Form der Verbindung mit Ymir auch eine Methode, sich selber zu heilen.

Ymirs Schutz

In vielen Mythen gibt es eine spezielle Methode der Heilung und des Schutzes, die darin besteht, jeden Teil des eigenen Körpers oder des Körpers des Menschen, der geschützt oder geheilt werden soll, unter die Obhut einer Gottheit zu stellen.

Am bekanntesten sind vermutlich die Zuordnung der astrologischen Häuser zu den Teilen des Körpers, die Zuordnung der Sephiroth des kabbalistischen Lebensbaumes zu den Körperteilen und die Zuordnung von verschiedenen Göttern zu den Körperteilen des Bestatteten im ägyptischen Totenbuch.

In dieser Weise kann man auch in einer Meditation oder Kontemplation (Betrachtung) die Teile des eigenen Körpers den Körperteilen Ymirs, d.h. der Natur gleichsetzen. Dies könnte in etwa wie folgt aussehen: „Mein Schädel ist weit wie der Himmel; die Gefühle und Gedanken in meinem Gehirn fließen wie die Wolken; meine Knochen sind fest wie die Berge; mein Atem kommt und geht wie der Wind; mein Blut strömt wie der Regen, die Flüsse und das Meer; meine Augen strahlen wie Sonne und Mond ... usw."

Dabei sollte man sich Zeit lassen und sich diese Qualitäten „auf der Zunge zergehen lassen" und sie möglichst deutlich einladen und spüren. Wenn man dabei neue Bilder entdeckt, sollte man schauen, ob sie stimmig sind und sie dann miteinbeziehen – wie z.B. die Glut in der Erdmitte als Wurzelchakra, die Milchstraße als der eigene Scheitel, der Polarstern als das eigene Scheitelchakra, der Regenbogen oder der Weltenbaum als die eigene Wirbelsäule (Yoga: Sushumna) usw.

Wenn man an dieser Meditation Gefallen findet, werden sich sicherlich immer wieder einmal neue Bilder einstellen.

Anrufung

Eine vielleicht etwas ungewohnte Möglichkeit, Ymir zu erleben, ist ihn anzurufen, d.h. sich hinzustellen, sich innerlich auf ihn auszurichten und ihn dann mit Worten zunächst zu beschreiben und ihn schließlich zu bitten, sich zu zeigen, etwas mitzuteilen oder auf eine andere Weise Kontakt zu einem selber aufzunehmen.

Dafür kann man bereits existierende Texte benutzen oder auch selber frei sprechen. Meistens wird man mit ersterem beginnen und dann zum freien Sprechen übergehen. Wenn dann innerlich Antworten kommen, kann sich ein Gespräch mit Ymir entwickeln. Solch ein inneres Gespräch ist einer Traumreise sehr ähnlich.

Vertrauen und Verantwortung

Eine eher abstrakte Methode des Kontaktes zu Ymir ist das Betrachten von Zusammenhängen auf der Erde, also das globale Denken.

Zunächst einmal beschränkt sich diese Vorgehensweise auf den Verstand. Wenn man diese Betrachtungen jedoch auf sich selber ausdehnt und sich als einen Teil dieser alles umfassenden Zusammenhänge ansieht, dann kann man zum einen die eigene Verantwortung für das Ganze entdecken und zum anderen aber auch das Vertrauen in das Ganze finden: man trägt selber das Ganze und man wird von dem Ganzen getragen.

Dies ist dem Verhältnis eines Menschen zu Ymir recht ähnlich – auch wenn dieser Ansatz eher intellektuell ist und nicht vom Erleben ausgeht. Er sollte daher nicht als einzige Methode der Kontaktanknüpfung zu Ymir gewählt werden.

Licht in allem

Eine weitverbreitete Meditation besteht darin, sich in allen Dingen ein gleißendweißes Licht vorzustellen. Durch diese Meditation kann allmählich eine Wahrnehmung der Einheit aller Dinge entstehen.

Dieses Erlebnis ist zwar nicht identisch mit dem Kontakt zu Ymir, der wesentlich persönlicher und auf die Erde beschränkt ist, aber sie kann durchaus eine Unterstützung bei dem Versuch sein, Ymir zu erleben.

XIII Traumreise zu Ymir

Das Folgende ist die Beschreibung einer Traumreise zu Ymir, die ich selber während des Schreibens dieses Buches unternommen habe.

Ich denke darüber nach, ob es o.k. ist, einfach nur deshalb eine Traumreise zu Ymir zu machen, weil ich mich gerade mit ihm beschäftige. Ich bin kurzfristig etwas unsicher, aber Neugier auf die Welt, Wissensdrang und Forscherfreude sind schließlich gute Motivationen, etwas zu tun – und nicht nur große innere oder äußere Not.
Ich lege mich also hin, decke mich mit einer Decke zu und sammle meine Aufmerksamkeit in meinem Inneren.

Ich gehe innerlich über dieselbe Wiese wie vor einigen Jahren, als ich einmal zusammen mit einer Freundin in einer Traumreise nach Asgard gegangen bin, weil wir dort Odin und Freya etwas fragen wollten. Damals fanden wir auf dieser Wiese das Ende der Regenbogenbrücke Bifröst, an der Heimdall stand. So halb erwarte ich, daß ich wieder an diese Regenbogenbrücke kommen werde.
Während ich über die Wiese laufe und halb bei meinen Erinnerungen an diese frühere Reise bin, spüre ich, wie sich die Erde unter meinen Füßen leicht bewegt – ein bißchen so, als würde ich über einen großen aufgeblasenen Ballon oder über ein Wasserbett laufen (nur nicht so wackelig). Es ist, als würde die Erde atmen oder sich leicht im Schlaf bewegen. Und es ist eine deutliche Präsenz unter mir zu spüren. Das habe ich nicht erwartet. Es ist komisch – so als ob ich auf einem Lebewesen gehen würde. Das macht mich irgendwie betroffen. Ich bleibe stehen, weil ich etwas Scheu habe, weitere Schritte auf diesem Lebewesen zu machen.
Ich frage etwas unsicher „Ymir"? und es kommt ein freundliches, sanftes „Ja." zur Antwort. Dieses „Ja" ist eigentlich wie ein Lächeln, das ich sehen und spüren kann und das nur sekundär zu einem Wort geworden ist. Ein sehr warmes und wohlwollendes Lächeln.
Ich weiß nicht so recht, was ich nun eigentlich tun soll, denn ich brauche ja nichts und habe auch keine konkrete Frage und auch kein Problem, für das ich nach einer Lösung suche. So frage ich Ymir: „Möchtest Du mir etwas sagen oder mir etwas zeigen?"
Als Antwort kam: „Setz' Dich hin, entspann' dich, nimm Erde in Deine Hände, nimm Erde in Deinen Mund, nimm Erde in Deine Ohren, nimm Erde in Deine Nase, spüre die Erde, spüre ..."
Erde in den Mund nehmen? Hm. Ist das nicht unhygienisch? (Nunja, eine seltsame

Überlegung in einer Traumreise ...) Aber ich folge seinen Worten und beginne die Erde zu spüren. Ich lege mich auf die Erde und sinke in den Boden ein. Es ist angenehm unter der Erde. Ich schwebe ohne jedes Gewicht und kann mich ohne jede Mühe bewegen und habe zugleich die Festigkeit an meinem Ort, so als ob ich dort stehen oder sitzen würde.

Ich frage Ymir: „Soll ich etwas tun?" – „Schaue, spüre ..." Seine Stimme ist zugleich in mir und überall um mich herum. Ymir ist zugleich etwas in mir und etwas im Außen. Seine Stimme ist sehr sanft und sicher.

Es ist alles durchsichtig hier unter dem Erdboden; ich sehe Fische in einem Korallenriff auf der anderen Seite der Erde, Wurzeln, den Meeresboden, viele Tiere, schemenhaft auch Menschen ...

Mir fällt das „Landschaftsbewußtsein" ein, daß die Brahmanen und die Druiden beschreiben: die Wahrnehmung dehnt sich auf einen sehr großen Bereich aus und man kann sehen, was in den Häusern und hinter den Bergen vor sich geht, man hört Dinge, die kilometerweit entfernt sind, man weiß, was die Menschen um einen her denken ...

Ich bin mit allem, was ich wahrnehme, verbunden – nicht angebunden, aber durch eine „Bewußtseinsberührung" in Kontakt mit allem; wenn etwas wichtig für mich werden sollte, wird durch diesen Kontakt eine Resonanz zwischen mir und den betreffenden Dingen entstehen.

Mir geht durch den Kopf, daß ich einmal diesen Zustand als bewußt gewordenes Kollektives Unterbewußtsein, also sozusagen als „Kollektives Bewußtsein" beschrieben habe.

Ich schaue und habe noch immer Fragezeichen in mir. Warum bin ich hier? Habe ich etwas, was ich tun muß? Oder gibt es etwas zu klären?

Ymir antwortet auf meine „Fragezeichen": „Wünsche, wünsche Dir einfach, was Du möchtest ..." Es kommt aber nicht viel in mir an Wünschen empor, einige verschwommene erotische Szenen, ausruhen ... nicht viel ...

Halb von mir und halb von Ymir kommt der Impuls, einen Lichtstrahl von meinem Wurzelchakra zur Erdmitte zu senden und dann von dort diesen Lichtstrahl entlang meinen Drachen, also meinen Anteil an der Erd-Lebenskraft zu mir emporzurufen (eine Meditation, die ich des öfteren mache). Während ich dies tue, wird mir deutlich, das die Glut im Erdinneren Ymirs Wurzelchakra ist – diese Erkenntnis ruft irgendwie etwas Scham in mir hervor ... mein Wurzelchakra an Ymirs Wurzelchakra anschließen? ... aber es fühlt sich richtig an ... es ist ein bißchen so, wie sich von der eigenen Mutter umarmen zu lassen, wenn man ihr eigentlich grollt, aber heimlich doch gerne in den Arm genommen werden würde ...

Als mein Drache ankommt, fließt er durch mein Wurzelchakra in mich hinein, steigt in der Mitte wie der Strahl eines Springbrunnens auf, entfaltet sich über meinem Scheitelchakra zu einer Fontäne, tropft außen rings um mich wieder herab, sammelt sich in meinem Wurzelchakra und steigt erneut auf. Diese Konvektionsströmung zu spüren ist immer wieder ausgesprochen angenehm.

Es kommt ein neuer Impuls – wieder zugleich aus mir und aus Ymir: Ich sende meine Wölfin (mein Krafttier) aus und sage ihr, sie soll die Dinge zu uns holen, die uns guttun, erfreuen, bereichern, Spaß machen, lebendig sind. Dann rufe ich meinen Thuja (meine Kraftpflanze) hinter mich und lege meinen Bergkristall (meinen Kraftstein) vor mich und lasse sie ebenfalls strahlen.

Meine Seele (das, was sich in mir inkarniert hat) beginnt in meinem Herzen golden zu leuchten und ich fange an zu lächeln – dieses breite „Honigkuchenpferdgrinsen". Eigentlich tue ich gar nichts, ich erinnere mich nur an mich selber – und Ymir hilft mir dabei ... es ist ganz einfach, ohne Mühe ...

Der Yogi Maitrepa hat das vor gut 1.000 Jahren einmal „sich in sich selber hinein entspannen" genannt. Jetzt erlebe ich es – ohne es gewollt zu haben und ohne groß etwas dafür tun zu müssen ...

Ich spüre einen Druck im Nacken an meiner Schädelbasis – den kenne ich gut ... Ich frage Ymir: „Was kann ich da tun? Kannst Du da etwas tun?" Ymir nimmt von seinem Speichel und streicht ihn auf die Stelle. Dann nimmt er von seinem Urin und streicht ihn ebenfalls auf die Stelle.

Ich bin ein bißchen verwirrt und leicht unangenehm berührt – Ymirs Urin auf meinem Nacken? Hm. Ich frage ihn: „Warum hast Du das gemacht?" – „Das ist das Ja und das Nein." Eigentlich verstehe ich ihn nicht, aber zugleich verstehe ich, daß er recht hat und daß das genau das Richtige ist. Ich kann schon sehen, daß der Speichel das Ja ist und der Urin das Nein, aber warum ich das gerade da brauche, ist mir nicht so recht klar. Nun, ich kann ja später darüber nachdenken ... jetzt ist nicht der richtige Augenblick dafür ...

Ich spüre von meiner Schädelbasis eine leichte Wärme zu meinem Scheitel aufsteigen wie bei der zweiten Stufe der Kundalini-Erweckung (1. Stufe: „elektrisch-warmes" Prickeln; 2. Stufe: diffuse Wärme; 3. Stufe: in der Mitte des Körpers gebündelt und langsam aufsteigende Hitze). Sehr angenehm. Oben auf dem Scheitel entsteht ein leichtes Pulsieren. Auch sehr angenehm.

Ich sitze da und grinse vor mich hin. Assoziationen kommen. Ymir ist das Kollektive Unterbewußtsein der Menschen ... die Wünsche rufen durch Telepathie das herbei, was sie wünschen ... diese telepathischen Verbindungen sind Ymirs Gedanken ... Ymir hilft mir stets, daß meine Wünsche und meine inneren Bilder genau das im Außen erhalten, was ich mir wünsche und was meine inneren Bilder sind ... das ist Magie ... Ymir ist der große Magier ... eigentlich ist Ymir die Magie selber ... Ymir ist der Mensch in allen Menschen ... Ymir ist der Wohltäter aller Menschen ... er ist der perfekte Spiegel für alle Menschen ... er zeigt durch seine Magie jedem Menschen in jedem Augenblick das im Außen, was im Inneren dieses Menschen ist ...

Ist Ymir eigentlich männlich? Hm. In den Mythen schon, aber seine Stimme ist eigentlich nur „menschlich" und nicht wirklich männlich oder weiblich – und wirklich sehr angenehm. Und er fühlt sich eindeutig nach „Mensch" und nicht nach „Mann" oder „Frau" an ... Seltsam, daß ich diese Qualität vorher nicht so klar und präsent hatte – das fühlt sich so normal und irgendwie selbstverständlich an ... und das ist in jedem Menschen ...

Ich frage Ymir: „Was muß ich denn jetzt tun?" – „Nichts ... genießen, wünschen, Du kannst auch einfach zufrieden sein ohne viel zu tun, Du brauchst gar nichts zu machen ..."

Ich gehe halb hinaus über die Erdoberfläche, lasse mich dann aber wieder zurückgleiten. „Ymir, kann ich immer wieder zu Dir zurückkommen?" – „Das tust Du jede Nacht. Im Traum werden Deine Erlebnisse in Deine Erinnerungen integriert und im Tiefschlaf Deine Erinnerungen und Erlebnisse in Deine Seele. Wenn Du wach hier in mir sein kannst und hier ganz zuhause bist, dann brauchst Du keine Träume mehr und auch keinen Tiefschlaf, dann ist alles an seinem Ort in Dir und Du brauchst nicht mehr zu schlafen." – „Und wenn ich durch meinen Drachen ganz mit Deinem Wurzelchakra verbunden bin, dann brauche ich nichts mehr zu essen?" – „Ja."

Mein Grinsen ist die ganze Zeit über da und wird in Schüben immer wieder einmal stärker und schwächer – ich bin erfreut, wie lange ich die Freude „ertragen" kann ... mein inneres „Gefäß für die Freude" scheint größer geworden zu sein ... die ersten Male war es nicht leicht, die Intensität dieser Freude auszuhalten ...

Ich frage Ymir: „Es gibt nichts zu tun, nicht wahr? Ich muß nichts tun?" – „Nein, das brauchst Du nicht. Kuschle Dich einfach in das Leben ein ..."

Ich bleibe noch eine ganze Weile dort unten und kehre dann langsam auf die Erdoberfläche zurück. Irgendwie bleibe ich aber halb dort unten, d.h. eigentlich bin ich gleichzeitig auf der Erde und in der Erde.

Ein paar Stunden nach der Traumreise kamen mir noch zwei Gedanken zu dem Erlebten:

Der Name „Ymir" bedeutet nicht nur „Zwilling", sondern auch „Zwitter" – und Ymirs Füße zeugen auch miteinander die Riesen. Das paßt gut dazu, daß ich Ymir als Mensch erlebt habe und nicht als Mann oder Frau.

Der andere Gedanke war eigentlich ein Bild: Alle Menschen sind von ihrem Wurzelchakra aus mit dem Wurzelchakra von Ymir, also mit der Glut in der Erdmitte, verbunden – und folglich sind auch die Wurzelchakren aller Menschen indirekt miteinander verbunden. Da das Wurzelchakra die Lebenskraft selber ist, leben wir Menschen in gewisser Weise gemeinsam das „Leben" bzw. sind Teil des Lebens auf der Erde – und sind Teil von Ymirs Leben.

Auf der Traumreise habe ich, während ich „in der Erde" war, alles in und auf ihr „von innen her" wahrgenommen – so als ob die Erde mein Körper, also ich selber Ymir wäre.

Nach dieser Traumreise bin ich einen halben Tag wandern gegangen. Dabei ist in mir immer wieder eine Liebe zur Erde übergeströmt – das war eine solche Fülle im Innen und im Außen, wie ich sie vorher noch nie erlebt habe.

Inzwischen ist seit der Traumreise zu Ymir ein halbes Jahr vergangen und noch immer kommt diese Liebe zur Erde, wenn ich draußen in der Natur bin – da scheint Ymir eine dauerhafte Veränderung bewirkt zu haben.

Es kommt bei Traumreisen zu Gottheiten oft vor, daß Dinge geschehen, mit denen man überhaupt nicht gerechnet hat.
Oft haben die Gottheiten auch Qualitäten, die man nicht gekannt hat. Ob dies daran liegt, daß sich die Gottheiten im Laufe der Zeit verändert haben (die Niederschrift der Ymir-Sage ist 800 Jahre her) oder ob das an dem liegt, was der Traumreisende an Bildern und Vorstellungen in sich trägt, läßt sich kaum entscheiden.
Wenn man jedoch bedenkt, daß die Gottheiten auch ein Teil des kollektiven Unterbewußtseins sind, dann sind diese beiden Erklärungsmöglichkeiten für diese Weiterentwicklung der Gottheiten nicht allzu verschieden.

XIV Hymnen an Ymir

Die folgenden Verse sind zum einen Zusammenfassungen, also „Ver-Dichtungen" der bisherigen Betrachtungen, und zum anderen Hilfen bei der Meditation: Die Konzentration auf ein mythologisches Wesen in der Meditation, auf einer Traumreise oder in einem Ritual wird deutlich einfacher, wenn man das betreffende Wesen vorher mit einer Hymne angerufen hat.

Diese Gedichte sind keine traditionellen Texte und sie sind von ihrem Stil her auch nur zum Teil an die Dichtkunst der germanischen Skalden angelehnt. Diese Verse sind sozusagen „Gebrauchslyrik", die zudem auch je nach den Bedürfnissen des Benutzers abgeändert werden sollten.

Ymir der Urriese

Dein Schädel wurde einst zur Himmelsschale,
hoch erhoben auf vier Hörnern;
Deine Knochen wurden kantiger Fels
in Berg und Burg, und Bachlauf-Kiesel.

Dein Fleisch: die Erde flacher Felder
der Pflanzen Labung, der Bäume Halt.
Dein Blut: das Naß in Bucht und Bach,
der rinnende Regen, Rauhreif und Schnee.

Das Mark Deiner Knochen: klare Diamanten;
Die Zähne Deines Mundes: zahllose Erze;
Der Schweiß Deiner Stirne: schwebende Nebel;
Dein Atem: wehender Wind im weiten Midgard.

Dein Hirn: die weißen Wolken am Himmelsgewölbe;
und Ymirs Stimme: der Donner im Sturm;
Dein Haar sind die Bäume und Büsche und Blätter;
Deine Brauen: der bergende Wall um die Burg der Menschen.

Dein linkes Auge lebt nun als leuchtende Sonne;
Dein rechtes Auge wandert als milder Mond;
Dein Bart steht als Sterne am stillen Himmel,
und leuchtet als milchweißer Weg in dunkeler Weite.

Die Flöhe Deines Haars formten die flinken Tiere und Fische,
Die Maden in Deinem Fleisch die fleißigen Zwerge;
Deine linke Achsel gebar das Menschengeschlecht,
und Deine Füße die ruh'losen Riesen.

An Ymir

Ymir Urzeitriese, Immerwährender
Menschen-Erde, Erden-Mensch
Ymir Himmels-Schädel, Wolken-Hirn
zerstückelt, zerstört, zerstoßen
und lebendig, lebend, lebengebend
Ymir in allem, in allen Ymir
Blut-Meer, Regen-Tränen
Knochen-Berge, Pflanzen-Haar
Fleisch-Acker, Wind-Atem

Du bist, was ich berühre
was sich bewegt, ist Du
Totempfahl mit Vogelschwingen
Stier-Pfeiler, Vogel-Pfeiler,
Adam-Atum-Erdling
Yama-Yima-Ymir-Riese
Homo-Humus-lebende Welt
Mond-Auge, Sonnen-Auge
sternenglänzendes Haupt
Ymir Riesenvater
Asen-Ahn und Menschen-Vorfahr

Mein Atem ist Deine alleserfüllende Luft
mein Blut ist einer Deiner vielen Flüsse
mein Körper ist das Korn auf Deinem Leib
mein Fleisch ist Teil von Deinem Leib
meine Seele ist Feuer von der Kraft der Riesen
vom Feuer Deiner Söhne
meine Seele ist Licht vom Licht der Asen
vom Licht der Söhne Deiner Söhne
meine Seele ist Leuchten vom Glanz der Alben
vom Glanz der Söhne Deiner Enkel
meine Seele fliegt mit den Flügeln der Fylgjas
meine Seele leuchtet mit dem Strahlen der Sonne
meine Seele lodert in dem Feuer der Riesenschlange
voller Lebensfeuer
voller Lebensfreude
voller Lebenslicht
mit Wurzeln und mit Flügeln und mit Herz

Gebet an Ymir

*Ymir,
laß meine Knochen fest sein
wie Dein Felsen-Gebein*

*Ymir,
laß mein Fleisch fruchtbar sein
wie Dein Erden-Leib*

*Ymir,
laß meine Muskeln stark sein
wie Deine Erden-Glieder*

*Ymir,
laß mein Blut kreisen und fließen
wie Dein Flüsse-Blut*

*Ymir,
laß meine Augen strahlen
wie Dein Sonnen-Auge und Dein Mond-Auge*

*Ymir,
laß meinen Schweiß mich reinigen
wie Dich Dein Morgentau-Schweiß reinigt*

*Ymir,
laß meinen Geist weit sein
wie Deinen Himmels-Schädel*

*Ymir,
laß meine Gedanken fließen, sich lösen und wieder binden
wie Deinen Wolken-Verstand*

*Ymir,
laß mein Haar wachsen
wie den Wald auf Deinem Leib*

*Ymir,
laß meine Brauen ein Schutz für meine Augen sein
wie Dein Brauen-Gebirge die Mitte des Menschenlandes schützt*

Ymir,
laß meinen Atem fließen, kommen und gehen
wie Deinen Wind, der alles erfüllt

Ymir,
laß meine Stimme kräftig werden
wie Deine Donner-Sprache

Ymir,
laß meine Ideen förderlich und fröhlich sein
wie Deine Vogel-Worte

Ymir,
laß meine Gefühle mich reinigen und beleben
wie Deine Regen-Tränen

Ymir,
laß meinen Scheitel offen und weit und leuchtend sein
wie das Milchstraßen-Kronenchakra auf Deinem Haupt

Ymir,
laß mein Wurzelchakra glühen und mir Leben geben
wie Deine Glut in der innersten Erde

Ymir,
laß die Kundalini in mir fließen und tanzen
wie die aufsteigende Lava in Deinem Erden-Leib

Ymir,
laß mein Leben in mir voller Freude und Farben strömen
wie Dein Regenbogen-Rückgrat

Ymir,
laß mein Herz pulsieren und in Liebe leuchten
wie Deinen ganzen warmen Leib

Die fünf Gesichter des Ymir

(Erstes Gesicht: Altsteinzeit)

Ymir, Urmensch, Urzeit-Jäger
Bote des Panthers, Bruder des Bären
Sippenerhalter, Rentierjäger –
schleuder den Speer, Mammutjäger
mit der Kraft aller Ahnen
mit Feuer im Blut

(Zweites Gesicht: Jungsteinzeit)

Ymir, Erster der Menschen,
Hoch im geflügelten Totempfahl
schützt Du das Dorf und die Felder
Erd-Mann, Korn-Mann, Säulen-Riese –
zerstückelt im Herbst, geboren im Lenz
bringt Schönheit und zeigt uns den richtigen Weg

(Drittes Gesicht: Königtum)

Ymir, Begründer des Reiches
Erster König im Erstem Land –
schaffst Ordnung und Wohlstand
und Einheit und allen Gedeihen
Du bist das Land und die Menschen
der Fluß und der Gott

(Viertes Gesicht: Materialismus)

Ymir, der Erdkreis, der Boden, das Meer –
wir gruben und schufen und brannten
und schmolzen und formten und schweißten
und bauten und fügten und nutzen die Erde
... und vergaßen das Ganze, das Leben in allem,
und sahen nur Erz und Eimer voll Humus

(Fünftes Gesicht: Neue Epoche)

Ymir, Vater-Mutter der Menschen
Mensch in allen Menschen
Mensch, der alle Menschen umfaßt
Erde und Weisheit, alles verbindend –
Du zeigst uns zu leben: ganz in uns selber zu ruhen
und ganz Teil des Ganzen zu sein: ein Mensch

Ymir, was wirst Du in Zukunft noch werden,
wenn die Menschheit reif wird und Weite entdeckt?

Ymir, was wirst Du in Zukunft noch werden,
wenn die Menschheit weise wurde und die Einheit erkennt?

An Audhumbla

Die Urhuh Audhumbla ist eng mit Ymir verbunden, da auch der Urriese zu den „gehörnten Ahnen" gehört – schließlich ist er der Urahn, der Erste Mensch.

Meine milchreiche Mutter
im Norden des nebligen Niflheim
fülle ein Horn voll des feinen weißen Tranks
voll des milden Mets für mich
gib mir wogendes, wallendes Leben
gib mir der Gaben Beste: meine Geburt
und meiner Seele strahlenden Segen

Funken flogen aus von Muspells Flammen
verliehen Leben dem leblosen Eis
furchten Ymir, formten die Kuh
da faßte der Riese den fülligen Euter
und labte sich an dem weißen Lebenstrank

Dunkel war es unter dem Dach der Welt
nur der Brunnen in des Berglands Mitte brodelt
zwölf Flüsse fließen und frieren zu Eis
bedecken dick das dunkle Land
Da reckte sich riesig der erste Baum
von dem Brunnen hoch und breit empor
der Feuerdrache wohnt in den Wassern
Urd waltet im Brunnen unter den Wurzeln
und Mimir hütet hier so manches Wissen

Audhumbla, gewähr mir Deine Gabe:
geborgen, geführt, erfüllt durch Deine Milch
Wissen, Verstehen durch das Wasser der Urd
Erinn'rungs-Ernte durch das Mimir-Wasser
Kraft und Können durch Drachenfeuer
strahlende Seele durch Göttermet
im Brodeln des Kessels werden alle Gaben geboren
denn Du bist die Göttin in der Gestalt einer Kuh

Das Landschaftsbewußtsein

Der Urriese Ymir symbolisiert dadurch, daß die Vielfalt der Welt aus der Einheit seines Körpers entstanden ist, auch das Bewußtsein in allen Dingen – speziell das ausgeweitete Bewußtsein eines einzelnen Menschen, der dadurch alle Dinge um sich her von innen her erleben kann. Dieses „Landschaftsbewußtsein" kann man als Ymirs Bewußtsein ansehen. Man kann es auch das „Kollektive Bewußtsein" nennen, also das in einem Menschen bewußt gewordene Kollektive Unterbewußtsein.

Dieses so gut wie grenzenlose Bewußtsein wurde von den altindischen Yogis durch den kurzen Satz „Tat twam asi." beschrieben, der „Dies (alles) bist Du." bedeutet. Das Erreichen dieses Bewußtsein kann man durchaus als „Ymir-werden" bezeichnen.

Die keltischen Druiden kannten dieses Bewußtsein ebenfalls und haben es in verschiedenen Gedichten beschrieben:

Leabhar Gabhála, das Lied des Barden-Druiden Amairgen

Ich bin der Wind, der über die See bläst;
Ich bin die Woge des Ozeans;
Ich bin das Murmeln der Nebelschwaden;
Ich bin der Stier der sieben Kämpfe;
Ich bin der Geier auf dem Felsen;
Ich bin ein Strahl der Sonne;
Ich bin die schönste aller Blumen;
Ich bin ein wilder Eber voller Heldenmut;
Ich bin ein Lachs im Teich;
Ich bin ein See in der Ebene;
Ich bin das Können des Handwerkers;
Ich bin das gelehrte Wissen;
Ich bin die kampfbereite Speerspitze;
Ich bin der Gott, der in den Menschen das Feuer des Geistes entflammt.
Wer erleuchtet die Versammlung auf dem Berge, wenn nicht ich?
Wer sagt die Zeiten des Mondes an, wenn nicht ich?
Wer zeigt den Ruheort der Sonne, wenn nicht ich?
Wer ruft die Rinder aus dem Hause Tethras?
Auf wen sehen Tethras Rinder lächelnd hernieder?
Wer ist der Gott, der das Entzücken hervorruft
- das Entzücken der Schlacht wie die Winde des Wandels?

aus dem Lied des Barden-Druiden Taliesin

Ich war ein blauer Lachs,
Ich war ein wilder Hund,
Ich war ein scheuer Hirsch,
Ich war ein Rebstock auf dem Berggipfel
und ein Baumstumpf auf einer Schaufel.
Ich war eine Axt in der Hand,
Ein Pflock in der Zange,
Ein Hengst in der Brunft,
Ein Stier in Wut,
Ein Korn im Werden,
Ich war tot, ich habe gelebt,
Ich mache Lieder,
denn ich bin Taliesin.

XV Ymir heute

Es ist durchaus interessant zu wissen, welche Weltanschauungen die Menschen im Laufe ihrer Geschichte gehabt haben. Solange sich aus diesen Erkenntnissen jedoch keine Auswirkungen auf das eigene Leben ergeben, sind diese alten Geschichten im besten Fall unterhaltsam – was keineswegs gering zu schätzen ist.

In welcher Weise die Ymir-Mythe heute noch für den konkreten Alltag inspirierend sein kann, ist natürlich individuell sehr verschieden. Es gibt eine ganze Reihe von möglichen Ansatzpunkten, aus denen heraus Ymir zu einer im eigenen Leben lebendigen Gestalt werden kann.

> Ymir geht letztlich auf die Totempfähle der Altsteinzeit zurück, die den Menschen und seine Seele darstellen und die Menschen darauf hinweisen, daß der Tod nicht das Ende ist – was auch noch heute eine sehr wesentliche Erkenntnis ist.

> Ymir ist zugleich die Erde und der Urahn der Menschen. Daher weist Ymir auch daraufhin, daß wir alle letztlich aus der Erde heraus entstanden sind, daß wir Geschöpfe der Erde sind. Ymir könnte somit ein Bild für die Verantwortung des Einzelnen für die ganze Erde werden und ebenso ein Bild für das Vertrauen in die Welt.
> Im Vergleich zu der Auffassung der Erde als Muttergöttin („Gaia"), deren Kinder die Menschen sind, hebt die Auffassung der Erde als Urriese und Urahn deutlicher die Verantwortung der Menschen für die Erde hervor – wir können nicht einfach hoffen, daß Gaia unsere Probleme lösen wird.

> Ymir ist ein sehr direktes Bild für die Auffassung der Erde als ein Lebewesen, als ein Organismus. Die Erschaffung der Erde aus den Körperteilen eines einzigen Wesens könnte auch ein Symbol für den engen Zusammenhang zwischen allen Geschöpfen auf der Erde werden.

> Ymir ist als Erstes Lebewesen, Erster Mensch und als die Erde selber auch das Wesen, das die Welt am besten kennt und das daher auch der ideale, vollkommene Mensch ist, der allen seinen „Kindern" gezeigt hat, „wie Leben geht".

In der germanischen Mythe ist Ymir tot und zerstückelt worden, was eigentlich kein besonders gutes Bild für die Erde als Lebewesen ist. Dieses Zerstückeln sollte man jedoch nicht als einen Mord, sondern als eine Verwandlung ansehen.

In anderen Mythen ist der Urriese jedoch ein lebendes Wesen: Atum, Yama, Yima,

Purusa und Ometeotl/Ometehuatl. Auch bei Pan Gu spielt das Zerstückeln keine wesentliche Rolle – die Zuordnung seiner Körperteile zu den Teilen der Welt hat bei den Chinesen einen eher assoziativen Charakter.

Der Gott Osiris sowie die Göttinnen Tiamat und Tlatecuhtli sind ebenfalls zerstückelte Gottheiten, die aber, wie in den Mythen betont wird, trotzdem noch leben. Man sollte sich daher auch Ymir als ein lebendes Wesen vorstellen.

Im Zusammenhang mit der Frage, was Ymir heute noch (oder wieder) bedeuten könnte, ist es wichtig zu betrachten, wie Mythen eigentlich entstehen.

Letztlich sind sie Beschreibungen der Welt, die immer wieder erzählt werden und sich dabei allmählich dadurch verändern, daß sich die Lebensumstände der Menschen ändern und diese Veränderungen in die mythologischen Beschreibungen der Welt miteinfließen.

Neben diesem äußeren Einfluß gibt es aber auch einen „inneren Einfluß" auf die Entwicklung der Mythen. Er besteht darin, daß Menschen Visionen haben, Traumreisen unternehmen, meditieren und über die Welt nachdenken. Dadurch entstehen immer wieder neue Bilder, die erzählt werden. Wenn diese Bilder etwas ausdrücken, was auch andere Menschen spüren und kennen, werden diese neuen Bilder auch von anderen weitererzählt und es entsteht auf diese Weise eine neue Mythe.

So betrachtet sind Mythen nichts, was jemals ganz fertig sein kann, sondern etwas, was sich ständig weiterentwickelt.

Diese Auffassung könnte dazu verleiten, Mythen als etwas recht Willkürliches anzusehen und sie lediglich für eine nicht-rationale Beschreibung der Welt zu halten, deren Wert recht fraglich ist.

Mythen sind jedoch von ihrem Ursprung her Beschreibungen von Erlebnissen und Zusammenhängen. So ist z.B. die Möglichkeit, den eigenen Körper zu verlassen und ihn von außen her zu betrachten, ganz real vorhanden. Daher ist das Symbol des Seelenvogels nicht nur ein archaisches Bild für die eigene Persönlichkeit, sondern beschreibt sehr treffend etwas tatsächlich Vorhandenes und Erlebbares.

Auch die Ahnen im Jenseits sind, wenn man die Existenz der Seele erlebt hat, durchaus real. Man kann ihren Einfluß heutzutage vor allem in Familienaufstellungen erleben.

Falls man auch schon andere „seltsame Dinge" wie Telepathie oder Feuerläufe erlebt hat, kann man in Betracht ziehen, daß auch die Götter eine Realität sind – wie auch immer sie geartet sein mag. Aufgrund solcher Erwägungen könnte es dann durchaus sinnvoll erscheinen, Traumreisen zu Ymir zu unternehmen, über ihn zu meditieren oder ihn einmal innerlich wie ein real vorhandenes Wesen anzusprechen – einfach um zu schauen, ob etwas geschieht und wenn ja, was. Vielleicht erlebt man dabei auch ganz unerwartete Dinge – diese sind dann oft das Wertvollste, was man finden kann.

Man kann Ymir auch in Bezug auf die einzelnen Epochen der menschlichen Geschichte betrachten, um klarer zu erkennen, an welchem Punkt die Entwicklung heute angekommen ist.

Die erste Epoche war die Altsteinzeit, in der der Mensch als Teil der Natur in der Natur lebte. In dieser Zeit waren Mensch und Welt kaum getrennt. Vor diesem Hintergrund ist das Motiv der Erde als riesiger Mensch, d.h. als Große Mutter, recht naheliegend.

In der Jungsteinzeit stand die Kultur gegen die Natur – die Menschen erschufen etwas grundsätzlich Neues, was vorher in der Natur nicht vorhanden war. Dadurch erlangte der Mensch selber, d.h. stellvertretend für alle der Urahn, die zentrale Stellung und wurde zu dem Bild der Welt, zum Urriese/Urahn/Erdling. Schließlich wurde er auch zum idealen Menschen und zum Kulturheros, zu dem Stifter des Neuen, der Kultur, der Dörfer, des Ackerbaues, des Viehzucht – und somit des besseren und sichereren Lebens.

In der Epoche des Königtums trat der Urriese in den Hintergrund. Er wurde jedoch zumindest vereinzelt zum König des Diesseits oder des Jenseits, wobei sein Kulturheros-Aspekt meist recht wichtig blieb.

Während des Materialismus trat die Religion generell in den Hintergrund und die Erde wurde zum reinen Objekt und zum Rohstofflieferanten.

In der derzeit beginnenden Neuen Epoche, die von Verantwortung für das Ganze und von Vertrauen in das Ganze, von der Koordination zwischen Individualität und Gemeinschaft geprägt ist, könnte Ymir nun wieder in veränderter Gestalt erscheinen und einen Teil der „neuen Werte" ausdrücken – insbesondere die Verbundenheit und gegenseitige Abhängigkeit aller Menschen, Lebewesen und Dinge auf der Erde.

Und Ymir ist nicht zuletzt ein Bild für das „Landschaftsbewußtsein" – und er ist mehr als ein Bild für dieses Bewußtsein, denn er kann dabei helfen, dieses Bewußtsein in sich selber zu entfalten.

Aber die Entwicklung der Mythen ist nicht das Werk eines einzelnen Menschen und auch nicht die Wirkung eines einzelnen Buches, sondern ein kollektiver Vorgang ...

Ymsi

I Ymsi in der germanischen Überlieferung

Der Riesen-Name „Ymsi" findet sich lediglich in der „Thorsdrapa" des Skalden Eilifir Godrunarson, in der *„ymsa kindar"*, d.h. „Ymsis Sippe" als eine Kenning für „Riesen" benutzt wird. Vermutlich ist „Ymsa" mit „Ymir" identisch, da es kein altnordisches Wort gibt, das „ymsi" lautet oder auch nur mit „yms-" beginnt.

Brimir

I Brimir in der germanischen Überlieferung

Dieser Riese scheint ähnlich wie Gymir einen doppelten Ursprung zu haben: den Urriesen Ymir und den Göttervater Tyr.

I 1. Der Name „Brimir"

Der Name „Brimir" bedeutet „Feuer". Da „Feuer", „Flamme", „Brand" und ähnliche Worte auch als Heiti für „Brandung" und für vor allem für „Schwert" benutzt wurden, könnte „Brimir" auch „Feuer", „Brandung" und „Schwert" bedeuten.

Da aus „Brimirs Blut und Blains Knochen" die Zwerge erschaffen wurde, ist es jedoch sicher, daß dieser Beiname des Urriesen Ymir „Brandung" bedeutet und sein Blut bezeichnet.

I 2. Die Vision der Seherin (1)

Die eben genannte Ymir-Heiti wird in der „Vision der Seherin" benutzt:

Da gingen die Berater zu den Richterstühlen,
Hochheilge Götter hielten Rat,
Wer schaffen sollte der Zwerge Geschlecht
Aus Brimirs Blut und Blains Gebeinen.

I 3. Die Vision der Seherin (2)

Der in der „Vision der Seherin" genannte Biersaal, der ebenfalls „Brimir" hieß, ist vermutlich nach der „Brandung" des Bieres in diesem Saal benannt worden:

Nördlich stand an den Nidabergen
Ein Saal aus Gold für Sindris Geschlecht.
Ein andrer stand auf Okolnir
Des Riesen Biersaal, Brimir genannt.

Eine andere mögliche Erklärung wäre, daß die Halle „Brimir" nach ihrem Besitzer, der vermutlich der ehemalige Göttervater Tyr ist, benannt worden ist und daß der Göttervater Tyr wie in einigen andern Zusammenhängen auch mit dem Urriesen gleichgesetzt worden ist – aber diese Deutung ist ziemlich unsicher.

I 4. Sigdrifa-Lied

In diesem Lied wird Odin geschildert, der „Brimirs Schwert" in seinen Händen hält und mit dem „Haupt des Mimir" spricht.

Das Schwert weist darauf hin, daß es sich bei Brimir um den Göttervater Tyr handelt. Der Helm könnte Tyrs Goldhelm sein.

Mimir ist ebenfalls Tyr als Riese im Jenseits.

Auf dem Berg stand er
mit Brimirs Schwert.
Auf seinem Haupt trug er einen Helm;
da sprach das erste mal
Mirmirs Haupt,
und sprach Worte der Wahrheit.

„Brimir" bedeutet „Brandung", womit das Urmeer, das aus Ymirs Blut entstand, gemeint ist. Dieser Name ist eine Umschreibung für den Urriesen Ymir.

„Brimirs Schwert" in Odins Hand und das sprechenden Haupt des Mimir, das in dieser Szene auftritt, lassen vermuten, daß Odin hier gerade auf dem Hügelgrab (Berg) des ehemaligen Göttervaters Tyr dessen Macht (Schwert) und Weisheit (Mimirs Haupt) übernommen hat – bei Tyrs Absetzung durch Odin und Thor um 500 n.Chr.

Brimir ist sehr wahrscheinlich auch ein Beiname des ehemaligen Sonnengott-Göttervaters Tyr als Riese in der nächtlichen bzw. winterlichen Unterwelt gewesen, der mehrfach mit dem Urriesen Ymir gleichgesetzt worden ist: Ymir ist der altersmäßig erste Riese und Tyr der rangmäßig erste Riese – und beide sind von den Asen getötet worden.

Blain

I Blain in der germanischen Überlieferung

„Blain" bedeutet „Blauer", womit auch Leichen bezeichnet werden. „Blain" ist ein Beiname des toten Urriesen Ymir, aus dem die Asen die Welt erschufen.
   Diese Ymir-Heiti wird in der „Vision der Seherin" benutzt:

Da gingen die Berater zu den Richterstühlen,
Hochheilge Götter hielten Rat,
Wer schaffen sollte der Zwerge Geschlecht
Aus Brimirs Blut und Blains Gebeinen.

„Blain" bedeutet „Blauer", womit „Leiche" gemeint ist. Dieser Name ist eine Umschreibung für den Urriesen Ymir.

Gangr

I „Gangr" in der germanischen Überlieferung

Dieser Riese tritt nur in der Skaldskaparmal und in der Thorsdrapa auf.

I 1. Der Name „Gangr"

„Gangr" bedeutet „das Gehen". Es besteht somit der Anfangsverdacht, daß Gangr wie „Schritt-Meili" (Hönir) und „Langfuß" (Hönir) ursprünglich ein Schamane-Priester gewesen ist, dessen wesentliche Aufgabe eben in der Jenseitsreise besteht. Die Betonung der Beine, Füße und Schuhe findet sich auch in der Symbolik des durch das Diesseits und durch das Jenseits ziehenden Sonnengottes. Auch der Gott Widar teilt diese Symbolik (siehe „Schuh, Fuß" in Band 63).

I 2. Skaldskaparmal

In diesem Text ist Gangr einer der Söhne des Riesen Thiazi (Tyr im Jenseits).

Da sprach Ägir: „Ein gewaltiger Mann dünkt mich Thiazi gewesen zu sein; aber welcher Abstammung war er?"
Bragi antwortete: „Ölwaldi hieß sein Vater, und merkwürdig wird es Dich dünken, wenn ich Dir von ihm erzähle. Er war sehr reich an Gold, und als er starb und seine Söhne das Erbe teilen sollten, da maßen sie bei der Teilung das Gold damit, daß ein jeder seinen Mund davon voll nehmen sollte und einer so oft als der andere. Einer dieser Söhne war Thiazi, der andere Idi, der dritte Gangr. Davon hat die Redensart ihren Ursprung, daß wir das Gold dieser Jötune Mundmaß nennen, und in Runen und in der Skaldensprache umschreiben wir es so, daß wir es dieser Joten Sprache oder Rede nennen."

Zu den drei Söhnen siehe auch „Ölwaldi" in Band 5.

I 3. Thorsdrapa

In diesem Lied ist „Gangr" anscheinend der Urriese – ähnlich wie die beiden Riesen

Gymir und Hymir.

Als der rasche, schnell in Wut geratende
Verhinderer von Lokis Bosheiten
sich der Braut der Verwandten
des Sumpfbocks entgegenstellen wollte,

zogen die Schlacht-Wanen los
bis der Hauptverminderer der Mädchen
des Feindes der schönen Göttin
des Himmelsschildes Gangrs Blut erreichte.

Der *„Verhinderer von Lokis Bosheiten"* ist Thor.

Der *„Sumpfbock"* ist möglicherweise eine doppeldeutiges Bild. Es könnte sich zum einen darauf beziehen, daß die Germanen bei den Bestattungen ihren Verstorbenen ein Herdentier opferten und dies dann in einem See, Sumpf oder Moor versenkten, der das Tor in das Jenseits darstellten (die Quelle Hvergelmir).

Die Fruchtbarkeit und die Zeugungskraft dieses Opfertieres wurde magisch auf die Toten im Jenseits übertragen, da sie diese Qualitäten bei ihrer Wiederzeugung mit der Jenseits-Muttergöttin als Geliebter (Freya) und bei ihrer anschließenden Wiedergeburt durch sie benötigten. Dieses Motiv bezog sich nur auf die männlichen Toten.

Diese Vorstellungen finden sich in den Mythen der Germanen z.B. in Odins Reise in der Gestalt einer Schlange in die Unterwelt zu Gunnlöd wieder, mit der er sich vereinte, dann den Göttermet trank und in der Gestalt eines Adlers (Seelenvogel) nach Asgard zurückkehrte. Auch Thors Schlachten seiner beiden Ziegenböcke und ihre anschließende magische Wiederherstellung durch seinen Hammer (Penis-Symbol / Wiederzeugung) wird wahrscheinlich eine Assoziation der Germanen zu dem Begriff „Sumpfbock" gewesen sein.

Der *„Sumpfbock"* könnte jedoch zum anderen auch als Kenning für den Fenriswolf benutzt worden sein, da sein Namen „Sumpf-Wesen" bedeutet. Mit dem „Sumpf" ist auch hier der Eingang in die Unterwelt gemeint, den der Wolf bewacht – Friggs Halle Fensalir.

Aus beiden Deutungen des „Sumpfbocks" ergibt sich, daß seine *„Verwandten"* die Riesen waren, da diese wie die Toten und die ihnen geopferten Herdentiere ebenfalls im Jenseits („Utgard") lebten. Eine *„Braut der Verwandten des Sumpfbocks"* ist folglich eine Riesin.

Die Kenning *„Schlacht-Wanen"* ist hier wohl als Heiti für „kriegerische Götter" aufzufassen, da der Gott Thor und der Mensch bzw. Alf Thjalfi, die nach Geirrödsgard gereist sind, keine Wanen waren.

Der *„Himmelsschild"* ist die Sonne, die in früherer Zeit bei den Germanen als ein strahlender Schild angesehen wurde – er wurde z.B. in den frühgermanischen Felsritzungen in Skandinavien häufig abgebildet. Die *„schöne Göttin des Himmelsschildes"* ist die Sonnengöttin Sol. Die *„Feinde der Sonnengöttin"* sind die Wesen der Unterwelt wie z.B. der Wolf Skalli („Schatten"), der die Sonne zu fressen versucht. Mit dieser Kenning sind hier etwas ungenau auch die Riesen gemeint. Die Zwerge, die den Riesen als nah verwandt angesehen wurden, erstarrten zu Stein, wenn ein Sonnenstrahl auf sie fiel – insofern ist auch die Sonne der „Feind der Unterirdischen".

Der *„Hauptverminderer der Riesen-Mädchen"* ist Thor. Diese Kenning weist darauf hin, daß Thor auch die Riesinnen tötet.

Die häufige Erwähnung der Riesinnen in diesem Lied scheint darauf hinzudeuten, daß die Riesinnen hier ähnlich wie die Mutter des Riesen Grendel im Beowulf-Epos (750 n.Chr.) gefürchtet wurde. Die Riesinnen gleichen in diesem Lied offenbar eher der Riesin Hel als den Riesinnen Gunnlöd, Gerdr oder Jörd, mit denen sich die Asen manchmal vereinten. Es gab zu der Zeit des Skalden Eilifir Godrunason offensichtlich schon die Polarisierung der Jenseits-Muttergöttin in die beiden Aspekte der gefürchteten Göttin der Unterwelt (Hel) und in die herbeigesehnte Göttin-Geliebte, die mit der Wiederzeugung verbunden war (Freya).

Aus der Göttin Freya wurde später in den Sagen die Jungfrau, die der Held befreite, und aus der Riesin Hel des Teufels Großmutter.

„Gangr" („Gang, Gehender") ist ein Beiname des Urriesen Ymir, aus dessen Blut das Meer entstanden ist, das man daher als *„Gangrs Blut"* bezeichnen kann. Die Heiti „Gangr" für Ymir ist ein wenig verwunderlich, da Ymir in den Mythen als ausgesprochen passiv erscheint. Vielleicht war „Gangr" eine allgemeine Heiti für „Riese" im Sinne von „die Umherstreunenden" oder von „die ins Jenseits Gegangenen" und konnte daher auch für den Urahn aller Riesen verwendet werden. Eilifir Godrunason hat die Kenningar in dieser Drapa des öfteren etwas freier als sonst üblich gebildet …

„Kenning-freie Übersetzung" der Strophe: *„Als sich der jähzornige Thor der Riesin entgegenstellen wollte, zogen die Asen mit ihm, bis sie zusammen mit Thor das Wasser erreichten."*

Der Name des Riesen „Gangr" bedeutet „Gehen". Sein Ursprung könnte daher ein Jenseitsreisender sein – evtl. der Sonnengott-Göttervater Tyr, der des öfteren dem Ymir gleichgesetzt worden ist.

Gangr wurde jedoch auch als Ymir angesehen, aus dessen Blut alle Gewässer entstanden sind.

Diese Doppel-Funktion findet sich auch bei den beiden Riesen Gymir und Hymir.

Tuisto

I Tuisto in der germanischen Überlieferung

Dieser Gott ist nur durch eine Textstelle in der um ca. 100 n.Chr. verfaßten „Germania" des römischen Historikers Tacitus bekannt:

Sie preisen in alten Liedern, bei ihnen die einzige Art der Überlieferung und der Geschichte ist, den Gott Tuisto, der Erde Sprößling, und seinen Sohn Mannus als Ursprung und Gründer ihres Volkes. Dem Mannus verleihen sie drei Söhne, nach deren Namen die Nächsten am Meere Ingävonen, die in der Mitte Herminonen, die Übrigen Istävonen genannt wurden.

Das Motiv des „Vaters mit den drei Söhnen" ist auch aus der altnordischen Religion noch gut bekannt, in der Tyr und einige der verschiedenen Tyr-Riesen wie z.B. Iwaldi drei Söhne haben, die die drei Stände verkörpern.

Der Name „Tuisto" bedeutet „Zweifacher, Zwilling, Zwitter" und ist daher nahe mit dem Namen des Urriesen „Ymir" verwandt. Es scheint also bereits um 100 n.Chr. die Gleichsetzung des Urriesen als „erstem Riesen" mit dem Göttervater als „erstem Gott" und im Jenseits als „erstem Riesen" gegeben zu haben. Diese Vermischung oder Gleichsetzung findet sich u.a. auch bei den beiden Tyr-Riesen Gymir und Brimir.

Zu dieser Auffassung paßt auch die Abstammung des Tuisto von der Erde – aus Ymir haben die Asen die Erde erschaffen.

Der Gott „Tuisto" („Zwilling") ist um 100 n.Chr. bei den Germanen anscheinend der Göttervater mit den drei Söhnen gewesen, die die drei Stämme oder die drei Stände verkörperten, und er war vermutlich auch der Urriese, da sein Name wie der des Ymir „Zwilling" bedeutet.

Verzeichnis der Themen

(die Zahl ist die Nummer des Bandes, in dem sich das Thema findet)

1 47	540 47	Alius 32	Aur 55
2 47	700 47	Alraune 45	Aurboda 35
3 47	800 47	Alsvatr 5	Aurgelmir 5
4 47	900 47	Alswid 34	Aurgrimnir 5
5 47	1.200 47	Althiof 7	Aurnir 34
6 47	10.000 47	Alvor 35	Aurvandil 20
7 47	432.000 47	Alwis 7	Aurwang 7
8 47	1+8=9=8+1 47	Alwit 31	Aurwang 48
9 47	**Adler** 40	Ama 35	Austri 32
10 47	Adler auf dem	Amboß 67	Auzon => Kiste
11 47	Weltenbaum 41	Amgerdr 28	Axt 66
12 47	Adler bei der	Ampfer 45	**Bafur** 32
13 47	Einweihung 40	Andad 34	Bakrauf 35
14 47	Adlergestalt:	Andhrimnir 39	Baldrian 45
15 47	- des Franmar 40	Andvari 7	Baldur 9
16 47	- des Hraesvelgr 40	Angantyr 39	Bara 35
17 47	- des Odin 40	Angeyja 35	Bari 6
18 47	- des Thiazi 40	Angrboda 26	Bari 20
20 47	Adler-Traum der	Ann 32	Baugi 5
22 47	Kostbera 40	Annar 20	Bär 43
23 47	Aelrun 31	Arm-Wunde 63	Bärenfell 62
24 47	Affe 44	Arngrim 6	Barke 49
28 47	Agdai 39	Apfel 45	Bärlapp 45
30 47	Ägir 10	Asen 36	Basilikum 45
32 47	Agnar 39	Asgard 52	Beifuß 45
33 47	Ahnen 36	Ask 39	Beinvidr 34
36 47	Ai 32	Aslaug 31	Bekkhild 31
37 47	Aki 6	Asperan 34	Beleidigungs-
40 47	Aki 16	Astralreise 50	Wettstreit 73
41 47	Alban 32	Asvid 6	Beli 5
46 47	Alberich 7	Atem 64	Beowulf 39
48 47	Albewin 7	Atla 35	Bergdis 28
72 47	Alcis 12	Atli 37	Bergelmir 6
80 47	Alf 6	Atward 20	Bergriese 6
90 47	Alf 32	Auchoff 34	Berg-Zwerge 32
99 47	Alfarin 34	Aud 20	Berling 32
100 47	Alfen 36	Auerhahn 40	Bertha 28
120 47	Alfhild 31	Auge 63	Berserker 62
300 47	Alfrigg 32	Augenbraue 63	Bertram 45

Bertramsgarbe 45
Besen => Stab
besonderer Schrei 64
Bestattung 64
Bestla 35
Betonica 45
Beyla 39
Biber 44
Biene 40
Bifröst 49
Bifur 32
Bikki 16
Bil 29
Bild 7
Billing 5
Billing 7
Bilsenkraut 45
Birkhuhn 40
Biört 29
Björgolfr 6
Björgulfr 34
Blain 33
Blapthvari 34
Blasebalg 67
blau 46
Blau-Menschen 36
Blau-Riesen 36
blau-schwarz 46
Blick 63
Blid 29
Blidur 29
Blind 16
Blindheit 63
Blodughadda 35
Blutsbrüder 55
Bödhild 28
Bogen 66
Bömbur 32
Bölthorn 5
Borr 34
Botewart 7
Both 20

Bragi 19
Bragi-Riesin 35
Brak 16
Brana 35
Brandingi 5
braun 46
Brenner 39
Brezel-Ornament 64
Brimir 33
Brisingamen 60
Brokk 32
Brombeere 45
Brücke 49
Bruderkampf 55
Brüngerd 35
Brünhild 31
Bruni 5
Bruni 32
Brünne 66
Brunnen 49
Buri 34
Bryja 35
Bryla 34
Bryngerd 28
Buri (Zwerg) 32
Buseyra 35
Byggvir 39
Byleist 20
Bylgia 35
Comandion 7
Dag 48
Dagfinnr 32
Dain 32
Dalar 32
Dalr 32
Delling 20
Delling 48
Dellingr 32
Delphin 44
Dietwarta 29
Disen 36
Distel 45

Diurnir 7
Dofri 34
Dolgtrasir 32
Donnerrebe 45
Dori 32
Dorn => Schlafdorn 55
Drachen 41
Drachenblut => Drachen
Drachenschiff 55
Drasian 6
Draupnir (Zwerg) 32
dreifarbiger Stein 67
dreiköpfiger Riese 5
drei Riesinnen 35
drei wahre Worte 64
Drifa 35
dritter Bruder 55
Dröfn 35
Drossel 40
Drudgelmir 5
Duf 32
Dufa 35
Dufr 32
Dulin 32
Dumbr 6
Dunneir 32
Durathor 32
Durin 32
Durnir 32
Durnir 34
Düsterwald 49
Dwalin 32
Eber 42
Eberesche 45
Edda (vollständig) 77
Efeu 45
Egdir 5
Egil 39
Ei 40
Eibe 45

Eiche 53
Eicheln 45
Eichhörnchen 44
Eid 68
Eik 28
Eikinskjaldi 32
Eimer 67
Eimgeitir 35
Eimyria 35
Einäugigkeit 63
Einheer 34
Einweihung 50
Eir 29
Eir 31
Eis 52
Eisa 35
Eisen 55
Eisenkraut 45
Eisriesen 34
Eistla 35
Eisurfala 35
Eiymyria 35
Ekstase-Kieger 62
Elch 42
Eldhrimnir 57
Eldir 39
Eldr 34
Elefant 42
Elendshaut => Hel-Haut
Else 35
Erde 52
Embla 28
Embla 39
Ente 40
Erce 20
Erdbeben 55
Erste Ursache 55
Eschenholzkasten => Kiste 57
Esel 42
Estroval 39

Eugel 7	Fiölvör 35	Frühlingstagund-	Geitla 35
Eule 40	Fiörgyn 20	nachtgleiche 54	Geitir 35
Eyrgjafa 35	Fiörgyn 23	Fulla 29	gelb 46
Faden 55	Fisch 44	Fullas Haarreif 60	Geliebter der Gefion 6
Fafnir (Zwerg) 32	Fjölverkr 34	Fullafle 34	
Fährmann 49	Fjötra 29	Fundin 32	Gerber-Schaber 67
Fala 35	Flachs 45	Fuß 63	Gerdr 28
Falkenkleid:	Flegda 35	Fylgia 50	Geri 43
- der Freya 40	Fleur-de-lys 55	Fynir 6	Gespenst 50
- der Frigg 40	Fleggr 34	Fynir 34	Gestaltwandel =>
Falke 40	Fliege 40	**Galar** 32	Verwandlung
Fallar 32	Fluch 68	Galarr 34	Gesang 68
Farbauti 6	Flügel des Wieland 40	Galdr 64	Gestilja 35
Farn 45	Flügelschuhe 67	Gallapfel 45	Getreide 45
Farseti 6	Flugschuhe des Loki 40	Gandalf 32	Gewöhnlicher Flachbärlapp 45
Faulheit =>		Ganglati 34	
Feuersitzen 55	Fluß 49	Ganglot 6	Geysa 35
Feima 35	Frägr 32	Gangr 34	Gialar 32
Fenchel 45	Franmar 37	Gangr 33	Gift 70
Fenja 28	Frar 32	Gans 40	Gifur 43
Fenrir 6	Freki 43	Gänsefuß 45	Gigas 6
Fenrir 43	Freya 22	Garm 43	Gilling 6
Fernhypnose 64	frühe Skaldenlieder 78	Gautan 39	Gillings Frau 28
Ferse 63		Gautrek-Saga => Snotra	Ginnar 32
Fessel 66			Ginnungagap 49
Fessel-Zauber 64	Freyr 15	Geban 20	Gjalp 35
Feuer 55	Fried 29	Geburts-Orakel 64	Glamr 34
Feuersitzen 55	Friedenszauber 6	Gefäße 57	Glatundshundr 43
Feuerzauber 64	Fridr 29	Gefion 20	Glaumar 34
Fialar 32	Frigg 21	Gefion-Geliebter 6	Glaumarr 34
Fid 32	Folde 20	Gefiun 20	Glaumr 6
Fieberkraut 45	Fonn 34	Gefjon 20	Glenr 48
Fili 32	Forat 35	Geist 50	Glitni 5
Fimafeng 39	Forelle 44	Geier 40	Glöd 35
Fimbulwinter 55	Fornjotr 6	Geirahöd 31	Gloi 32
Finger 63	Forseti 19	Geiravör 31	Glück 64
Finnalf 5	Frosti 32	Geirdriful 31	Glückstrank 70
Finnar 32	Frosti 34	Geirönul 31	Glumra 35
Finnmark-Riese 34	Fruchtbarkeit 64	Geirröd 5	Glymra 35
Fiölkald 34	Fuchs 43	Geirrota 31	Gna 29
Fiölmor 39	Frauenhaarfarn 45	Geirskögul 31	Gneip 35
Fiölnir 20	Frühling 54	Geitir 6	Gnepja 35

Goi 34	Grotunagard 52	Har 32	Hel-Haut 49
Gold 55	grün 46	Hära 35	Helidi 27
Goldalter 55	Gryla 35	Hardbeen 6	Hellebarde 66
Goldemar 7	Gudr 31	Hardgreip 35	Helreginn 5
golden 46	Gudrun 31	Hardgreipir 34	Helm 66
Goldhelm 66	Gudmund 5	Hardverkr 34	Hengikefta 35
Goldhörner von Gallehus 57	Gullnir 5	Harek Eisenkopf 6	Hengiköpt 6
	Gullveig 29	Harfe 57	Hengjankapta 35
Göll 31	Guma 35	Harz 45	Hepti 32
Golnir 5	Gundelrebe 45	Hase 44	Herbst 54
Göndul 31	Gunn 31	Hasel 45	Herbsttagundnacht-
Gorr 34	Gunnlöd 28	Hastingi 34	gleiche 54
Görsemi 29	Gunnthinga 31	Hati 5	Herche 20
Götter 36	Gürtel 60	Hati 43	Herdentiere 42
Götterdämmerung 55	Gusir 6	Hattatal 77	Herdentierfell 42
Götterkampf 55	Gygr 35	Haudr 20	Herfjötur 31
Göttermet 69	Gylfaginning 77	Haugspori 32	Hergrim Halbtroll 5
Götter-Tiere 44	Gyllir 5	Haym 34	Hergunnur 35
Gottesurteil 64	Gyllir 34	Hecht 44	Heri 32
Gurgelbiß 55	Gyma 20	Hedin 39	Herja 31
Grab 49	Gymir 5	Hedin und Högni 79	Herkir 6
Grani 6	**Haarband** 60	Hefring 35	Herkja 35
grau 46	Haare 63	Heid 35	Hermodr 37
Grendel 5	Habicht 40	Heiddraupnir 5	Hertha 28
Grendels Mutter 35	Hafle 34	Heide 49	Hervor => Heidrek
Greppur 34	Hafli 5	Heidrek 39	Hervor und Heidrek
Grer 32	Hafthi 39	Heidungi 6	=> Heidrek
Grid 28	Hagen 16	Heilige Hochzeit =>	Herz 63
Grid 35	Hahn 40	Wiederzeugung 55	Hexe 58
Grim 5	Hala 35	Heiliger Hain =	Hianka 31
Grim 39	Halfdan 39	Weltenbaum 52	Hidde 34
Grima 35	Halfdan Brana-	Heilung 64	Hild 31
Grimhild 31	Ziehsohn 79	Heilziest 45	Hildolf 5
Grimling 5	Halfdan Eisteinson 79	Heimdall 8	Hildolf 20
Grimnir 5	Hamdir 39	Heimir 39	Himingläva 35
Grim Struppig-Wange 79	Hamingja 50	Heinir 34	Himmel 52
	Hammer 66	Heith 35	Himmelsrichtungs-Mandala 54
Grip 35	Hand 63	Heithdraupnir 5	
Gripir 34	Handschuhe 60	Hel 26	Himmelsträger-Zwerge 32
Grissa 35	Hanf 45	Helblindi 20	
Groa 28	Hannar 32	Helgi 39	Hirsch 42
Grottintanna 35	Hantel-Symbol 55	Helgi Thorisson 79	Hjaltrimul 31

Hjortrimul 31	Hraudnir 6	Hymir 6	Jenseitsbarke 49
Hjötra 28	Hraudungr 5	Hymnen an die Götter 80	Jenseitsberge 49
Hjuki 29	Hrede 29		Jenseitsbrücke 49
Hläwang 32	Hreidmar 7	Hyndla 26	Jenseitsfährmann 49
Hlebard 6	Hremsa 35	Hypnose 64	Jenseitsfluß 49
Hleidr 35	Hrimgerdr 28	Hyrrokkin 26	Jenseitsgrenzen-Landkarte 49
Hler 10	Hrimgerdr 35	**Idi** 34	
Hlidolf 32	Hrimgrimnir 34	Idun 25	Jenseitshalle 49
Hlif 29	Hrimnir 34	Igel 44	Jenseitsinsel 49
Hlifthursa 29	Hrim-Riesen 34	Illugi Grid-Ziehsohn 79	Jenseitsleiter 49
Hlin 29	Hrimthurs 34		Jenseitsmauer 49
Hlodyn 20	Hringi 5	Ilmr 29	Jenseitsreise 49
Hlödyn 20	Hringvölnir 5	Ima 35	Jenseitstor 49
Hloi 34	Hripstodr 34	Imd 35	Jenseitstor-Gitter 49
Hlöll 31	Hrist 31	Imgerdr 35	Jenseitstor-Hund 49
Hlora 35	Hrist 29	Imr 6	Jenseitswächter 49
Hnoss 29	Hrisungr 6	Imsigul 34	Jenseitswald 49
Hochsitz 57	Hroarr 5	Imth 35	Jenseitswasser => Wasser 49
Hochsitzsäulen 57	Hrod 35	In 20	
Hoddraupnir 5	Hrodwitnir 5	Ingibjörg 29	Jenseitsweg 49
Hoddrofnir 5	Hrodwitnir 43	Ingibiörg 31	Johanniskraut 45
Hödur 19	Hrökkvir 6	Intuition 64	Jokul 34
Hofund 19	Hrönn 35	Inzest 51	Jokul Eisenrücken 34
Höggstari 32	Hrossthjofr 34	Irmin 20	Jörd 23
Högni 16	Hrotti 5	Irpa 29	Jomali 20
Högni 39	Hruga 28	Istwas 20	Jörmungandr 41
höhere Mächte 36	Hrungnir 5	Itrek 5	Jörmunrek 39
Holmgang => Zweikampf 55	Hrungnir-Herz 67	Itreksjod 5	Jorunn 29
	Hryggda 35	Itreksjod 20	Jötunn 6
Holunder 45	Hyria 35	Ividja 35	Jotunbjorn 6
Homöopathie 64	Hrym 34	Iwaldi 5	Julnacht 54
Honig 40	Hrund 31	Iwalt 5	**Käfer** 40
Honigtau 45	Hügelgrab 49	Iwiedie 29	Kaldgrani 34
Hönir 18	Hugin 40	**Jari** 32	Kamille 45
Horn 57	Huhn 40	Jamtaland-Zwerg 7	Kampfmagie 64
Horn (Riesin) 35	Huldar 28	Jarngerdr 28	Kannibalismus 55
Hörn 29	Hund 43	Jarnglumra 35	Kara 31
Hörn 35	Hundalfr 6	Jarnhauss 6	Karabin 34
Horn-Neb 35	Hunding 16	Jarnnef 34	Kari 6
Hornbori 32	Hvalr 6	Jarnsaxa 28	Katze 43
Hraesvelgr 6	Hvedra 35	Jarnvidja 35	Kausalität 55
Hrafnhild 35	Hvedrungr 16	Jenseits 49	Keila 34

Keiler 42	**Lachanfall** 64	Luchs 43	Miötwitnir 32
Kenningar 75	Lachen 55	Lutr 34	Mjoll 34
Kerbel 45	Lachs 44	Lyngheid 35	Modgudr 29
Kessel 57	Landgeister 36	**Magni** 19	Modgudr 31
Keule 66	Lauch 45	Malseron 34	Modi 19
Kiebitz 40	Laufey 26	Mana 35	Modrädnir 32
Kili 32	Laurin 7	Managarm 43	Modsognir 7
Kisi 34	Laus 40	Mannus 20	Mögthrasir 6
Kiste 57	Leber 63	Mardalla 27	Moin 32
Kjallandi 6	Leib 63	Marder 43	Mökkurkjalfi 6
Kjallandi 35	Leidi 34	Margerdr 35	Molda 35
Klaufi 34	Leifi 6	Margerthur 35	Mona 20
Klee 45	Leifnir 6	Mangold 45	Mond 48
Kleima 35	Leikn 35	Mantel 67	Mondul 32
Knochen 67	Leimrute 66	Mantel der Nanna 67	Moosfrau von Saalfeld 32
Knoten 64	Leiter 49	Marnar 29	Moosleute von Arntschgereute 32
Kobolde 36	Leirvör 35	Märzviole 45	
Kol der Bucklige 39	Leopard 43	Maske => Helm	Mörn 35
Kolfrosta 28	Lerche 40	Maus 44	Möwe 40
Kolga 35	Lidskialf 20	Meer 49	Mühle 66
Kopf 63	Liebestrank 70	Meer der Zeit 55	Mundilfari 6
Kormoran 40	Liebeszauber 64	Meer-Menschen 36	Munin 40
Korn 45	Lif 39	Mehlbeere 45	Munnharpa 35
Körperteile 65	Lifthrasir 39	Mehltau 45	Münze 67
Köttr 34	Litr 6	Meili 9	Muspel 6
Kraftgütel => Gürtel	Litr 32	Meise 40	Muspelheim => Feuer 52
Krähe 40	Ljod 29	Menglöd 22	
Kraka 31	Ljota 35	Menja 28	Myrkrida 35
Kranich 40	Lodin 6	Menschenopfer 64	Myrkvid 49
Kräuter 45	Lodinfingra 35	Messer 66	**Nabbi** 32
Kreppvör 35	Lodur 16	Midgard 52	Nacktheit 60
Kriegerin 62	Lofar 7	Midgardschlange 41	Nadel 55
Kreuzblume 45	Lofn 29	Midi 6	Nägel 55
Kreuzkraut 45	Lofnheid 35	Midjungr 34	Naglfar 49
Krönung 64	Logi 34	Midwitnir 6	Nain 32
Kröte 44	Loki 16	Mimir 6	Nali 32
Kuckuck 40	Loni 32	Mist 31	Namensgebung 64
Kuril 6	Lopthoena 28	Mistel 45	Nanna 21
Kult 55	Lori 35	Mistkäfer 40	Nauma (Hel) 35
Kundalini 64	Loricus 6	Mittelpfeiler => Yggdrasil	Nar 32
Kwasir 20	Löwe 43		Narfi 6
Kyrmir 6	Löwenmäulchen 45	Mittsommer 54	

Nari Loki-Sohn 19	Nyi 32	Priester 60	Ringkampf 55
Nati 6	Nyr 32	Priesterin 58	Rist 31
Naudir 36	Nyrad 32	Prolog (Edda) 77	Robbe 44
Nebel 64	**Oddrun** 31	Prophezeiung 71	Rögnir 7
Nefia 35	Odin 13/14	Pukis 36	Rose 45
Nehalennia 29	Odr 20	**Rabe** 40	Röskva 37
Neri 30	Ofoti 5	Rad 67	rot 46
Neris Schwester 30	Öflugbarda 35	Radgrid 31	rota 31
Nerthus 28	Öflugbardi 6	Radvör 35	Rotkehlchen 40
Nepr 20	Ogautan 39	Ragnar Lodenhose 39	Rücken 63
Nessel 45	Ogladnir 6	Ragnarök 55	Rud 35
Netz 67	Ogn 35	Ran 27	Rudent 6
Neuentstehung aus den Knochen 55	Ohr 63	Randalin 31	Rudi 34
	Oin 7	Randgnid 31	Runa 35
neun Heimdall-Mütter 35	Olius 32	Randgrid 31	Runen 72
	Ölwaldi 5	Rangbeinn 5	Runenkästchen von Auzon => Kiste
neun Schwestern 35	Omen 71	Rasereitrank 70	
Niblung 7	Onarr 48	Raswid 32	Runenstein 64
Niblung 39	Öndudr 6	Rätsel 76	Runenstein von Ardre 64
Nicor 34	Onn 32	Raud 34	
Nid 64	Opfer 64	Raugnir 34	Rußland-Riese 6
Nidi 32	Orakel 71	Raum 6	Rütze 35
Nidr 28	Oregano 45	Reck 32	Rygi 35
Nidud 16	Ori 32	Regenbogenbrücke 49	**Saemdill** 6
Nieswurz 45	Örnir 6		Saga 28
Niflheim => Eis 52	Ortnit 34	Regin 7	Sährimnir 42
Niping 32	Ösgrui 5	Reginleif 31	Säkarsmuli 6
Nirdir 10	Öskrudr 34	Reiher 40	Salbei 45
Niola 48	Ostara 29	Rentier 42	Salfangr 6
Njola 48	Osten 54	Riesen auf der West-Insel 6	Sam 34
Njörd 10	Otr 32		Sämingr 39
Njörun 29	Otter 44	Riesen-Baumeister 6	Sanngrid 31
Nölvi 10	Otunfaxe 39	Riesen von Feldkirchen 34	Sati 51
Norden 54	**Penis** 55		Säule => Weltenbaum 52
Nordosten 54	Perchta 28	Riesen von Lichtenberg 35	
Nordri 32	persönliches Glück 64		Saxnot 20
Nordwesten 54	Pfeil 66	Rifingalfa 35	Sceaf 20
Nori 32	Pferd 42	Rifingöflu 35	Schachtelhalm 45
Nornen 30	Pferdezwillinge 12	Rigingöflu 35	Schädelschale 63
Norr 34	Pflug 67	Rind 42	Schadenszauber 64
Norr 48	Phol 9	Rindr 20	Schaf 42
Nott 48	Polygamie 55	Ring 57	Schafgarbe 45

Schaumkraut 45	Siar 32	Skorpion 40	Sternbild 55
Schierling 45	Sichel => Sense	Skrati 34	Stigandi 5
Schild 66	sieben Schwestern 28	Skrymir 5	Storch 40
Schlafdorn 55	Siegfried 38	Skrimnir 5	Storkvid 34
Schlangen 41	Sieglind 31	Skuld 30	Stoverkr 34
Schlangenauge 63	Siegstein 67	Slagfid 39	Strahlen-Breitsame 45
Schlangengrube 49	Sif 24	Sleggja 35	
Schlangenzunge 63	Sigdrifa 31	Snae 34	Strudel 49
Schleifstein => Wetzstein	Sigurd 38	Snotra 29	Struthan 34
	Sigi 39	Solbiart 5	Stumi 5
Schmetterling 40	Sigrlami 39	Sohn der Freya 19	stumm 63
Schmied 4	Sigrun 31	Sohn des Freyr 19	Süden 54
Schmied 55	Sigyn 28	Solblindi 5	Südosten 54
Schnecke 44	silbern 46	Sölfn 29	Sudri 32
Schneeweiß-Goldschöne 28	Simul 31	Sommer 54	Südwesten 54
	Sinmara 28	Somr 5	Surtur 6
Schuh 63	Sindri 32	Sonne 48	Suttung 6
Schutzgeist => Fylgja/Hamingja	Sinthgunt 29	Sonnengöttin 48	Svada 5
	Sivör 35	Sonnenhymne 64	Svadi 5
Schutzzauber 64	Sjuld 31	sonstige Magie 64	Svaf 7
Schwalbe 40	Skadi 20	Sörli 39	Svarangr 5
Schwan 40	Skafid 32	Spatz 40	Svasudr 6
Schwanenkleider der Walküren 40	Skalden 61	Specht 40	Svatr 6
	Skaldatal 77	Speer 66	Sveid 31
Schweden-Riese 6	Skaldenlieder 78	Sperber 40	Sveipinfalda 35
Schwein 42	Skaldinnen 61	sprechende Tiere 41	Svidi 6
Schwert 66	Skalli 34	Sprichworte 74	Svip 5
Schwitzhütte 64	Skalmöld 31	Spindel 55	Svipul 31
sechsköpfiger Riese 6	Skadskaparmal 77	Spinnerin 55	Svivör 31
Seehund 44	Skärir 5	Spiritus familiaris 36	Swaf 20
Seekuh 44	Skeggiöld 31	Sprettingr 5	Swanhild 31
Seelenvogel 40	Skidbladnir 49	Stab 67	Swanwit 31
Seelenvogel 50	Skimsli 5	Starkad 6	Swawa 31
Segen 68	Skirnir 37	Starkad 39	Swior 32
Seher 60	Skirkjar 35	Stärketrank 70	Swipdag 20
Seherin 58	Skirwir 32	Statue 57	Syn 29
Seidelbast 45	Skjalf 29	Stein 64	Syr 29
Seidr 64	Skjalv 34	Steine und Edelsteine 64	**Tafl** 57
Sel 6	Skjellinefja 29		Tal 52
seltsamer dritter Bruder 55	Skjöldr 39	Steinigung 55	Tamfana 29
	Skögul 31	Stern 48	Tarn-Kappe 67
Sense 67	Sköll 43	Sternbild 48	Tarn-Umhang 67

Tasche 60	Thrungva 29	Uri 20	- in Fuchs 65
Tätowierungen 55	Thrym 6	Utgard 52	- in Geier 65
Tattoo 60	Thulur 77	Utgardloki 6	- in Habicht 65
Tau 52	Thundr 6	Ungeheur 41	- in Hecht 65
Taufe 64	Thundr 29	Utiseta 50	- in Hirsch 65
Teer 45	Thurbiörd 35	**Vagnhöftdi** 34	- in Hund 65
Telemark-Riese 5	Tiere 44	Valbrandur 5	- in Krähe 65
Telepathie 64	Tiere der Götter 44	Vali Loki-Sohn 19	- in Lachs 65
Teller 57	Tierfelle 60	Valthögn 31	- in Löwe 65
Tempel 56	Tierfelle bei	Vandil 5	- in Mücke 65
Teufelsabbiß 45	Hinrichtungen 67	Vandlir 5	- in Otter 65
Thagnar 31	Tor 49	Var 29	- in Pferd 65
Theck 32	Torfa 35	Vardrun 28	- in Rabe 65
Thialfi 37	Tote wiederbeleben	Vardrun 35	- in Rind 65
Thiazi 5	64	Vardruna 35	- in Robbe 65
Thing 73	Tragestange 67	Vasad 6	- in Schlange 65
Thiodwitnir 34	Trana 35	Vatermord 55	- in Schwalbe 65
Thistilbardi 34	Traum 71	Velle 5	- in Schwan 65
Thjodrerir 7	Traumdeutung 71	Venus 48	- in Seekuh 65
Thögn 31	Traumfrau 31	Verbene 45	- in Spinne 65
Thökk 35	Trima 31	Verdandi 30	- in Tier 65
Thor 17	Trolle 36	Vervielfältigung von	- in Vogel 65
Thora 28	Trona 35	Körperteilen 65	- in Wal 65
Thorgerdr Hölgabrudr 29	Tuch 57	Vergessenheitstrank 70	- in Walroß 65
Thorin 7	Tuisto 20		- in Widder 65
Thorir 6	Tuisto 33	Verirren auf der Hirschjagd 55	- in Wolf 65
Thorn 5	Turm 56	Verr 34	- in Ziege 65
Thorstein Haus-Macht 79	Tyr 3	Verwandlung:	- in Ziegenbock 65
Thrain 32	Tyr-Riesen 5	- einer Frau in einen Mann 65	Vidblindi 5
Thrasir 6	**Udr** 35	- einer Frau in eine andere Frau 65	Viddi 34
Thrigeitir 5	Uffe 39	- eines Mannes in eine Frau 65	Vidgreipr 34
Thrivaldi 5	Ulfhedinn 62	- in Adler 65	Vidgymir 5
Thröng 29	Ulfrun 35	- in Bär 65	vier Riesen-Ritter 34
Thror 7	Ullr 11	- in Drache 65	vier Stier-Riesen 34
Thror 20	Umhang => Mantel 60	- in Eber 65	viertüriges Haus 52
Thror 32	Uni 20	- in Falke 65	Vifflöd 29
Thorri 34	Unn 35	- in Fliege 65	Vignir 34
Thrud 31	Unsichtbarkeit 64	- in Floh 65	Vikarr 6
Thrudgelmir 5	Unsichtbarkeits-Stein 67		Vilja 20
Thrudr 29	Urd 30		Vindr 34
			Vingnir 6
			Vingrip 34

Vipar 34
Vogel 40
Vogelsprache 64
Volkrast 7
Vör 29
Vörnir 34
Vulkan-Riese 34
Waage 64
Waberlohe 49
Wächter 49
Wafthrudnir 6
Wagen 67
Wagnhofde 6
Wal 44
Wälder =>
Weltenbaum 52
Wald-Riesin 35
Wali 19
Wali 32
Walküren 31
Walnuß 45
Walroß 44
Waltam 20
Wandteppich => Tempel
Wanen 36
Warkald 6
Warr 20
Wasser 52
We 20
Weberin 55
Wegdrasil 20
Wegerich 45
Wegetritt 45

Wegwarte 45
Weig 32
Weihung => Segen
Weinen 55
weiß 46
Weisheiten 74
Weisheitstrank 70
Weißstern 39
Weltenbaum 53
Weltesche 53
Wespe 40
Westen 54
Westri 32
Wetter 64
Wettlauf 55
Wetttrinken 55
Wetzstein 67
Wichte 36
Widar 19
Widfinnr 5
Wiedergeburt 51
Wiederholungen 55
Wiederzeugung 51
Wieland 4
Wiesel 43
Wig 32
Wigrid 55
Wili 20
Wili (Zwerg) 32
Wind (Magie) 64
Wind 52
Windalf 32
Windloni 6
Windswal 6

Winter 54
Winteranfang 54
Wirwir 32
Witr 32
Witwen-Selbstmord 51
Wolf 43
Wolfsfell 62
Wortschatz Magie 64
Wohlstandszauber 64
Wucherblume 45
Wurzel 45
Wyrd 30
Yggdrasil 53
Ymir 33
Ymis 33
Yngvi 32
Zahlen 47
Zähne 63
Zauberer 59
Zauberin 58
Zaubersprüche 68
Zeh 63
Ziegen 42
Zisa 29
Zunge 63
Zweikampf 73
zweiköpfige Riesen 34
zwei Zwerge 32
Zwerg auf dem Felsen 32
Zwergberg zu Aachen 32

Zwerge 32
Zwerge:
- im Berg 32
- im Gebirge 32
- Kuttenberg 32
- Untersberg 32
- Blankenburg 32
- Bonikau 32
- Dardesheim 32
- Eilenburg 32
- Elbogen 32
- Glaß 32
- Hohenstein 32
- Heilingsfelsen 32
- Nünberg 32
- Osenberg 32
- Plesse 32
- Rosenberg 32
- Selbitz 32
- Sion 32
Zwerg:
- Gebirge 32
- Kyffhäuser 32
- Hohenstein 32
- Dresden 32
- Hoia 32
- Lützen 32
- Ralligen 32
- Rantzau 32
- Scherfenberg 32
- Thorgau 32
Zwillinge 55